糸賀一雄研究の新展開

ひとと生まれて
人間となる

渡部　昭男
國本　真吾
垂髪 あかり 編
糸賀一雄研究会 著

iii 三学出版

まえがき

1．糸賀一雄生誕 100 年記念事業：研究会の発足

　糸賀一雄研究会は、故・糸賀一雄氏（1914-68）の思想と実践に関心を寄せる有志が、意見や情報の交換を自由に行う会である。会則・会費もなく会長もいないが、共同企画を呼びかけやすい神戸大学教授というポスト（2011-20）にあった私が一応主宰する形で、若い世代のお二人（國本・垂髪）にインターネットの管理運営をお願いしてきた。発会は糸賀一雄生誕百年にあたる 2014 年であり、本書はその 5 年余りの活動に依拠した企画である。

　糸賀一雄生誕 100 年記念事業実行委員会（会長嘉田由紀子滋賀県知事）の研究事業部門（髙谷清部会長）は 2013 年から準備を進め、糸賀氏の生誕百年にあたる 2014 年 3 月 29 日(-30 日)に開催された記念式典事業にあわせて、『糸賀一雄生誕 100 年記念論文集　生きることが光になる』（全 350 頁）を上梓した。記念論文集は、公募論文の上位 4 論文（最優秀：山﨑、佳作：垂髪・黒川、審査委員会特別推薦：川本幸一［本書執筆者以外は姓名で表記]）と依頼した 13 論文、実行委員 7 名の短文、冨永「糸賀一雄関連文献リスト」から構成されている。ご寄稿を得た京極髙宣先生が「糸賀一雄学の提唱」（pp.167-168）をしておられたことに刺激を受け、部会委員であった冨永・森本氏と私とで少人数でもよいので研究会を始めようということになった。

　滋賀県と呼応して鳥取県も生誕 100 周年記念フォーラム等を企画し、準備過程で確認された 1968 年の糸賀の講演録音を復元し、CD を県立図書館で貸出可能にするとともに、多くの者が手に取れるよう『ミットレーベン～故郷・鳥取での最期の講義～』（國本編・解説、鳥取県 2014）を作成・発行・ウェブ公開した。

2．日本特殊教育学会及び神戸大学における共同企画：活動の展開

　研究会では日本特殊教育学会の自主シンポジウムにほぼ毎年、共同企画を立

てた（国立国会図書館サーチ https://iss.ndl.go.jp/ で検索＆要旨入手可能）。

・第 52 回大会 @ 2014 高知：糸賀一雄生誕百年：史資料の発掘・整理・保存
　と糸賀一雄研究の展望（渡部・冨永企画、森本・冨永・國本報告）
・第 53 回大会 @ 2015 宮城：糸賀一雄『ミットレーベン　故郷・鳥取での最期
　の講義』（1968 講義／ 2014 発行）を読み解く（渡部企画、國本・冨永報告）
・第 54 回大会 @ 2016 新潟：「発達保障」の思想と実践―近江学園 70 年・び
　わこ学園 50 余年のあゆみ―（渡部企画、森本・垂髪報告）
・第 56 回大会 @ 2018 大阪：糸賀一雄の「最後の講義：愛と共感の教育」を読
　み解く（渡部企画、遠藤・蜂谷・金報告、國本指定討論）
・第 57 回大会 @ 2019 広島：糸賀一雄「福祉の思想」を受け継ぐ：アーカイブ
　作業から（國本企画、冨永・遠藤報告、渡部指定討論）

　　また、神戸大学大学院人間発達環境学研究科の資金補助による学術 Weeks
／学術講演会についても、継続的に企画を重ねた（同上）。

・学術 Weeks2014：生誕百年「糸賀一雄」再考―発達保障の思想と実践―（蜂
　谷・中山講演、垂髪ミニ講演）
・学術 Weeks2015：近江学園開設（1946 年）70 周年「糸賀一雄」再考～さら
　にじっくりと深めよう～（蜂谷・冨永講演、國本特別報告）
・学術 Weeks2016：生誕百年＋α「糸賀一雄」再考（3）～「教育愛」をめぐっ
　て～（大西正倫・蜂谷講演）
・学術講演会 2017：発達保障の思想と実践―糸賀一雄と岡崎英彦の類似と相
　違―（遠藤講演）
・学術講演会 2018：「糸賀一雄の最後の講義：愛と共感の教育」を考える―時代・
　世代・専門・国をこえて―（中野講演、増野・黒川発言）
・学術講演会 2019 ①：糸賀一雄生誕 105 年企画―その思想と実践の時代背景
　をとらえる―（蜂谷・垂髪講演）

・学術講演会 2019 ②：教育者の専門性―木村素衞「表現愛」思想を手がかりに
　―（門前講演）

　その合間に、近江学園や一碧文庫を訪ねる湖南市への小旅行、京都市学校歴
史博物館の企画展「京都における特別支援教育のあゆみ」(2015.12-2016.3)等
の案内も行った。また、糸賀氏が奉職した京都市立第二衣笠尋常小学校や池田
太郎とともによく訪ねたという旧木村邸跡（京都市衣笠）、糸賀氏が生まれた
鳥取市立川町や彼が通った鳥取第二中学校、洗礼を受けた鳥取教会、母の故郷
である米子界隈など、糸賀一雄氏に所縁の地を探訪したメンバーもいる。

3．本書の企画と構成：糸賀一雄研究の新展開

　これまでの糸賀一雄研究を次世代や更なる百年に継承すべく、また
COVID-19 禍で炙り出された日本と世界における貧困と格差、人間の尊厳や幸
福追求に係る問題、2021 年 1 月 22 日発効の核兵器禁止条約（2017 国連採択）
下における平和構築の課題に対して糸賀研究はどうアプローチできるのかを問
う意味も重ねて、ささやかながら本書を企画した。

　執筆メンバーには、研究会の有志に加えて、記念論文集や学術 Weeks 等に
名前の挙がった方、人間発達研究所＠大津の田村一二研究グループの方、びわ
こ学園や草津市で当事者支援に携わる方、発達保障に関心を寄せる方などにも
応援参加を願った。その結果、総計で論考 15 篇、コラム 5 篇、資料 1 篇を収
録することができた。論考の趣旨や切り口を、①実践と思想の往還から、②友垣・
同志の苦闘から、③実践現場の諸相から、④国際的な視点から、⑤若い世代へ、
という五部にまとめ、糸賀一雄研究の新展開としてみたがいかがであろうか。

　ロングセラーの NHK ブックス糸賀一雄『福祉の思想』（日本放送出版協会
1968）、亡くなる前日の講義を録音から復刻した『糸賀一雄の最後の講義―愛
と共感の教育―（改訂版）』（中川書店 2009）などとあわせて、本書が多くの
方々に読まれることを願ってやまない。

渡部　昭男

【凡　例】

・本書には、寄せられた論考 15 篇・コラム 5 篇・資料 1 篇が編まれている。編集にあたり、全体の表記を可能な範囲で調整するとともに、読者の学習に資するよう執筆者に依頼して各章に【ガイダンス】を設け、必要に応じて人名や難語にルビを振ってもらい、巻末に索引を付した。

・註記は、執筆者名（執筆年）「論稿等タイトル」編者名『所収書籍等』発行社、ページ、で表記した。使用頻度が多い『糸賀一雄著作集』『池田太郎著作集』『岡崎英彦著作集』は、その章の註として初出箇所のみ正式に記し、以降は「前掲」の形に省略した。近江学園発行の「近江学園年報」「南郷」等については、該当号が著作集にあるか否かに関わらず、発行元を省略した。

・引用は、各執筆者の責任においてなされているが、編集サイドでも目を通して執筆者と遣り取りを行った。例えば、本書でたびたび引用されている糸賀一雄著『この子らを世の光に』には柏樹社版（1965 年）、著作集Ⅰ収録版（1982 年）、日本放送出版協会復刊版（2003 年）があり、同じ個所でも出典によって微妙に表記や言い回しが異なる場合がある。また、同タイトルの文献であっても、「刷」や「版」を重ねる中で変化している部分もある（例：傍点の有無、漢字の使用［歳・才］）。そのため、どの文献のどの箇所からの引用なのかが分かる註記を心掛けた。なお、執筆者によっては、旧字体を新字体、歴史的仮名遣いを現代仮名遣いに置き換えている場合がある。

執筆者一覧（五十音順）　氏名（よみ）肩書／専門

【編者】

垂髪　あかり（うない・あかり）神戸松蔭女子学院大学講師／重症心身障害児
　　教育

國本　真吾（くにもと・しんご）鳥取短期大学教授／特別ニーズ教育・教育福
　　祉論

渡部　昭男（わたなべ・あきお）鳥取大学名誉教授、神戸大学大学院人間発達
　　環境学研究科名誉客員教授、大阪成蹊大学特別招聘教授／教育行政学・特別
　　ニーズ教育

【論考】

遠藤　六朗（えんどう・ろくろう）びわこ学院大学元教授、びわこ学園元職員
　　／発達心理学・重症心身障がい福祉論

金　仙玉（きむ・そんおく）愛知みずほ短期大学講師／障害児教育・社会福祉

玉村　公二彦（たまむら・くにひこ）京都女子大学教授、奈良教育大学名誉教
　　授／障害児教育史・特別支援教育方法学

冨永　健太郎（とみなが・けんたろう）日本社会事業大学講師／社会福祉学・
　　障害者福祉

永岡　美咲（ながおか・みさき）香港中文大学研究助手／政治学

中野　リン（なかの・りん）香港中文大学教授／文化人類学

中山　慎吾（なかやま・しんご）大分大学教授／社会福祉学・福祉社会学

蜂谷　俊隆（はちや・としたか）美作大学准教授／社会福祉学

増野　隼人（ますの・はやと）びわこ学園重症児者相談支援センターびわりん
　　職員／障害福祉・相談支援

松本　圭朗（まつもと・よしろう）神戸大学大学院人間発達環境学研究科博士
　　後期課程／教育方法学

森本　創（もりもと・つぐる）阿星あかつき保育園長、近江学園元職員／児童
　　福祉・障害者福祉・ソーシャルワーク

門前　斐紀（もんぜん・あやき）金沢星稜大学講師／教育人間学・臨床教育学

山﨑　将文（やまさき・まさふみ）京都橘大学教授／法学・憲法学

山田　宗寛（やまだ・むねひろ）小鳩会・小鳩の家施設長、信楽学園前園長

【コラム】

大西　塁（おおにし・るい）草津市子育て相談センター職員

川内　紀世美（かわうち・きよみ）人間発達研究所会員／シュタイナー教育

黒川　真友（くろかわ・まさとも）おおつ福祉会職員

中村　順子（なかむら・じゅんこ）草津市発達支援センター元センター長

平田　勝政（ひらた・かつまさ）長崎ウエスレヤン大学教授、長崎大学名誉教
　　授／教育学・特別支援教育・社会福祉学

和崎　光太郎（わさき・こうたろう）浜松学院大学短期大学部准教授／教育学・
　　歴史学

第 1 部

実践と思想の往還から

第1章
近江学園初期における糸賀一雄と教育について

冨永　健太郎

はじめに

　近江学園の設立と発展に携わり、日本の障害者福祉を牽引した糸賀一雄は、「この子らを世の光に」という言葉を残し、54歳の若さでこの世を去った。

　その言葉を書名に掲げた彼自身の著書、『この子らを世の光に　自伝・近江学園二十年の願い』[1]のなかで、糸賀は、近江学園設立当時のことを、次のように述懐している。

　　九月二十八日の夜、私は一気に原稿用紙十三枚に、近江学園設立の趣意書を書きあげた。（略）趣意書は、ここで近江学園を二部制にすることをうたい、第一部を戦災孤児、生活困窮児の部門として池田君が担当し、第二部を精神薄弱児の部門として田村君が担当することにして、定員を第一部六〇人、第二部五〇人、計一一〇人ときめていた。（略）ここで簡単ではあるが教育の目的というか、根本的な精神というか、われわれの心からの願いと決意を表明している。この目的のために第一部と第二部とを併設したのであって、それから一年余り後に制定された児童福祉法にてらして、昭和二十三年四月、滋賀県立県営に移管されたときには、養護施設兼精神薄弱児施設となったわけである。環境の問題児と知能の問題児との提携、それはおしひろげて考えれば、社会の本来のあるべき姿だとしたのである。[2]

　上記は、近江学園の設立にあたり、糸賀が作成した「設立の趣意書」を作成したときのことについて、糸賀自身が述べたものである。

　糸賀は、まず、趣意書に描かれた近江学園の設立当初の形態やそのめざすと

ころ（社会のありよう）についてふれる。そしてそのあとで、医学と教育の提携に論を進め、人間の精神と身体とを切り離しては全人的な教育をすることができないことから、この教育の成功のためには、学園内部に医務部と研究部の設置が必須であることについてうたっていることや、学園の職業指導の内容について言及しながら、設立当初より学園における職業指導は、「教育と生産」という２つの側面を打ち出していたことを指摘する³⁾。

　またそれは、社会事業であるとともに、その内容は、「医療や生産と結びつきながら、環境の問題児と知能の問題児とがお互いに助け合っていく社会を未来に望む教育そのもの」であった。そして、次のような言葉で近江学園設立時の思い出を締めくくっている。

　　　それから、約二十年を経過した今、静かにその当時を回想し、その出発から今日までの迂余曲折のよろめきににた足どりを辿ってみると、当初のこの気持ちというものは、いつの場合でも少しも忘れられていなかったということが言えるのであって、いわば近江学園の根本精神を表明したものとして、いくら重く見ても見過ぎることはないと思うのである。⁴⁾

　糸賀の著書『この子らを世の光に』には副題が付され、そこには、「自伝・近江学園二十年の願い」と記されている。「近江学園二十年の願い」とは何であったのか。それは、彼自身が述べているように、近江学園の創設以来、いつの場合にも少しも忘れられていなかった「当初の気持ち、近江学園の根本精神」であった。

　　　われわれは何時も、はじめにもどり、めざすものは何であったか、自らに問い、人にも問い、確めあって、今日まで辿ってきたのであった。⁵⁾

　糸賀一雄の著作集などを系統的に読み進めている者は、彼が語る近江学園20年の実践のなかで、晩年の糸賀と近江学園設立当初の彼による著作とでは、重度の精神薄弱児にたいする発達観や福祉のあり方に違いが見られることに気がつくだろう。

　たとえば、1948（昭和23）年に糸賀が書いた著作においては、精神薄弱児

のなかでも「白痴の場合のみは、社会性も陶冶性も、甚だしい限界」があると述べている[6]など、同様の論調が散見されることから、この時期の糸賀が、「伝統的・支配的な能力観・発達観を脱却しえないでいたこと」や、「（糸賀の）重度の精神薄弱児たちにたいする発達観や福祉のあり方が変革されていくのは、『重症痴愚・白痴』のクラス『さくら組』や『落穂寮』での実践が蓄積されていくなかでである」という見方が糸賀一雄の研究に従事する者らにおいて、おおむね定説になっている[7]。

　しかしながら、社会事業史の研究者である吉田久一が糸賀について、「多くの実践家と異なるところは、理論や思想が実践の動機や指針となると共に、実践によって理論がためされるところにある」[8]と評しているように、糸賀においては、実践の過程において、その経験が理論と結びつき、思想的成熟に繋がっていったことを考えるならば、いわゆる「さくら組」や「落穂寮」以前の糸賀の障害者観を、単純に、現在の尺度で評価することはできない。

　そこではむしろ、「重症児以前」の糸賀が、教育と福祉の統合を念頭に置きながら、糸賀が養護児と精神薄弱児（近江学園設立当初は、重症の痴愚級児をその視野に含んでいなかった）の保護と教育のなかで、学び知り得たものは何であったのかについて、積極的に明らかにする必要がある。

　以下では、こうした設立の趣意書に描かれた「根本精神」をもって歩みだした近江学園の設立から、重症児が糸賀の視野に入り、その積極的な対策を打ち出す時期（1952年頃）より以前を中心に、近江学園の事業展開とともに、「生活即教育とその意味」、「教育と福祉のつながり」について、糸賀の著作をもとに整理してみたい。

　なお、本稿においては、精神薄弱等の現在は使用しない表現を用いているが、そこに差別的意味はなく、使用する文献が刊行された当時の歴史的背景のもとで使用された歴史的概念として扱うものとする。

1．近江学園の誕生と成長
　1946（昭和21）年11月15日、近江学園は、戦災孤児・浮浪児・生活困窮

児・精神薄弱児の収容と教育をその内容として、大津市南郷に設立された。設立当初は、同胞援護会と社会事業協会の共同経営による生活保護法の救護施設として出発し、石山学園の園児 15 名（男子）を受け入れ、次第に第 1 部戦災孤児、生活困窮児（定員 60 名）、第 2 部精神薄弱児（定員 50 名）として整備をすすめた [9]。

　開園と同時に教育機関としての内容と体裁を準備しつつあった学園は、1947（昭和 22）年 4 月の新年度から本格的に収容児童に対して、その性格に適応した特殊教育を施し始めた（教育基本法、学校教育法はともに 1947（昭和 22）年 3 月 31 日に制定された）。この同じ月に、学園は生活保護法の全面的な適用を受ける保護施設として認可され、その後、1948（昭和 23）年 4 月に、近江学園は前述の二つの団体（同胞援護会と社会事業協会）の共同経営からそのまま滋賀県の直営に移管されたことで、名実ともに、滋賀県立近江学園となる。同年 4 月に児童福祉法が全面的に施行されたことで、近江学園はその新しい法律に基づく養護施設兼精神薄弱児施設となる。

　その後 1 年を経過した 1949（昭和 24）年 4 月、近江学園は、大津市教育委員会によって、地域の石山小学校及び粟津中学校の分教場として、学園の教育面をそのまま学校教育法に基づく教育施設として認可された。こうして近江学園は、児童福祉法に基づく県立施設であるとともに、同時に市の正式な教育施設になった [10]。以来、近江学園は、児童福祉法と学校教育法という二つの根拠法に基づく福祉施設・教育施設として運営されることになる。

2．「生活即教育」の意味

　近江学園の根底にある「生活即教育」という考え方は、精神薄弱児の能力レベルを考慮して教科指導に対置される、いわゆる生活教育を重視することでは必ずしもなかった。それは、「生活を共にする教育」に意義を見出し、それを実践してきた田村一二の石山学園から続く考え方であったが、想像を絶する混沌と虚脱が支配する終戦直後の社会状態を目の当たりにして、「生活即教育（生活と教育の相即）」の重要性が、糸賀のなかで再び浮上する。

家出の子供達が、続々と浮浪児の群に身を投じて行った。（略）その
　中でかうした子供達のためには、とりあへず住む家を与へなければな
　らない。この目的で、全額を国が負担する政策が実施されることになっ
　た。緊急援護費がこれである。（略）浮浪児収容施設は続々と建てられ
　た。しかし、丁度浸透水のやうにどこからともなく数を増して行く浮
　浪児達の為に、施設の数が足る道理もなかった（略）しかし、これをこ
　のまま放置して置くことの、明日の社会への影響と、彼等自身の不幸
　とを考へるとき、この問題は、社会の心ある人々の心胆を寒からしめ
　るものであった。[11]

　収容のための単なる収容所では（その問題の解決は）到底不可能であって、
その問題と取組む組織的な根の生えた、そして文化的な内容を具有するのでな
ければならなかった。つまり衣食住の基本的な生活を健康的に高めていくこと
はもとより、その上に彼等の教育を考え、適当な訓練を施し、将来の社会的自
立のための充分な職業的陶冶が施されなければならなかったのである。

　糸賀は、現に浮浪している子どもたちを救うためには、一時的な緊急援護で
は意味がない。日本の児童問題を解決するには、教育と生活を相即させる施設
でないと、何の意味も持ちえないと考えたのである。

　　彼等はその生命を日々に新しく創造してゆく。ここでは生活と教育
　といった二つのものがあるのではなく、凡てが生活であり、凡てが教
　育である。／生活と教育の相即が説かれて既に久しい。しかしそれが
　今尚声を涸らして強調されねばならぬ。それほどに今日の教育は生活
　から遊離してしまってゐると謂へないだらうか。子供達にとってその
　毎日は丁度このごろの春のやうな生長そのものであり、それ自身の世
　界の創造発展である。子供を正しくその世界に於て理解して其処に健
　全な環境を作りつつ、日常坐臥のたしなみから高き知性や独立人格と
　しての社会性の獲得まで、借りものでなくて本当に自己のものとせし
　めることが教育的な営みといふものであらう。それは単に生活を仲介
　としてといふのではなく、生活そのものの充実発展として実現される

ものでなければならない。[12]（／は改行）

　生活を手段として教育を行なうのではない。生活そのものが教育的営みでなくてはならない。近江学園において教育的に取り上げる「生活」とは、身の回りの自立、環境への意識の拡大、グループ活動、家庭的な生活体験、社会的生活の体験を指した[13]。子どもたちの生活そのものが充実し、発展していくこと、そしてその実現こそが学園の目的とするところであった。

　だが、糸賀の考える「生活即教育」とは、こうした戦後の混乱した社会状況における現実的な対応であるとともに、さらに奥行きのある思想にまで昇華されたものであった。

　　生活即教育と三条件（引用者注―四六時中勤務、耐乏の生活、不断
　　の研究）は、理解されていることに留まる限り、それは知識であって、
　　意識し、つまりその中に自己の運命をも投げ入れようとする主体的な
　　意志を含むもの―にすら至っていないことであり、ましてやその鍛錬
　　を志向することではなく、従って何もなされないことなのである。そ
　　れは傍観者的態度から一歩も踏み出したものではない[14]

「生活即教育」という理想を掲げ、その重要性を知識として理解するだけでは、観念的で、それは傍観者的な態度と何ら変わりない。

　学園の生活と教育をどのような理想に向かって、どのように推し進めていくか、それを意識した職員一人ひとりが主体的に、かつ意欲的にその理想に向かって行動することが必要である。その理想、すなわち世界観の共有がなされるならば、学園の生活は教育環境としてふさわしいものといえる。そしてそのような教育環境としてふさわしい学園の生活には、往々にして、溌剌とした若々しい雰囲気があるものである。

　それでは、そうした雰囲気を作り上げる要素、根源とは何であるか。それは、学園の子供達であるというよりも、むしろ、その雰囲気を作り上げるもとになるのは、彼らを取り巻く大人（職員）の意識である。そのような教育環境としてふさわしい生活を構成することができる大人（職員）は、互いに「今ここに生きている」という実感のなかにあるかもしれない。こうしたいわば「生命の実

感」とは、理屈ではなく、最も端的に生命の根源的事実にさかのぼるような、純粋な経験である。またそれは、「生きとし生けるものすべて、存在するもの一切がそのままでよい」という思想を裡に含んでいる。その意味で、その経験は、究極的には、生命の幸福の実現を追求する流れと同一のものである。

そのような「生命の事実」が近江学園の丘の上の社会的生活のなかで具体性をもって展開するときに、それを「教育」と呼ぶのであって、「生活即教育」の本当の意味はこのことである。生命とは何ものによっても損傷されない相対即絶対のものであって、こうした「生命の自由」が教育という営みの地盤になければならない、と糸賀は考えたのである。

このように、糸賀が考える「生活即教育」とは、戦後の混乱期における社会事業と教育の現実的な対応であるとともに、こうした「生命の根源的事実」にさかのぼり、その純粋な経験を万人の出発点に、社会的生活としてそれを具体的に展開すべきものであって、それは、実践と思想を内容とするダイナミックな概念であると考えることができる[15]。

3．教育と福祉のつながり

初期の近江学園は戦災孤児・浮浪児・生活困窮児・精神薄弱児の収容と教育をその内容とし、児童福祉法と学校教育法という２つの根拠法に基づく福祉施設・教育施設として運営されたことは、これまで見てきたとおりである。

児童福祉法との関連で、糸賀が最初に施設における教育（特殊児童教育費について）に言及したのは、1948（昭和23）年、「山陰日日新聞」においてであった[16]。

糸賀は、同紙上で、「何故こんなにも国家はこの種の施設の"教育"に冷淡であるか？（略）児童福祉法はこの意味から単に児童の保護が重点であり、肝心の教育とその将来に関する重要性について、何ら具体的な表現がなされてない」として、施設に支払われる補助金の額が十分でないことに言及しながら、児童福祉法においては、教育の視点が欠如していることに苦言を呈している。

もとより、児童の保護と教育をその目的として設立されたにもかかわらず、

近江学園は、児童福祉法の養護施設と精神薄弱児施設を兼ねた児童の「収容」を目的とする施設であるから、「教育」はその責任外であって、教育費を県の予算から拠出することは認められない。一方で、教育委員会は、学校教育法によって、施設をそのまま分教場として認可したが、教育に関する普通学校並みの諸経費は負担できない（糸賀は、これを「児童福祉法や学校教育法とが絡む、日本のとりとめのない「悩み」と表現している）、という壁にぶつかって彼は苦悩する [17]。

　　一体児童にとって、厚生省と文部省と、その区分すらも問題であり
　ましょうが、児童福祉法と学校教育法と、その相違は彼等にとって何
　の意味があるでありましょうか。[18]

養護施設に知能的な問題児が多く混在しているとすれば、養護施設それ自体において、精神薄弱児の問題と取り組まざるを得ない。

また、養護の対象となる児童においては、たとえ知能の遅れがなくとも、長い間の生活環境の不良によって、生活年齢と精神年齢の開きがみられることから、施設に収容して衣食住の面倒を見るばかりでなく、教育もその内容とすべきであって、そこに児童福祉法と学校教育法の具体的な接触面があるのだ、と糸賀は教育の本質を見ずに形式にこだわることの理不尽さについて、強く異議を唱えたのである [19]。

内海・松矢・北沢らは、戦後、精神薄弱児施設施設入所児の就学問題は、教育と福祉のあり方を問う問題として顕在化する。施設入所児の就学問題は、学校教育と施設福祉の「連携」の問題として捉えられることが多いが、それは、児童にたいする教育と福祉の関係のあり方を問う問題として再構成される必要があると、今後の研究課題を提示するとともに、「教育と福祉の関係をより基本的なところから問題にしようとする立場は、糸賀一雄以外にはあまり見られない。」と指摘している [20]。

糸賀一雄に関連する研究業績のなかでも、こうした「教育と福祉の関係」に焦点を当てて精査した研究はほとんどみられないことから、今後、そのような視点からの研究報告が期待される。

おわりに

　本稿は、近江学園初期を対象として、その教育のあり方について、糸賀一雄の著作を参照しながら明らかにしたものである。

　そこでは、近江学園がいわゆる社会事業として出発したが、その内容は、「医療や生産と結びつきながら、養護児と精神薄弱児とがお互いに助け合っていく社会を未来に望む教育そのもの」であったこと、その基盤には、「生活即教育」という「生命の事実」へと遡及する思想があること、そして、糸賀が「教育と福祉の連続」について、何度も筆を起こし、それを主張してきたいわばオピニオンリーダーであったことについて論じてきた。

　近江学園初期における教育と福祉の連続と分断については、今後、糸賀の著作を系統的に精査し、歴史的な系譜を踏まえて検討していくことが必要である。

　最後に、本稿を執筆するにあたり、社会福祉法人大木会所蔵のもので、『糸賀一雄著作集』編集の際に刊行会によって収集された資料を一部参照させていただいた。記して感謝申し上げる次第である。

註
1) 糸賀一雄（1965）『この子らを世の光に』柏樹社（のちに、日本放送出版協会から2003年に復刊）
2) 前掲1）、pp.59-61
3) 前掲1）、pp.61-62
4) 前掲1）、p.64
5) 前掲1）、p.19
6) 糸賀一雄（1948）「養護施設に於ける精神薄弱児の問題」『南郷』第4号（糸賀一雄著作集刊行会［1982］『糸賀一雄著作集Ⅰ』日本放送出版協会、pp.305-309）
7) 清水寛（1976）「戦後障害者福祉と発達保障─近江学園おける糸賀一雄の『発達保障』の立場に立つ福祉思想の形成過程」吉田久一編著『戦後社会福祉の展開』ドメス出版、pp.435-517
8) 吉田久一（1974）『社会事業理論の歴史』一粒社、pp.384-390
9) 社会福祉法人大木会（2015）『糸賀一雄年譜・著作目録』
10) 糸賀一雄（1949）「第1章　総論　1、近江学園の誕生と成長」『近江学園報告集』第1集（『糸賀一雄著作集Ⅰ』、pp.386-395）
11) 糸賀一雄（1951）「近江学園」未刊行（『糸賀一雄著作集Ⅰ』、pp.176-179）
12) 糸賀一雄（1947）「生活即教育」『南郷』第3号（『糸賀一雄著作集Ⅰ』、p.222）

13) 糸賀一雄（1952）「精神薄弱児の職業教育―近江学園の5年間の記録と反省」『近江学園年報』第4集（『糸賀一雄著作集Ⅰ』、pp.349）
14) 糸賀一雄（1952）「生活即教育」『南郷』第12号（『糸賀一雄著作集Ⅰ』、p.259）
15) 前掲14）、pp.257-261
16) 糸賀一雄（1948）「欲しい特殊児童教育費（談）」『山陰日日新聞』1948年11月25日
17) 糸賀一雄（1950）「どんぐり金庫」『教育現実』第2巻第1号（『糸賀一雄著作集Ⅰ』、pp.250-251）
18) 糸賀一雄（1948）「所管事項概況説明」滋賀県への提出書類（『糸賀一雄著作集Ⅰ』、pp.404-411）
19) 糸賀一雄（1948）「養護施設に於ける精神薄弱児の問題」『南郷』第8号（『糸賀一雄著作集Ⅰ』pp.305-309）
20) 内海淳・松矢勝宏・北沢清司（1982）「障害者問題における教育と福祉の構造―1950年代における精神薄弱児施設入所児の就学問題を中心に―」日本教育学会大会発表要項41（0）、p.93および、蒲生俊宏（2019）「第1節　福祉施設における教育の変遷―『愛護』の記事分析を中心に」中村満紀男編著『日本障害児教育史[戦後編]』明石書店、pp.365-367

【ガイダンス】

お勧めしたい糸賀一雄の関連著書など

1．糸賀一雄『福祉の思想』日本放送出版協会、1968年
糸賀が亡くなる年に出版された糸賀最晩年の著書。福祉関連データは古いが、社会福祉の基本的な考え方を学びたい初学者には必読の書である。

2．糸賀一雄『福祉の道行―生命の輝く子どもたち―』中川書店、2013年
糸賀の思想のエッセンスを含む小論集。元社会福祉法人大木会理事長の三浦了氏によって書かれた刊行の経緯が興味深い。

3．津曲裕次編著『天地を拓く 知的障害福祉を築いた人物伝』財団法人日本知的障害者福祉協会、2013年
日本知的障害者福祉協会が刊行する機関誌『さぽーと』に連載された、「日本の知的障害福祉を築いた人物伝」を一冊にまとめたもの。そのなかに糸賀一雄伝が含まれる。収録された、他の先人たちの生き方と併せて読んでもらいたい。

4．糸賀一雄生誕100年記念事業実行委員会研究事業部会編『生きることが光になる 糸賀一雄生誕100年記念論文集』、2014年
糸賀一雄生誕100年を記念して編集された記念論集。多様な視点・角度から自由に

論じられた糸賀論の数々は、斬新で知的な刺激を与えてくれる。

5. 『糸賀一雄年譜・著作目録』社会福祉法人大木会、2008 年（2015 年再版）
『糸賀一雄著作集Ⅲ』の巻末に収められた「糸賀一雄年譜・著作目録」に、新たに発見された原稿を追加し、冊子にしたもの。巻頭言には、糸賀一雄著作集刊行時のエピソードが描かれている。糸賀一雄を（に）学ぶ方は、ぜひ手許に置きたい冊子である。

6. 社会福祉法人大木会ホームページ　http://ookikai.or.jp/
糸賀一雄らの願いと実践を継承する社会福祉法人大木会のホームページ。上記の糸賀による著作などを精読するとともに、大木会の現在を知ることで、糸賀らの願いと今を生きる私たち自身とを重ね合わせることができる。

第2章
糸賀一雄の生涯とその思想

蜂谷　俊隆

1．思想と実践の基盤

　糸賀一雄は、1914（大正3）年に、鳥取市で生まれた。家庭の事情により転居を繰り返し、大正デモクラシーの高揚と帝国主義の拡張が同時に進む中で多感な少年期を過ごした。青年期にさしかかる頃、病気のために長期の療養を余儀なくされ、高等学校を休学することになる。糸賀は、「天は何処まで自分を苦しめるのか、悲憤と焦燥に身もだえしながら」も、「そゝり立つ壁に叩きつけられた様な絶望の興奮も鎮まつて、自分の此の真面目な決心と努力とを踏みにじつた『何者』かに対する、驚異と関心とが静かに心に湧き上がった」と、キリスト教への入信を決意する。それは「上からの示しであり、押し出されたゝめ」[1] であったという。糸賀は、自身ではどうしようもない運命に翻弄され、人間の有限性を自覚し、宗教に救いを求めていった。この後、宗教的な思想と教養は、変遷をたどりながらも糸賀の思想に大きな影響を及ぼすこととなる。

　復学後は、理科から文科に転向して京都帝国大学文学部に進み、宗教哲学を専攻した。卒業後は京都市内の尋常小学校で代用教員となり、先輩教員であった池田太郎を介して、哲学者の木村素衞に私淑していく。糸賀と木村には、育った環境において共通点が多い。木村も、幼少年期に家業の破綻によって苦労し、青年期には病気によって休学を余儀なくされ、「如何に反抗しても運命に支配」される「生」の苦悩の中から哲学を志した[2]。

　木村の哲学において、「人間は外へ表現的形成的に自覚して自己の生命を作っていく存在」であり、抗えない運命によってもたらされる悲哀の中でも、内なる理想に近づくため、主体的に外の世界を変えていく可能性が求められている[3]。

また、自己を外へ表現することによってその生命を作っていくためには、他の個性的な存在と「相互の生命の伝達」を必要とするため、人間は本来的に社会的な存在であることを意味する。このことは自国の優越性を誇示し、その下に世界を統一しようとする偏狭な国家主義と他国侵略への批判にも通じる。

　同時に、木村は社会や国家を捨象するコスモポリタリズムについても、抽象性を脱却できない思想として否定する[4]。個人は、社会や国家と宗教のような国家を超える「人類文化」に同時に所属する。それゆえ、国民であり、同時に人類の一員であるという矛盾に向き合う原理が求められる。その原理とは、例外なく個性的存在である他国の存在が不可欠であるという認識の基に立った国民間、国家間における無限の関わり、つまり「相互の生命の伝達」である。

　糸賀も、木村の人間観や世界観に共感し、多難な時代を生きていく。例えば、木村と出会って間もない1939（昭和14）年に、YMCAの『開拓者』に「国会と教会の現実」という論考を寄せ、教会は「主キリストの身体でありながら人間の交わりであり、更に文化・国家の中に存する仕方でしか存することが出来ない」のであり、キリスト者には「二重の性格」を生きる宿命があると述べている。そして、「吾々の主体的な実践、文化の現実へ突入する信仰の現実を、吾々の各々の立場に於いて生きつゝ、又かくの如き教会を祖国に新しく創造しつゝ、強靱な自覚的な戦の生活を有ちたい」と、決意を語っている[5]。戦時体制下の糸賀は、日本国民であることと国家を超える宗教としてのキリスト教を信仰することの矛盾に、木村の哲学を援用しながら向き合うこととなる。

　また、小学校教員として、学校現場へ及んできた統制についても、「往々にして偏狭を排他的思想を以て日本精神に純なるものと考へるのは、全く批判的科学的精神の欠如に依るものと謂はねばならない」と批判する。さらに、教育課程が細かく規定されていることにふれ、「規定性こそ吾々が一番警戒しなければならぬものだ。（略）規定されてゐればゐる程、甚だ逆説的ではあるが、その型を破らなければ教育が生きてこない」と、教育現場が一層の主体性を発揮することを呼びかけている[6]。この時期、国家の統制を直接に批判することは困難になりつつあった。それにもかかわらず、糸賀には理知的な抵抗の意図

が見られる。

　しかし、糸賀の小学校教員としての勤務は長くは続かなかった。1939（昭和14）年には陸軍に招集され、鳥取連隊に配属されたものの、入営直後に病気の再発によって召集解除となり、木村の勧めに従って滋賀県庁に移った。当初は、社会教育課と総動員課兼務となり、国家の方針を村々に説明する業務にあたった。糸賀はこの任にあたっても、「私は農村に語るに徒らに『東亜の新秩序』を口にしたくない。そのためには、我々としては自分の国の中に、郷土の中に、そして家の中にもう一つ突込んで自分自身の中に、精神的な新秩序を建設せねばならぬと信じてゐるからである」[7]と、自らの立ち位置を確認する。

　ところが、滋賀県庁に移って1年後、突然に知事官房秘書課長に昇任する。これは、近藤壌太郎知事による抜擢であったと言われ、県庁の幹部となって戦時下の地方行政を担うこととなる。近藤は、内務官僚でありながら、中央の指示に盲従するようなことはなく、さらに行政の縦割りやセクショナリズムを嫌い、行政官にも自覚と責任を求める厳しさがあった。糸賀は、近藤のことを生涯を通じて「先生」と呼んでおり、木村とは立場は違うものの、職務に対する厳しさを学び、また人脈を拡げていく。

　さらに、同窓であり、同僚でもあった永杉喜輔を通じて下村湖人の「煙仲間」運動にも参画していく。下村は、かつて青年団講習所や壮年団活動の指導者として、地域から帰納的に国家を構想する活動を展開していた。しかし、壮年団が翼賛体制に吸収され、国家方針を地域の隅々まで行き渡らせる団体となった後はその活動から離れた。そして、『論語物語』や『次郎物語』といった著作や、雑誌『新風土』に論陣を張り、その思想に共感する「煙仲間」を訪ねて行脚していた。下村の、「一身を潔くするというだけのことなら、たいしてむずかしいことではない。むずかしいのは天下とともに潔くなること」[8]という問題意識は糸賀にも共有され、親交は戦後にまで引き継がれていく。とりわけ、地域福祉に関する論考には、下村の影響が顕著である。

　戦時期の糸賀は、地方行政という国家の一組織の業務を担い、国家方針と、人々の暮らしの間にあった。時代の大きな渦から僅かでも逃れて、より純粋に

牛きようと思えば、行政官の立場を捨てることもできたであろう。しかし糸賀の言説からは、上から規定され、否応なく状況に巻き込まれつつも、それに抵抗し、よりラディカルに職務を全うしようとしていたことがうかがえる。

２．近江学園の設立と知能観の転換

　糸賀は、1945（昭和20）年８月の敗戦を食糧課長として迎えた。その翌年には木村が急逝し、精神的な拠所のひとつを失った。また、糸賀自身も「再起不能」と言われるほどに体調を崩しており、このまま行政官を続けるかどうかという決断を迫られる。そして翌年、池田太郎、田村一二からの誘いに「来るべきものが来た」と応じ、近江学園長に就任する[9]。

　当初の近江学園は、戦災孤児と生活困窮児、石山学園の知的障害児を対象とする養護施設兼知的障害児施設であった。また、設立当初の近江学園は、社会事業の独立性を目指し、経済的な自立を掲げていた。これは、戦前の社会事業が、その経済的な運営基盤が弱いため、補助と引き換えに国家の統制を受けたことへの反省をふまえてのことであった。しかしながら、期待していた収益活動はことごとく行き詰まり、施設運営は困難を極めた。

　さらに、いわゆる「近江学園事件」にも巻き込まれ、ＧＨＱから不正の疑いを受けてしまう。この背景には、急速に発展した近江学園に対する周囲からの妬みがあったとされる。糸賀はこの事件から、「内部自体にも打破ることの困難な壁を自覚せざるを得なかった。（略）建設の労苦と戦う我々を、世人は、愛の聖者の如く賞賛し、次々と出来上って行くその事業を絶賛しつつ、反面その賞賛に己惚れている者への鋭い批判と評価を忘れないものである」と、自らの中に思い上がった態度があったことを反省する。そして、「ひとたび自己自身の力を過信したものは、自己自身の真実の姿を凝視することをおそれ、いつも可能性の世界に逃避して、そこを真実の世界と誤信する。（略）荊の途はむしろ耐え易い。人の心の中に巣喰う影と戦うことは難い」[10]と、外見的な成果以上に、エートスの重要性を意識していたことがうかがえる。

　その後、戦後の混乱は徐々に落ち着いていったが、入所児が施設を退所して

就職できる例は少なく、特に知的障害児の就職が全く進まなかった。そのため、児童福祉法の対象年齢を超えても学園内にとどまらざるを得ない「沈殿者の問題」に直面し、「社会的不適応児」を対象とした児童施設に直結する保護施設の必要性を提起していく[11]。ここでは二種類の保護施設が構想されており、一つは「社会人としての活動」をめざすための「調整された環境」であり、「社会への橋渡し」機能を持つ「コロニー」、もう一つは「殆ど全く社会性を有しないもののための」の「純然たる救護施設」である。近江学園では、設立直後より、重度の知的障害児の処遇と教育とが課題となっており、1949（昭和24）年には、彼らを分離する目的で落穂寮が設置されていた。つまり、初期の近江学園にあっては、重度の知的障害児の主体性や社会性の認識は希薄であった。

　さらに、朝鮮戦争が勃発した1950（昭和25）年には、「私は近江学園という私の働きの場を通して、世界の悩みを感じます」と、戦争によって再び戦災孤児や生活困窮児が生み出されることを悲しみ、憂慮している。糸賀にとって、平和や国際協調は、戦前、戦中期からの願いであり、自らの問題として苦悩する様子がうかがえる。そして、「世界といい国家といえば、巨大なマンモスのような、どうすることもできないものを私達に感じさせるのでありますけれど、（略）自由と平等の離反に悩む世界は、その悩みを自己の悩みとしている自覚者によってしか救われないでありましょう」[12]と、訴えかけている。

　そして、この時期の糸賀の知能観や知的障害観には、顕著な変化が生じている。例えば、1952（昭和27）年4月に『滋賀新聞』に寄せた「幸福」という論考では、「かれこれ十五、六年、抵抗することもできない巨大な力に押しまくられて私たちのか細い生活は、その波の上で翻弄されるといった感じであった。（略）近代社会の発達が知的な、その中でも最も自然科学的な発達であったことのために、『便利』と『破壊』が同居するようになった」[13]と、知能に偏った社会のあり方を批判している。

　また、同年の『近江学園年報』（第4号）では、知的障害のある子どもが「社会の仲間入りをさせて貰うということを期待して、社会に適応できるよう努力をし、自分の適性を見出して、それでもって社会に貢献」することを目指した

が、「そういう風に生きるということが、自分自身にとって、又社会にとって、一体何の意味があるのか」と自問している。そして、「知的な価値の実現に偏りすぎた今日の社会が、深く反省して、忘れていた心情の価値の独自性を想起する時に、社会は少なくともその自殺的な物狂わしさから救われるかも知れない」[14]と、知的障害のある子どもの積極的な存在意義を主張し始める。

同時に、「『精神薄弱児が存在しているということは世間が精神薄弱である証拠』なのである」[15]、「『知恵たらず』といわれたこの子どもたちは、世界じゅうが真の意味における『精神薄弱』であることを証明するために生まれて来たのだ」[16]と、知的障害観の転倒が生じていることが確認できる。また、「もしわれわれが、その純粋さと素朴さの故に、永遠にして絶対な『真理』と『平和』の原理を直覚して、それを生きることが出来るならば、虚偽と闘争の中に疲れ切っている世界の大人たちは、来ってわれわれからその原理を汲み取ろうと願うことだろう」[17]と、社会の負担でしかないと思われている知的障害児の存在が、実は混迷する社会の救いとなることに気づくのである。

ただ、この時期には、重度の知的障害児の「さくら組」が編成されており（1952年）、この実践の影響も指摘されている。糸賀の思想における重要な転換がどのように生じたのか、さらに検討課題は残されている。

3．ソーシャルアクションの展開と自覚者の責任

糸賀らが掲げた共生理念は、社会的な拡がりを生じさせてこそ意味があるため、社会的な理解の拡大や社会保障の実現を求める運動がどのように展開されたかということも重要である。とりわけ、1950年代の半ば以降、精神薄弱児愛護協会、精神薄弱児育成会などの団体が再興・設立され、知的障害児者への社会保障を求める運動が活発化し、糸賀らも他施設との協働に参画していく。

糸賀は、近江学園の職務や職員に対して、極めて厳しかったことが知られているが、外部に対しても厳しく臨んでいた。これには、秘書課長として仕えた近藤壌太郎知事の影響もあっただろう。例えば、「ただ一片の法律で、雀の涙ほどの、それこそ涙金で、あわれなる彼らを助けるの、保護するのと、大それ

34

たお題目をとなえて、折角、彼らが内に持っている積極的な生活意欲を萎縮沈滞させ、惰眠を養成しているような甘っちょろい考え方には、頂門の一針を加える必要がある」[18] といった、攻撃的な文言も散見される。

　さらに、糸賀は平和問題と障害の問題のいずれも自己の問題としてとらえ、「この社会がどういう成り立ちであつて、それをどうもつて行くべきかという自分自身の使命をも含めて、主体的に社会を考えて行くというのが『自覚』の名に値すると思うのである」と提起し、「いつでも社会は、そういう自覚者によつて支えられもし、進歩もしているものである。そして自覚したもののみが責任者である」[19] とも、述べている。現実の問題に対応しながら、自らの事業を社会的に位置づけ、さらに理想を失わないように進んでいくことは、並大抵のことではない。ただ、糸賀の言説は、正義は我にあり、他者に優越した存在であるといったような、自意識過剰な印象を与えていることも否定できない。

　しかし、やや後の論考では、平和のためとはいえ、「その実現のための方法や立場が対立的であったり、排他的であったり、闘争的であるということはその願っている平和の理念と根本的に矛盾することである。（略）むしろ話し合いのできる共通の地盤の発見が大切だと思う」[20] とも述べている。これらを突き詰めて考えれば、木村が指摘した偏狭な国家主義に通ずる排他性が、自身が社会事業に取り組む中にも存在することを自覚せざるを得なくなる。ある展示会をめぐって他施設の関係者と衝突した際には、「学園の考え方は正しいという自負」があったことを認め「要するに積極的な態度をもてばもつほど、それは攻撃的であり、排他的であり、独善的であったことは否定できない」と自省している。そして、「『私たちはやっているのだ』という誇示の気持ちを、なんの無理もなくおさえて、他を生かし、おのれを生かすように、共存的に調和を尊ぶ心境にまで、自然に高まるのでなければ本物ではない。（略）根本的な態度が変わらねばならない。これは心境の問題である」[21] と述べている。自覚者としての責任が、自らの姿勢や態度の問題としてはね返ってきたのである。

　ここで糸賀が用いた「心境の問題」とは、下村が『次郎物語』の中で用いた標語である。下村は、不正義を糾す際においても、「はっきりと善玉と悪玉とに

分かれ」させ、一方的に自らの正義を誇示するようなやり方は、「自分を売るといったような不純な気持」がなくても、「自分の正しさにとらわれて」、黒鳥が白い蘆の花の中に降り立つような不自然さが伴うと批判する。むしろ、「白鳥入蘆花」の標語で表されるように、白鳥が白い蘆原の中に舞い込み、姿が見えなくなってもその羽風によって、眠っていた蘆原が一面そよぎ出すようなやり方があるという[22]。

　事柄や場合によっては、義憤をエネルギーにして、瞬発的に、時宜を逃さず、烈しい行動を起こすことも必要だろう。ただ、不正義の告発は自身の正しさの主張と結びつきやすく、敵・味方を明確にして社会を分断することにもなり、告発自体が自己目的化する危険がある。さらに、自分の中にも潜むかも知れない不正義とも向き合いづらくなってしまう。そのことに留意しなければ、障害児者への理解を促し、共生社会を実現していく本来の意味や方向は失われてしまう。それゆえ、この後の糸賀は、多くの人の心がゆさぶられ、障害のある人に対する社会の理解が拡大することを目指して、より普遍的な思想の展開を目指していくこととなる。

4．思想の普遍化　－「内的適応」と「重症児の生産性」－

　近江学園では、1950 年以降、知的障害児の一般就職やコロニーの建設と併せて、1963（昭和 38）年のびわこ学園開設につながる重症心身障害児の取り組みを進めており、糸賀はこの過程において新たな概念を発信していく。

　まず、一般の企業への就職にあたっては、単に職場に適応し、経済的な独立を促す「外的適応」への疑問が生じ、本人の仕事へのやりがいや生きがいといった「内的適応」に重点を移していく。これは、現代的な用語における「生活の質」や「人生の質」に通じる。糸賀は、大阪の企業への就職例を挙げながら、「周囲の人の理解のある場合が内的適応型に多く入っていることがわかるし、無理解型に内的不適応型に入るものが多いこと」[23] が見出されたという。それゆえ、「表面に見た社会的条件や、本人の適応の状態のみならず、もつとつっこんで本人自体が環境に対してどういう考え方をしているかという点を明らかにしな

ければならない」と指摘する。そして、課題は本人の障害のみにあるのはなく周囲の環境にもあることが認識され、その暮らしが閉じられた特殊な社会にあるのではなく、一般の社会の中にあることを切望する[24]。

　また、一般就職が難しい重度障害児への教育や処遇は、「独立自活」や、それを広義に捉えた「身辺自立」を達成させるためにあるのではなく、「もっと本質的に、この子どもたち自身の生きるよろこびを高めるため」にあるという。そして、彼らの中にそのような「生命のこの一義的な意義が、何ものにもわざわいされずに、最も端的に打ち出されている」ことによって、生活を共にする職員の心はつよく打たれ、「むしろこの子らの生きる態度から学ぶ」[25]ことになるという二重の意味を認めている。

　さらに、この思想はびわこ学園の設立後にさらに精緻になり、「重症児の生産性」として発信されていく。これは、収容施設の整備が「保護という名の飼い殺し」へつながることへの対抗であるとともに、かつて自らもそのような考えを抱いたことへの反省のもとにある。糸賀は、「重症の心身障害という限界状態に置かれているこの子らの努力の姿をみて、かつて私たちの功利主義的な考え方が反省させられたように、心身障害をもつすべてのひとたちの生産的生活がそこにあるというそのことによって、社会が開眼され、思想の変革までが生産されようとしている」という。それゆえ、重症心身障害児は、隔離され、閉じられた施設の中にあるべきではなく、地域社会の中になければならないことを強調する[26]。

　ところで、「重症児の生産性」の本質は、「重症児の表現性」、あるいは「形成性」である。なぜなら、糸賀の提唱する「重症児の生産性」には、木村の「凡そ何ものかを作り現すことに於てみづからの存在を具体的に維持して行くやうな生命の働き」としての「表現的生命」が援用されているからである。このことは、糸賀自身が「生命はすべて表現的生命、自分自身を表現していくところの命なのです。いいかえますと自己実現が可能な命の姿をすべてが持っているわけで、これは重症であってもなくてもみんな一緒なのです」[27]と述べていることからもうかがえる。

当時は，高度経済成長期であり、生産性は最も重要かつ主流の価値であった。生産に携われないのは無価値であるという差別的な扱いに対して、「生産性などなくても良いのだ」と正面から対抗することは困難なことである。むしろ、相手と同じ言葉を用いながら、異なる価値を外挿し、共通の舞台に上がってしまうのである。同様のことは「内的適応」についても言え、本来の「適応」の意味するところを「外的適応」とし、生きがい、やりがいをもう一方の適応を「内的適応」として表舞台に浮かび上がらせた。それゆえ、現代に生きる我々が、「内的適応」や「重症児の生産性」を、受け継ぎ使用することについては慎重でなければならない。それらの概念は、当時のメインストリームからこぼれ落ちたり、排除されたりしている人の包摂をねらったものであり、共通の舞台にのるための方策である。それゆえ、主流の概念が含意するものに浸蝕され、取り込んだつもりが取り込まれてしまったり、理念の深化が停滞してしまったりするリスクがあることも意識しなければならない。

　糸賀は、この後1968（昭和43）年に急逝するが、もしその後の時代を生きたなら、どのように自らの思想を上書きしていっただろうかと考えてみる必要がある。

5．結びにかえて

　ここまで、糸賀の生涯をたどりつつ、その思想展開を追ってきたが、糸賀の代名詞とも言われる発達保障思想が欠落しているとの指摘を受けそうである。しかし、筆者は、糸賀の一時期の思想をもって、その人物を代表させることには慎重でありたい。また、発達保障という考え方は、近江学園研究部を中心に、その理論が構築されており、糸賀単独によるものではない。糸賀の生涯と思想の中に発達保障思想を位置づけるには、もう少し下準備が必要である。

　糸賀は、青年期の挫折から、運命から逃られない人間の有限性を痛感し、宗教にその救いを求めた。その後、木村素衞との出会いによって、自らも自覚的、形成的に生命を外部に表現していく存在であることを受け取った。ただ、糸賀は宗教を捨てたわけではなく「単なる知的な世界観としてではなく、自覚的、

体験的に把握せしめる精神の働きの場」として、思想的基盤であり続ける[28]。

　そして、重度の障害のある子どもや、「限界状態」の中で生きる重症心身障害児が「生命を表現」して、生活世界を拡大していく姿を直感的に見出すとともに、普遍的な理論に昇華させた。それは、糸賀自身の人生や、近江学園設立以来の共生社会の実現に向けた歩みとも重なるものであった。糸賀の「障害があるということは、人間存在にはすべてに共通することなのだという明敏な認識に立つことが必要である。親にも障害がある。社会の人はすべて、それぞれなりの『のりこえなければならない』障害をもち、課題の前に立たされている。（略）私たちだって、恋に破れ、人間関係に悩み、情緒や知能ののり越えられぬ苦悩の中にいつまでもとじこめられているのではないか」[29]という共感思想は、そのもとに生み出されたといえよう。

　また糸賀は、発達保障思想の中で人間の有限性とともに「相互の生命の伝達」による無限の可能性を見ていたのかもしれない。なぜなら、タテの発達は緩やかで、限界があることを認めつつ、ヨコの発達である生活世界の拡がりに無限性をみているからである。自らに対する有限性の認識は、謙虚さや他者への寛容さを生じさせるとともに、それぞれの人生における無限性を生じさせる可能性をもっている。

註
1) 糸賀一雄（1937）「圓さんを偲ぶ」今井新太郎編『圓山文雄』北陸之教壇社、pp.116-117
2) 木村素衛（1955）『魂の静かなる時に』弘文堂、p.20
3) 木村素衛（1940）『教育学』長野県国民精神文化講習所、pp.9-10
4) 前掲３）、p.23
5) 糸賀一雄（1939）「国家と教会の現実」『開拓者』第34巻4号、日本基督教青年会同盟
6) 糸賀一雄（1939）「『確信』について考へたこと」『京都市教育』第16巻6号、京都市教育会、pp.20-22
7) 糸賀一雄（1940）「ある精動指導者の手記」『開拓者』第35巻第5号、日本基督教青年会同盟、p.36
8) 下村湖人（1981）『論語物語』講談社、p.159
9) 糸賀一雄（1965）『この子らを世の光に』柏樹社、p.10
10) 糸賀一雄（1949）「（続）山伏の夢」『南郷』第9号（糸賀一雄著作集刊行会［1982］『糸賀一雄著作集Ⅰ』日本放送出版協会、pp.248-249）

11) 糸賀一雄（1951）「沈殿者の問題」『近江学園年報』第3号
12) 糸賀一雄（1950）「信仰とその働きを通じて平和へ（堅田教会におけるレーメンス・サンデー講壇の原稿）」（『糸賀一雄著作集Ⅰ』、pp.254-257）
13) 糸賀一雄（1952）「幸福」『滋賀新聞』1952年4月6日
14) 糸賀一雄（1952）「精神薄弱児の職業教育」『近江学園年報』第4号、pp.230-247
15) 糸賀一雄（1954）「五十八の決心」『教育』第40号（『糸賀一雄著作集Ⅱ』、p.329）
16) 糸賀一雄（1954）「梅雨空に思う」『南郷』第14号（『糸賀一雄著作集Ⅱ』、p.323）
17) 糸賀一雄（1952）「馬鹿談義」『滋賀新聞』1952年6月14日
18) 前掲15）
19) 前掲14）、pp.242-245
20) 糸賀一雄（1954）「平和運動と生活」『清流』第9号、滋賀県瀬田高等学校定時制校報（『糸賀一雄著作集Ⅱ』、p.320）
21) 糸賀一雄（1954）「展示会の反省」未発表原稿（『糸賀一雄著作集Ⅱ』、p.322）
22) 下村胡人（1943）「次郎物語」『新風土』第6巻第10号、小山書店、pp.48-51
23) 糸賀一雄（1956）「精神薄弱者の内的適応について」『愛護』第3号、精神薄弱者愛護協会、p.2
24) 糸賀一雄（1958）「集団就職の事例」厚生省児童局監修『精神薄弱児指導の実際』日本児童福祉協会
25) 因幡一碧（1956）「教育の本質」『手をつなぐ親たち』第4号、精神薄弱児育成会、pp.2-4
26) 糸賀一雄（1968）『福祉の思想』日本放送出版協会、p.178
27) 糸賀一雄（1966）「この子らを世の光に」『両親の集い』第127号、第128号、全国重症心身障害児（者）を守る会
28) 糸賀一雄（1954）「青年と宗教」『創造』日本自由宗教連盟（『糸賀一雄著作集Ⅱ』、p.319）
29) 糸賀一雄（1968）「ことばなき自己主張」『中部日本新聞』1968年4月22日

【ガイダンス】

糸賀一雄（1914-1968）

○ 1914年、鳥取市に生まれる。鳥取第二中学校から松江高等学校に進み、病気による休学中にキリスト教に入信した。38年、京都帝国大学文学部哲学科を卒業し、京都市内の尋常小学校で代用教員となり、池田太郎、木村素衛との出会いをえる。39年、陸軍鳥取連隊に入営するが、病気が再発して召集解除となる。

○ 1940年、滋賀県庁に社会教育主事補として入職した。翌41年、近藤壌太郎知事によって秘書課長に抜擢され、県の要職を歴任することとなる。またこの間、兵事厚生課長として石山学園の設立と田村一二の招聘に関与する。また、『次郎物語』の作者である下村湖人とも親交を結ぶ。

○ 1946年11月、池田太郎、田村一二らからの要請を受け、近江学園長となる。そして、近江学園を「母胎」として、落穂寮、信楽寮、あざみ寮、一麦寮、日向弘済学園を相次いで設立していった。これらの施設は、公的な施策から取り残されがちな重度の障害児や、児童福祉法の対象年齢を超えた知的障害児への生活支援を先取りするものであった。

○ 1963年には、西日本で初めての重症心身障害児施設である「びわこ学園」を、66年には、第二びわこ学園を設立する。

○ 1968年9月17日、滋賀県新任職員の研修中に倒れ、翌日死去した。享年54歳。

○糸賀は、重い障害のあるこの子らは人間の生きる意味を気付かせてくれる「世の光」であるのだから、「この子らに世の光を」と哀れみ、恩恵的に手を差し伸べるのではなく、「この子らを世の光に」となるように目指していくことが、障害児教育や福祉関係者の使命であると訴えた。また、福祉施設が障害のある人の社会から隔離された収容の場となることに警鐘をならし、「飼い殺しではない保護」の必要性を訴え、重症心身障害児との人間的な関わりが周囲の人々の真の人間性を目覚めさせ、世の中を変える力があるとして「重症児の生産性」を提唱した。

○主著『この子らを世の光に』(柏樹社、1965)/『福祉の思想』(日本放送出版協会、1968)

第3章

びわこ学園における「発達保障」思想の実践化過程
―重症心身障害児者への「本人理解」のあゆみ―

垂髪　あかり

はじめに

　重症心身障害児施設びわこ学園（1963年設立、滋賀県、現びわこ学園医療福祉センター草津および野洲、以下びわこ学園とする）が創設される以前、障害の重い子どもたちは医療や教育の対象にもならず、行き場のない状態にあった。まだ「重症心身障害児」という概念さえ定まっていない時に、糸賀一雄はびわこ学園を創設し、障害の重い子どもたちの「発達」の可能性にいち早く取り組んだ。今の重症心身障害児教育・療育の姿があるのは、びわこ学園等の重症心身障害児施設で確立された思想と実践、当事者や家族、行政、医療、福祉関係者や市井の人々の真摯な思いや情熱の積み重ねの賜物であり、その歴史を決して忘れてはいけない。本稿では、創設から半世紀以上の歴史を持つびわこ学園が、創設当初に掲げた理念である「発達保障」という考え方を、どのように継承し、一つひとつの実践の中に取り込んでいったのかについて、重症心身障害児者（以下、重症児者とする）の「本人理解」という視点から整理していく。

1．びわこ学園における「発達保障」の思想と実践

　糸賀は、障害の重い子どもの発達に触れて、次のように述べた[1]。

　　重症児が普通児と同じ発達のみちを通るということ、どんなにわずかでもその質的転換期の間でゆたかさをつくるのだということ、治療や指導はそれへの働きかけであり、それの評価が指導者との間に発達的共感をよびおこすのであり、それが源泉となって次の指導技術が生みだされてくるのだ。

技術が子どもをえらぶのでなく、子どもが技術の主体になるという
　　ことがいえるようになるのである。ヒューマニズムの中身はこれでな
　　ければならない。

　この言葉から半世紀、1960年代から2020年代という歴史のなかで、療育
対象が大きく変化したびわこ学園では、どのような「発達保障」の「技術」が生
み出され、磨かれてきたのか。

　開園当初、療護児[2]と呼ばれる「治療と養護」が必要な子どもが、びわこ学園
における「障害の重い子ども」であった。しかしその後、旧第一びわこ学園（現
びわこ学園医療福祉センター草津）の療育対象は、知的障害および身体障害が
重く重複した重症児となり（1960年代後半〜）、その後、超重症児[3]（1990年
代〜）を受け入れた。旧第二びわこ学園（現びわこ学園医療福祉センター野洲）
では、重症児、動く重症児[4]（1960年代後半〜）から強度行動障害児[5]（1980
年代〜）、超重症児（1990年代〜）を受け入れた。そして2000年代に入り、
両学園では重症児者、超重症児者の終末期の療育に取り組んでいる。創設当時
には想定していなかった、対象者の重度化・重症化・高齢化の進行によって、
学園では、対応すべき問題群が質的に変化してきた。そして、こうした問題を
乗り越えていくために、新たな療育の視点を模索し創り出してきた。

　波状的に出来する問題群に直面し、新たな療育の視点創出の山を越えるたび
に、両学園では設立当初の発達保障の理念に込められた、障害の有無にかかわ
らず人は「人と生まれて人間となる」、「発達観から見ても根っこが一つ」とい
う糸賀の教示[6]や、「本人さんはどう思てはるんやろ」[7]という岡崎英彦初代園
長の言葉、さらに糸賀、岡崎、田中昌人（発達心理学の立場から近江学園およ
びびわこ学園の実践に参加、1932-2005）らが共創した〈ヨコへの発達〉とい
う考え方に立ち返ってきた。これまでに筆者は、こうした経緯を両学園の約半
世紀の発達保障の思想と実践として探求し、まとめてきた[8)9)10]。では、びわこ
学園の一つひとつの実践のなかでは、原点となる「発達保障」の思想がどのよ
うに取り込まれ、「発達保障」の「技術」として実践化されてきたのだろうか。

　本章では、びわこ学園における重症児者の「本人理解」の方法とその歴史的

変遷について明らかにすることを通して、「発達保障」思想の実践化過程について検討していく。

2. びわこ学園における重症児者の「本人理解」の方法

　2002年、びわこ学園は三条からなる学園の理念を提起した（資料1）。この理念の第二か条にある「その人らしさが輝く」ためには、「その人」（本人）を理解することが大前提である。また、重症児者本人が主体的に「ふつうの生活」を送るように支援するためには、「その人」（本人）の願いや思いを理解しなければならない。

びわこ学園の理念（2002年9月27日）

　障害の重い人たちの生活の創出と幸福を追求してきたびわこ学園の創設者、糸賀一雄は「この子らを世の光に」と提唱しました。びわこ学園はその意義を自覚し、障害の重い人たちが市民として生きる社会を目指します。

　1　一人ひとりの尊厳を重んじ、他とおきかえることのできない"いのち"を支えます。
　2　その人らしさが輝く、「ふつうの生活」をおくることができるよう支援します。
　3　障害のある人たちが安心して暮らせるまちづくりをすすめます。

　　　資料1：びわこ学園の理念　（出典：びわこ学園（2003）『びわこ学園年報』）

　一方で、びわこ学園を利用する重症児者は、身体的にも知的にも重い障害があり、濃厚な医療的ケアが必要で、自己表現が困難な状態にある人が多い。このことから、本人の思いを理解し、本人が求めている支援を提供するのは容易なことではない。

　こうしたなか、びわこ学園では「本人理解」を以下の三つのプロセスから行なっている[11]。

　（1）「しんどさ」を受け止め、背景にある本人の訴え思いを読み取ろうとする
　　　　　⇨『共感的理解』
　（2）本人が求めていると考えられる援助を想定し、提供する
　　　　　⇨『仮説立てと援助の実践』
　（3）本人の状態の変化から、援助が本人の思いに届くものであったのかを読

み取る

⇨『評価』

　さらに、びわこ学園では、このプロセスの基盤に「発達的視点」を据えている。「発達的視点」を据えるとは、本人の外界交流の力や発達の状態を把握し、それらを「発達指標」[12] に照らして個別支援計画に整理し、支援チームで共有し、実践と評価のプロセスに組み込んでいくことである。本人の外界交流の力や発達状況を把握するために、姿勢・運動、認知・認識、人との関係、物との関係、行為・行動の組み立てを詳細にアセスメントしていく。

　このような「発達的視点」がびわこ学園における「本人理解」のプロセスに導入されたのは、1990年代に入ってのことである。それでは、びわこ学園創設初期や、1970年代、1980年代において、学園ではどのように「本人理解」を行なってきたのだろうか。

3．びわこ学園における「本人理解」の歴史的変遷
（1）1950年代〜1960年代前半

　びわこ学園の母体である近江学園では、1953年に療護児と呼ばれる、医学的な対応と個別の教育的対応が必要な子どもを受け入れ、療護児クラス「杉の子組」が発足した。近江学園では、これまで経験したことのなかった療護児と呼ばれる子どもに対して、現場を率いた岡崎英彦（のちにびわこ学園初代園長）が「子どもたちを指導するというよりも、子どもたちの毎日の反応にひきずり廻されたといった方が適当であろう」[13] と記録したように、子どもたちが抱える個々の異質な問題、要求に応えながら手探りで実践を行なっていた。

　糸賀は、近江学園設立当初、重症児に対して「永遠の幼児」[14] であるという限定的な見方を持っていた。しかし、この「杉の子組」の実践で子どもたちが少しずつ変容していく姿を捉え、その重症児観は「白痴児も、肢体不自由児も、二重三重障害の子どもたちも、だれひとりの例外なく、感ずる世界、意欲する世界をもっている」[15] と、変容していった。

　1963年、「杉の子組」の子どもたちに加えて、さらに障害の重い子どもたち

を受け入れながらびわこ学園の実践が始動した。しかし、彼らへの支援方法は確立されておらず、「本人理解」と言うよりは、重症の子どもたちと「全力で相対」[16] しながら、療育を模索する日々であった。

（2）1960 年代後半〜 1970 年代

びわこ学園では、重い障害を抱える子どもたちと真正面から取り組み、模索を重ねる中で、子どもたちの「変化」が確認されるようになる。この「変化」を、糸賀は「発達」という言葉で置き換えて、「二歳は二歳として、三歳は三歳として、そのおのおのの段階のなかに実現しなければならぬ無限の可能性をもつのであるから、この可能性を豊かにみのらせることが発達の中身である」[17] と語っている。どんなに障害が重くても「かけがえのない個性の拡がり」があることを意味する〈ヨコへの発達〉という考え方も、この頃に結像する（1966 年）。現場では、重症児たちをベッドからプレイルームに運び、時には戸外へ連れだし、積極的な療育が展開されていく。「本人理解」の方法として「ゆさぶり・ひきだし」[18] という言葉が出てくるのがこの時期である。「本人理解」のために支援者が活動に参加し、子どもと相互に共感し合える接点を足場としながら、実践が追求されていった。

（3）1980 年代

1979 年、養護学校教育が義務化されたことを背景に、びわこ学園でも通学する子どもが増え、積極的に年少で虚弱な重症児の入園を受け入れた。「寝たきり」でこれまで以上に重症な子どもたちで編成された病棟では、生理的基盤の確立と、個々のリズムに寄り添いながら体調の良い時に働きかけるといった緻密な取り組みが行われた。てんかん発作や筋緊張、不随意運動等、さまざまな「不快」な思いをしている子どもたちに職員が共感し、少しでも「快」の状態を保障できるような取り組みに力が注がれた。

約 20 年の実践の蓄積を経て、学園では、この頃から「療育プログラム形成」の必要性を自覚するようになる。「目的－実践－評価」というサイクルのプロ

グラム形成を目指すのであるが、目的設定や実践の過程で、「園生の声をきき
とれること－生きる力の受け止め＝主体的行動のたしかめという過程をくぐる
必要」[19] があるとされている。そして、この「本人理解」の過程が「ゆさぶる・
ひきだす・確かめなおす」[20] であると提起されている。

（4）1990 年代

　1990 年代に入ると、新生児医療や救命救急医療技術の進歩により、濃厚医
療、濃厚介護が継続的に必要な最重度の障害児が増加し、その処遇が各地で大
きな課題となった。びわこ学園でも、1994 年、初めて超重症児を受け入れた
後、園生の重度・重症化は一気に進行した。こうした状況にあっても、学園で
は、彼らの QOL 高めながら、どんなに重い障害があっても「ふつうの生活」を
保障し、その人らしい自己実現の姿が追求されていった。
　「本人理解」の方法としては、これまでの実践で確立された「ゆさぶる・ひき
だす・確かめなおす」というびわこ学園独自の「本人理解」の手法に加えて「発
達的視点」が導入された。「発達指標」が作成され、「発達的視点」に基づく行
動評価と療育プログラムの展開が目指された。

（5）2000 年代～ 2010 年代

　利用者の重度・重症化、高齢化がますます進行し、療育内容や療育課題は大
きく変化していった。こうしたなか、2003 年に導入した「個別援助プログラム」
を基にして、「発達的視点」を組み込んだ「本人理解」と療育の内容や方法が体
系化された。
　この時期、びわこ学園では重症児者、超重症児者、強度行動障害児者の終末
期の療育が大きな課題となった。重症児者、超重症児者、強度行動障害児者の
終末期の療育は、重症児者療育においては未開の領域である。約 50 年の間、
重症児者への療育に取り組んできたびわこ学園においても、まるで半世紀前の
ように、一例一例手探りの実践であった。重い障害ゆえに自らの希望や意思、
苦痛の程度を言葉で訴えることができない重症児者、超重症児者、強度行動障

害児者に向き合った職員らは、苦悩と葛藤を繰り返しながらも実践を創造していった。そして、どのような局面を迎えても「その人らしい最期」が迎えられるよう試行錯誤したのであった。

　2010年代、びわこ学園が実践のなかで掲げたテーマは、「生命と暮らしに寄り添う支援」である。職員らは、どのようにしたら「いつもの暮らし」のなかで、障害の重い人たちらが「その人らしさ」を発揮し、より豊かに、彩りある人生を送ることができるかについて問い続けている。個々の様々な活動や取り組みにおいては、重症児者の思いや願いを受け止め、共感し、さらなる意欲や期待感を育て、それらを重症児者と職員、職員同士が確認しあう―「"つたえあい―ゆさぶり―ひきだし―たしかめなおす"」[21]というびわこ学園独自の「本人理解」の方法が、発達保障の「技術」として若い世代に伝えられ、大切にされている。

4．本人理解の鍵、「ゆさぶり―ひきだし―たしかめなおす」[22]

　これまで述べてきたびわこ学園における「本人理解」の歴史を整理したのが図1である。この図1およびこれまでの整理から、びわこ学園における重症児者の「本人理解」の鍵となるのが「ゆさぶり―ひきだし―たしかめなおす」とい

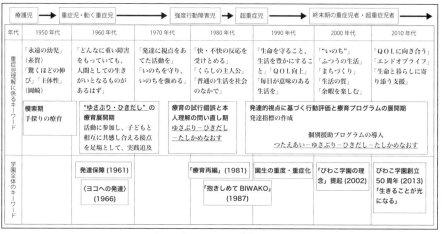

図1：びわこ学園における「本人理解」の歴史

う概念であることがわかる。

　では、「ゆさぶり－ひきだし－たしかめなおす」とは、一体どのような手法なのだろうか。

　「ゆさぶり－ひきだし－たしかめなおす」の原型である「ゆさぶり・ひきだし」という考え方がびわこ学園で使われるようになったのは、1960年代後半、「第二びわこ学園」においてである。実はこの手法は、療育記録映画「夜明け前の子どもたち」の「しもちゃんの笑顔」[23]からヒントを得ている。「寝たきり」で、いつも上を向いていて表情の変化に乏しい「しもちゃん」に、同じ寝たままでも上むきから下向きへ（そのままの姿勢で「ゆさぶる」）、抱いてシーソーに乗る、乳母車に乗せて山道をガタガタゆすって動く（次の姿勢にかえて「ひきだす」）、乳母車の振動を通して足裏から、からだ全体に伝わるリズムに重ねながら、手の指先から一定のリズムを誘いだす（からだの末端に働きかけて「確かめてなおす」）、といった取り組み[24]を行い、「笑顔」を捉えることができたのであった。

　その後、『創立20周年記念誌　びわこ学園の20年』では、重症児者への実践に限定せず、強度行動障害児者、発達年齢の高い利用者、身体障害を主とする利用者への実践を、「ゆさぶり－ひきだし－たしかめなおす」という視点で整理し、この時期目指された療育プログラム形成の要の概念として位置付け、その中身を次のように明確にしている。また、三つの過程を図によって整理している（図２）。

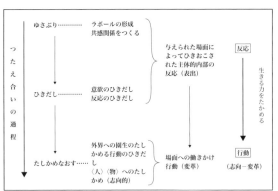

図２：1970-80年代における「ゆさぶり－ひきだし－たしかめなおす」の過程（『創立20周年記念誌　びわこ学園の20年』p.199より転載して作成）

「ゆさぶり」とは、「子どもたちにとっては、一つ一つ新しい体験であり、発見であり、獲得の転機でもあるような自発的活動を呼び起こすはたらきであり、子どもたちの側からみれば、かれら自らがゆれ動き、ぶつかり合う体験をくぐりぬけること」である。

　「ひきだし」とは、「ゆさぶりの中に、あらたに呼び起こされた諸活動や、その方向を転じてみせた諸活動のなかで、特にいきいきとした活動をさらに子どもたちの育ちの方向とかかわらせるような状況で（言わば背のびを求めた状況とでもいえるだろうか）、ふたたびひき起こさせるようにするはたらきかけ」である。

　「たしかめなおす」とは、「できたことを別の（複数）の状況の中で、そのつど取り組みなおしてみる（そして確かめなおしてみる）はたらき」である [25]。

　これらの定義および図示から、「ゆさぶり－ひきだし－たし

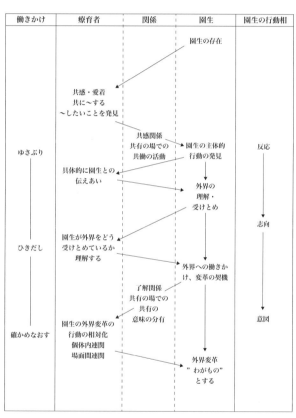

図3：1990年代における「ゆさぶり－ひきだし－たしかめなおす」の過程（『成人期「重症心身障害児」の発達指標作成研究—行動評価及び療育プログラム作成研究』p.7より転載して作成）

かめなおす」の過程は、活動のなかで重症児者の体験と内的世界を療育者が発見し、さらに意欲や自己表現を引き出し、それらを様々な場面や人との関わりにおいて確かめ合う過程であり、「本人理解」の「技術」でもあることがわかる。

　1970年代の実践をもとに、1980年代初頭に整理された「ゆさぶり－ひきだし－たしかめなおす」は、その後、発達の視点が導入される1990年代には、「園生と療育者の相互関係の過程」[26] として再構成されている（図3）。「ゆさぶり－ひきだし－たしかめなおす」という個々の働きかけの意図は同様であるが、その働きかけの療育者と園生それぞれにとっての意味が明らかにされ、それらが両者の関係性のなかで往還していく過程が捉えられている。

　2010年代、「ゆさぶり－ひきだし－たしかめなおす」は、新人研修において「びわこ学園における『本人理解』の手法」として、重症児療育に携わる新人たちに教授されている。研修のなかで、「ゆさぶり・ひきだす」には、「ふんいきつくり」「姿勢への働きかけ」「手への働きかけ」「目への働きかけ」「音・リズム・声による働きかけ」「"くいちがい"の導入」「できること、喜ぶこと、自発的にやっている事を精一杯させ"間"を持って見守る」ことが必要であると、より具体的な療育内容や方法に踏み込んで解説されている。「たしかめあい」とは、「できたことを別の状況の中で取組みなおしてみる（確かめ直してみる）はたらき」「ゆさぶりによって引き起こされた外界交流の力が、子どもの自発的な働きであることをたしかめる」ことであるとされている。そして、こうした「ゆさぶり－ひきだし－たしかめなおす」取り組みの過程で、どんなに重い障害があっても、私たちと同じ願いを持ち、障害を乗り越えようとしている存在であることに、実践者として気づいていけるよう、新人達を導いているのである[27]。

5．「ゆさぶり－ひきだし－たしかめなおす」の実践

　本人理解の鍵とした「ゆさぶり－ひきだし－たしかめなおす」という技術を用いた具体的実践とは、どのようなものであろう。びわこ学園における重症児への数ある実践の中から、「ゆさぶり－ひきだし－たしかめなおす」が提唱されて間もない1970年代の実践と、2020年代の実践からみていくことにする。

（1）1970 年代

　視覚障害があり、自分の両手を握り合い、上体を前後に揺らすといった常同的な動きがよく見られていた Y さんは、外界（人、物）から引きこもったところで「安定」し、「人、物に対する反応が乏しく、どこから療育の糸口をつけてよいか検討がつきにくい」[28] とされていた。そんな Y さんに、療育者は音楽サークルの活動の中で「ゆさぶり」の取り組みを始める。好きな音楽やブランコの揺れによって、Y さんの心が軽くゆさぶられ、外界に開かれていることに気づいた療育者は、握り合っていた Y さんの手を取り、リズムに合わせてゆする。すると Y さんは、大喜びし、さらに動きを大きくする。いつもは握っても振りほどく療育者の手を、Y さんの方からもしっかりと握りしめてくるのだ（「ゆさぶり」）。この取り組みを重ねると、音楽が鳴ってもすぐに常同運動を始めず、相手をしてくれる人を待つ仕草を見せたり、相手をすると泣き止み、笑顔が見られるようになっていく（「ひきだし」）。そして、Y さんが握りしめている両手を開き、太鼓のバチ等の新しい素材を持たせてみると、すぐに放り出してしまうが、療育者が支えると、腕の力を抜き、自発的に太鼓に振り下ろす姿が見られるようになっていく（「たしかめなおす」）。その後、Y さんは、粘土等にも指を開いて感触を楽しむようになっていった。こうした過程で Y さんの常同運動は減少し、まるで心の殻を表しているような、固く握っていた手は徐々に開いてくるようになった[29]。

（2）2020 年代

　43 歳でびわこ学園に入園し、2020 年現在 73 歳の Z さんは、「寝たきり」で目と手の協応動作が見られず、主体的な動きは少ない。ただし、外界の刺激をとりこみ、時に味わおうという探索的な動きはみられるため、本人の外界交流の力を発揮するために、本人が心地よいと感じられる刺激を感じられる「特大湯袋」の取り組み[30] を行った。バギーから「特大湯袋」へ移乗直後の Z さんは、筋緊張が高まるが、お湯の温かみを感じてすぐに緊張が緩んでいく。湯袋へ身体を預けて頭は自分から枕へ下ろしてくる。口を尖らせ眉間にしわを寄せてい

た表情から、次第に緊張が緩んで眉間のしわが消え、口元の力も抜けていく（「ゆさぶり」）。この状態で、光と音の心地良い感覚刺激を提供すると、Ｚさんは視線を左右に動かしたり、隣で参加するＸさんを注視するようにそちらへ顔を向けている（「ひきだし」）。活動後、再び車椅子移乗したＺさんの身体からは筋緊張が取れる様子が見られた。筋緊張で密着していたＺさんの両膝の間には隙間ができ、肩や上肢の力が抜けて車椅子に身体全体を委ねていた（「たしかめなおす」）。

おわりに

　かつて重症児者に対して「永遠の幼児」と呼び、限定的な見方をしていた糸賀は、近江学園・びわこ学園において障害の重い子どもたちに取り組み、

> 白痴児も、肢体不自由児も、二重三重障害の子どもたちも、だれひとりの例外なく、感ずる世界、意欲する世界をもっている。ただ生かしておけばよいのではなく、どのような生き方をしたいと思っているかを知り、語り合い、触れ合い、お互により高い生き方へと高められてゆくような指導[31]

が必要であると述べるようになる。糸賀の価値観を変えたもの、それは、重症児者の「内面」を見たい、「生きるよろこび」を高めたいという素朴で真摯な思いであった。その思いが、糸賀自身を「自己との対決」に導き、「発達」観の転換をもたらした。

　重症児者の「心」や「内面」を捉えるのは容易いことではない。しかし、びわこ学園では、重症児者の「心」や「内面」に触れ、そこに共感したいという思いを持った支援者が、今日も様々な取り組みや関わりのなかで「ゆさぶり－ひきだし－たしかめなおす」という「発達保障」の「技術」をもとに試行錯誤している。そのなかで、びわこ学園の支援者たちは、約半世紀以上前に、糸賀自身が通った「自己との対決」のプロセスを、それぞれが悩み、葛藤しながらも歩み続けているに違いない。

註

1) 糸賀一雄（1968）『福祉の思想』日本放送出版協会、p.172

2) 近江学園、「びわこ学園」においては、実践のなかで「療護児」という用語が用いられてきた。この「療護児」という用語に対して公的な定義はなされていない。近江学園では、1953 年、神経性下痢と診断された男児の医局入室を契機とし「医学的な処置のみならず教育心理学的な措置」の必要性から「杉の子組」が編成され、対象児を指す言葉として「療護児」が初めて使用されたとみられる。公的には、身体障害者福祉法（1949 年制定）において「心身障害者療護施設」の定義のなかで「療護」は、「治療及び養護」と意味付けられている。

3) 「超重症児」という用語に対して公的な定義はなされておらず、その概念は、継続的濃厚医療を基準とした介護度の評価から成立している。1995 年にわが国で初めて「超重症児」を定義した鈴木（1995）は、「超重症児」を「長期に継続する濃厚な医療ケアを必要とする子どもたち」であり「人工呼吸器や気管切開、吸引や酸素療法などの呼吸管理や中心静脈栄養などを継続して必要とし、それが常態であるという子どもたち」とした（山田美智子、鈴木康之［2005］「超重症児、準超重症児の概念と対応」江草安彦監修『重症心身障害療育マニュアル（第 2 版）』医歯薬出版、pp.158-164）

4) 「動く重症児」という用語に対して、明確な法制上の定義はなされていない。1970 年に中央児童福祉審議会が「動く重症児」とは「ア．精神薄弱であって著しい異常行動を有するもの、イ．精神薄弱以外の精神障害であって著しい異常行動を有するもの」で、「いずれも身体障害を伴うものを含む」とし、ア．に該当するものについては、「重度精神薄弱児収容棟」において、またこれに肢体不自由を伴うものについては、重症心身障害児施設において、特に精神医療についての機能の充実により医療と保護指導を図るものとし、イ．に該当するものについては、小児精神病院において治療を行う必要があるという意見具申を行った。

5) 「強度行動障害」は、「精神科的な診断として定義される群とは異なり、直接的他害（噛みつき、頭突き等）や、間接的他害（睡眠の乱れ、同一性の保持等）、自傷行為等が通常考えられない頻度と形式で出現し、その養育環境では著しく処遇の困難な者」、また「家庭にあって通常の育て方をし、かなりの養育努力があっても著しい処遇の困難な者」と定義されている（行動障害児（者）研究会［1989］『強度行動障害児（者）の行動改善および処遇のあり方に関する研究』財団法人キリン記念財団）

6) 糸賀一雄（2009）『糸賀一雄最後の講義―愛と共感の教育―〔改訂版〕』中川書店、pp.38-45

7) 大西豊彦（1990）「解説」岡崎英彦著作集刊行会編『岡崎英彦著作集』医療図書出版社、p.499

8) 垂髪あかり（2016）「重症心身障害児施設『第一びわこ学園』における『発達保障』の思想と実践」『神戸大学大学院人間発達環境学研究科研究紀要』第 10 巻 1 号、pp.17-29（http://www.lib.kobe-u.ac.jp/infolib/meta_pub/G0000003kernel_81009714）

9) 垂髪あかり（2017）「重症心身障害児施設『第二びわこ学園』における『発達保障』の思想と実践」『神戸大学大学院人間発達環境学研究科研究紀要』第 10 巻 2 号、pp.91-104

（http://www.lib.kobe-u.ac.jp/infolib/meta_pub/G0000003kernel_E0041229）

10) 垂髪あかり（2019）『〈ヨコへの発達〉とは何か－障害の重い子どもの発達保障－』日本標準

11) 久保多信幸（2020）「びわこ学園における本人理解の手法」『新任２次研修』資料、未公刊資料。本資料の提供及び後掲 30) の「特大湯袋」の取り組みへの筆者の参与観察については、びわこ学園医療福祉センター草津からの研究協力による。心より感謝申し上げます。

12) びわこ学園・第二びわこ学園（1994）『成人期「重症心身障害児」の発達指標作成研究－行動評価及び療育プログラム作成研究』、未公刊資料

13) 岡崎英彦（1955）「療護クラス『杉の子』－ノイローゼ、アテトーゼ、テンカンの子ら－」『近江学園年報』第 7 号、近江学園、pp.108-133

14) 糸賀一雄（1950）「問題児の対策」『社会福祉研究』第 2 号（初出）（『糸賀一雄著作集Ⅰ』、p.328）

15) 糸賀一雄（1958）「当面の諸問題」『近江学園年報』第 8 号、pp.1-17

16) 岡崎英彦（1964）「ごあいさつ」『びわこ学園だより』創刊号、p.1

17) 糸賀一雄（1965）「指導体制評価についてのわれわれの立場」『近江学園年報』第 11 号、p.8

18) びわこ学園（1978）『創立 15 周年記念誌　びわこ学園の 15 年 1963-1978』びわこ学園、p.192

19) びわこ学園（1983）『創立 20 周年記念誌　びわこ学園の 20 年 1963-1983』びわこ学園、p.197

20) 森敏樹「問題になる子の保育実践課題」『問題になる子』朝倉書店、p.143

21) 前掲 11)

22) 「ゆさぶり－ひきだし－たしかめなおす」は、文献によって、また年代によって「ゆさぶる・ひきだす・確かめなおす」、「ゆさぶり－ひきだし－たしかめなおす」等と、表記方法が異なっている。本稿では、これらを総称して、2020 年現在びわこ学園で使用されている表記方法に一番近い形の「ゆさぶり－ひきだし－たしかめなおす」を使用する。

23) 前掲 18)、p.83

24) 前掲 20)、pp.145-146

25) 前掲 19)、p.197

26) 前掲 12)、p.7

27) 前掲 11)、頁数なし

28) 前掲 19)、p.26

29) 前掲 19)、p.198

30) 「特大湯袋」の取り組みとは、心地よさが感じられる温度にしたお湯を、特大のビニール袋に入れ、「ウォーターベッド」のイメージでその上に寝転んでもらい、心と体を「快」の状態にしリラックスすることで、心を外界に開けることを意図した活動である。

31) 糸賀一雄（1958）「当面の諸問題」『近江学園年報』第 8 号、pp.1-17

【謝辞】

　本章は JSPS 科研費 19K23327 の助成を受けて実施されたものの一部を含んでいます。

【ガイダンス】

　びわこ学園における重症児への取り組みについては、本稿で挙げた文献のほか、髙谷清著『重症心身障害児』『重症児のいのちと心』(共に青木書店)、『重い障害を生きるということ』(岩波書店)、國森康弘・日浦美智江・中村隆一・大塚晃著『生きることが光になる』(クリエイツかもがわ)などの書籍が参考になる。また、びわこ学園 HP からは、糸賀が執筆した創刊号から続く「びわこ学園だより」にアクセスでき、学園の最新の取り組みに触れることができる。(https://www.biwakogakuen.or.jp/)

　なお、筆者は、本章でも触れた〈ヨコへの発達〉についての研究を重ねている。障害の重い子どもの発達を考える際に、なくてはならない考え方である〈ヨコへの発達〉について、関心のある方は、以下の文献を参照して欲しい。

・垂髪あかり (2014)「『横 (横軸) の発達』に込められた願いを未来へ読み解く」糸賀一雄生誕 100 年記念事業実行委員会編『糸賀一雄生誕 100 年記念論文集 生きることが光になる』、pp.38-61
・垂髪あかり (2015)「1950 − 60 年代における『ヨコへの発達』概念の創出―近江学園・あざみ寮・びわこ学園の実践に焦点をあてて―」『人間発達研究所紀要』第 28 号、pp.134-149
・垂髪あかり (2016)「髙谷清の重症児療育観―『ヨコへの発達』に着目して―」『人間発達研究所紀要』第 29 号、pp.28-43
・垂髪あかり (2017)「施設実践者における重度障害児者の変容を捉える『眼差し』―クグラウンデッド・セオリー・アプローチ分析による『ヨコへの発達』の仮説的提示―」『SNE ジャーナル』第 23 巻第 1 号、pp.73-99
・垂髪あかり (2021)『近江学園・びわこ学園における重症心身障害児者の「発達保障」―〈ヨコへの発達〉の歴史的・思想的・実践的定位―』風間書房

第4章
教育における生産性について
―木村素衞「形成（性）」と糸賀一雄「生産（性）」―

門前　斐紀

はじめに　―生産概念の語り直し―

　本稿は、糸賀一雄の「生産（性）」概念を、その師である京都学派の教育哲学者・木村素衞（1895-1946）の「形成（性）」概念から照射し、教育における生産性について捉え直す試みである[1]。その際、考察の舞台として、療育記録映画「夜明け前の子どもたち」（1968年）を導きとする。

　生産（性）は、糸賀の思想を貫くキーワードの一つである。戦後、糸賀が田村一二（1909-1995）、池田太郎（1908-1987）とともに創設した近江学園（1946年）は、「生活・生産・教育」を支柱とし、生産教育体制を整備した。ここでの生産教育は、子どもたちの将来の社会的自立に向けた職業教育として展開され、同時に学園が独立自営するための経済基盤の確立をめざしていた。実利につながる教育活動として動き出したのは、主に「（一）農場、（二）畜産、（三）窯業」の産業体制である[2]。また、「精神薄弱児」の女子教育と職業指導のため設置されたあざみ寮（1953年）は、毛糸の機械編みや下駄の鼻緒づくりにはじまり、開設10年を迎える頃には "あざみ工房" として多種多様な作品を制作した[3]。このように、1950〜70年代にかけ急速に発展した高度経済成長社会のなか糸賀が構想した生産教育は、表向き、社会生活を営むための能力と経済利潤につながる労働力の育成に結び付いていた。

　しかし、次第に糸賀は「重症児の生産性」ということを語りはじめる。これは、身体の硬直や不随意運動の下に在る重症心身障害児（以下、重症児と記す）の生活に深く傾聴する枠組みである。この生産性は、生命維持において重症児とケアする側が協働し、ともに互いの生の可能性を創り出して行く側面と解され

ており[4]、当初の生産教育の文脈からは意味転換的に語り直されている。この概念の語り直しは、発達保障論で「横（軸）の発達」が示し出される時期に重なる[5]。医療を必要とする子どものための入所療育施設びわこ学園（1963年）が、第一びわこ学園（現・びわこ学園医療福祉センター草津）と第二びわこ学園（現・びわこ学園医療福祉センター野洲）へ分設された頃である。

「重症児の生産性」の議論の背景に、蜂谷は木村の生命論からの影響を指摘する[6]。また、木村の人間理解を元に「身体性＝生命」の視点から重症児（者）の存在構造に迫る遠藤は、「言語以前、自我以前、自立以前」で「〈身体〉そのものがコミュニケーションそのもの」となる彼らの在り方に、「他者の身体と共振し共鳴し共感し、そこに共同性を懐胎」する究極的な普遍性を見出し、その普遍性を介して逆説的に現れる、自立的で主体的な「不依存の姿」に光を当てる[7]。本稿はこうした流れを受け、木村の身体論のキーワードである「形成（性）」概念と晩年の糸賀の「生産（性）」概念を重ね、その交わりに見えてくる人間の変容や育ちについて考えてみたい。

1. 二つの思想の交わり

木村素衞と糸賀一雄の影響関係に関しては、「エロス」と「アガペ」や「教育愛」など「愛」の思索に関し研究が重ねられている[8]。蒲生・冨永によると、糸賀の著作への木村からの影響は、論考「日本の明日のために」（1939年）辺りから見られ、この頃から、それ以前は思弁的に語られていた人間理解が後の「共感」思想に通じる実践性を獲得し、具体的な社会問題へつながった。鍵となったのは、以下に詳述するエロスとアガペという二つの「愛」の概念に関する理解の深化である。糸賀は学生時代、波多野精一（1877-1950）の下で宗教哲学を専攻し、卒業時には、人間は「エロスにおける一切の要求を拒否してこそ真に他者において生きる、アガペーに生きる」と解していたが、木村の論理を経て、エロスとアガペを「相即不離のもの」として捉え直すようになった[9]。この点で、木村が提起した「表現愛の世界構造」は、糸賀の「共感の世界」の基盤となったと言われている[10]。

エロスとアガペの術語は、木村の師・西田幾多郎（1870-1945）の著作にも参照されているスウェーデンの神学者・A. ニグレン（Anders Nygren:1890-1978）の『アガペーとエロース（*Eros und Agape*）』（初版1930,1936 年の二部構成）に由来する。ニグレンは、キリスト教の根本概念であり、あらゆる価値性に拘らず無条件に降下する神の絶対愛アガペが、世界各地で価値上昇的な自己救済の愛、自己中心的な人間愛であるエロスと混同されてきた歴史を検証し、その傾向性を批判して、二つの愛の綜合は原理上不可能であると主張した。それに対し木村は、エロスを望ましいものを求め作り現そうとする価値志向的で努力的な「向上的愛」、一方のアガペを、すべての価値性に関し根本的に無動機的な「絶対的愛」と解し、両原理はつねに相互に依拠しながら連関し、一々の実践的な行為や関係性を成り立たせていると考えた。そして、人間として生きることの道行を、エロスとアガペの「弁証法的相即性（弁証法的綜合／弁証法的自己同一）」の下に捉えた。

　そのうえで木村は、当時の教育学者の中心的テーマであった教育愛を、「表現愛」の特殊形態と捉え、「表現愛の一つの限定」として教育愛が成立すると考える [11]。この教育愛論は、糸賀への思想的な影響が最も注目される側面である。しかしながら、木村の教育愛論は先行研究において、論理の矮小化が指摘されている点に注意したい [12]。

　大西によると、「表現愛」思想は教育愛論において十分に展開されたとは言い難い。木村は「教育愛の原理として二者択一的にアガペを採りエロスを排斥している」、「〈エロスとアガペとの弁証法的自己同一〉という表現愛の立場を忘れて人間の〈二者関係における愛一般〉の『本質的構造』から論を説き起こし、エロスとアガペのそれぞれを別個に成り立つ対立的な原理として切り離し、もっぱらアガペに偏った立論をしてしまった」。「表現愛」という世界構造化の論理は教育愛論の側面では活かされず、教育愛は「表現愛」の一原理であるアガペと同一視され、議論が教育者と被教育者という個々人間の関係性に局限されて伝えられているのではないか、という指摘である。

　たしかに、後年の『国家に於ける文化と教育』（1946 年）の第四章第三節「教

育愛」では、教育愛がアガペと重ねられ、教師の内心、内情、心持ちとして説かれているように読み取れる[13]。したがって、「表現愛」思想と糸賀の「愛と共感」思想の交わりは、木村の教育愛論に指摘される論理のアガペ的傾斜に留意して改めて検討する必要がある。そこで本稿は、「愛」概念からいったん距離を取り、木村の教育愛論に身体論の中心概念である形成（性）が示される一節に着目することで、教育愛論の身体論的展開の先に両思想の交わりを捉えたい[14]。

2．身体の基礎原理としての形成性

　木村の形成（性）概念は、近年改めて重要視されている。この概念は、西田哲学が論文「教育学について」（1933 年）のなかで、教育を、世界が「社会的・歴史的限定」する「形成作用」に人間が「参与」する営みとして把握した議論を継承している[15]。ただし、木村の形成論は、西田の形成論以上に「自己に在らざるもの」「決して自己と同一化しえないもの」「現実の生きた他者」を前提にしており、「他者へと向かい、他者と共にある形成が抱える困難と悲劇性」を捉える点が注目される[16]。

　そのうえで、以下の件において、論理の矮小化が指摘される木村の教育愛論のうちに、形成（性）概念が示し出されていることに留意したい。

　　　いま歴史的生命が、その形成的表現的自覚性の徹底として、この形成する眼そのものの形成力として働くとき、即ち表現愛が人格的個体そのものの形成的愛として発動するとき、かくの如き表現愛が即ち教育愛にほかならない。[17]

　ここで木村は、「表現愛が人格的個体そのものの形成的愛として発動する」場合を教育愛と捉えている。この文脈では、すでに「表現愛」はアガペと重ねられており、「人格的個体」は「エロスの次元に於いて」ではなく、「即且対自態に於けるアガペとしての表現愛を原理とする歴史的生命に於いて」在ると明記される。その点で、「表現愛」思想の持ち味であるエロスとアガペの「弁証法的相即性」は、もはやここでは読み取れない。ただ本稿は、ここで教育愛が、他者の形成性に向けて形成的であることの愛、つまりは他者の形成性の「助成

的形成」作用として示し出される点に着目する。

　木村の形成（性）概念に関しては、論文「表現愛」（1939 年）が手がかりとなる。第一に、論文「表現愛」第一部「身体と精神」で木村は、「身体の最も重要な本質」として「形成性」を挙げている。そして、続いて身体を「自然に喰い込んだ意志」「歴史的自然が自己の物質面へ喰い込ましめている創造的意志の尖端」と定義し、身体の形成性が、人間の意志的エロス的な働きであると同時に、それを契機とする自然のアガペ的変容の方からも折り返される二重の作用であることを示唆する [18]。

　第二に形成（性）概念の特色は、それが全身体性、つまりは存在の仕方全体を投じた「イデア」形成に関わる点に見出される。木村は、身体的行為や作業性のうちに、すでにかたちある「外」の伝統性と、未だかたちになっていない「内」なる創造性が媒介され、そこに個人に対してはつねに「超越即内在性」[19] を伴うイデアが見究められると考えた。木村が捉えるイデアは、単なる観念的な理想や主観的空想ではなく、身体が「内」から「外」へ何かを形成し出す只中に、動的に作り見られる。つまりイデアは、個的で内的な立場からするとどこまでも超越的で把握仕切れないものでありながら、個々人の実践的行為により立ち上がる環境との対話面や世界の限定面に、つねに形成途上の様態で追究されていると言える。

　以上のような木村の形成論が示すのは、私たちが各々の身のこなしや在り方を以って、エロス的に刻一刻と外界へ形成的に働きかけ、超越即内在的なイデアを見究めているという存在様式である。外的環境に働きかけるエロス的主体性にとってイデアは超越的であり、完全に見果て、実現することができない。その点で、エロス的形成は原理的に挫折や不完全性を免れず、木村はこの側面をエロスの「悲劇的性格」と呼ぶ。そして、そうしたエロス的形成の否定と限界を織り込み、悲劇性を不可欠の契機として、世界／自然が自己形成するところに、新たなイデア追究の土壌がアガペ的に拓かれる。

　上記の引用で、教育が「人格的個体そのものの形成的愛」と言われ、「（生命が）形成する眼そのものの形成力として働く」場合と述べられる背景には、こうし

た形成論が控えている。そうすると、「表現愛」思想の教育愛論は、「身体的存在」としての一人ひとりを、「（個的／人間的）主体」のエロス的形成と「（表現的／歴史的）世界」のアガペ的自己形成の接合面に捉えることになる。そして、身体の形成性がしなやかに育まれる道行は、各々のエロス的悲劇性に即して語り直されるだろう。この見通しは、糸賀の「重症児の生産性」を読み解くうえで多くの視座を提供する。

3. 「技術としての心」がつなぐ社会的生産

　糸賀は、「手をつなぐ親の会」主催の「精神薄弱者福祉法」制定記念総会で行なった講演録「精神薄弱者と社会」（1960年）のなかで、「人間形成」を「社会的な広がり」と捉え、その支柱として「生産教育」に着目しながら以下のように述べる。

　　　これは家庭でも、学校でも、施設でも、精神薄弱者または精神薄弱
　　児が社会的な広がりをもってくるその手がかりとなるものは、具体的
　　にはなにかというと、物をつくるということである。物をつくるとい
　　うことをとおして以外には、私たちは社会的な広がりをもつことはで
　　きないと考えてもいい。20)

この一節は、「精神薄弱者（児）」が自身を取り巻く素材や環境に働きかけて外界に作り現す事柄が、どのようなものであれ、そこに他者との関係性やその展望を表し出していることを伝える。たとえば、子どもが描く「画面の片隅」の「非常に小さい固い絵」であっても、仲間との生活を経るなかで次第に広がりを示すようになるという。ここで糸賀が提示するのは、行為により生み出された所産を「心の広がりを象徴しているというように」受け止める視点と、「気持がのびのびと伸びていったところに一つの技術が与えられます」という、「心の広がり」としての脱自的な技術性への着眼である。

　この議論は、「その身に於て直ちに心が働くところに身体の独特な特性が成立する」、「技術としての心は身体の外から加わって来たものではない」という木村の技術的身体論と重なり合う。ただ、糸賀は社会事業者の立場から障害者

の生産教育の意義を訴え、身体の技術性や人間の変容を、個人や社会の発達、進歩、社会性の獲得、社会的承認や自信の形成といった文脈で主張した。その点で厳密に言えば、糸賀は木村の言うエロス的次元を積極的に打ち出しており、両議論にはニュアンスの違いが見受けられる。また、同じ「心」という言葉であっても、糸賀が文字通り個人の「気持ち」の内面性を指すのに対し、木村の「技術としての心」は、身体と世界／自然の接合点で、エロス的形成とアガペ的変容が連関しながら際立つ生命性を指している。

　しかし、障害とともに在ることのうちに、社会を覆う「実用主義や功利主義」を脱した固有な生産（性）を見据え、それを「物をつくるということ」の機微にともに佇むことによる技術の創出という切り口から捉える糸賀の思考は、木村の身体論と大いに響き合う。以下は、木村が論文「身体と精神」で、身体の形成性について詳述する一節である。

　　　手に宿る心は手を用いて働く。手はこの時道具であり、そして手に合う限りの対象に対して適用の融通性（客観的妥当性）を有している。このように身体は技術性と道具性との綜合から成立している。[21]

　ここでは、「手に宿る心」つまりは身体の技術性が、道具的身体性を介して働くと述べられている。身体は、具体的な行為のなかで自らの道具性を駆使しながら有機的に技術を引き出して行く。そのうえで木村は、そうした身体の道具性と技術性の相互連関作用が、実際の「道具」を通し社会的に「分化」「拡大」される点に着目し、道具と身体が接するところで身体（性）を「歴史的実在の働き」から捉え返す。そして、「道具を使用することに於て技術的である身体」のことを「歴史的（社会的）身体」と言い表す。

　ここで道具は、「離身性」「公共性」「代用可能性」という三つの特徴で把握され、「技術的身体が素材に形成的加工を及ぼす際の媒介者」「仲立ち」「手段」として意味付けられる。興味深いのは、木村が、身体の歴史性や社会性に関わる道具を、単なる客体的な「環境的事物」ではなく身体性の延長に捉え、手先を離れた「離身的身体」「分身」と言い表す点である。「云わば録音盤が音楽を貯蔵するように、道具は一定の範囲に限界づけられた種々の目的を貯蔵する客観

的意志として、恰も児童が白墨や小刀から容易に逃れ難く強くそそのきかけられるように、道具は常に人間の形成的意志に対して目的と計画とを呼びかけるのである」[22]。したがって、身に適った道具を奪われると途端に「具体的な実践力ある意志」が削がれてしまうということが起こる。

　木村はこのように述べ、エロス的形成の意欲や意志は主体のうちに内在しているのではなく、道具という、環境に散在する歴史的社会的「分身」から導き出される一面があることを示した。人間の形成性を具現化する身体の「道具性と技術性の綜合」が、道具により環境へ伝播・共有され、そこで「技術としての心」が歴史的社会的な身体性のうちに惹起されるという木村の議論は、糸賀が示す、「物をつくるということ」を通した社会的広がりという生産教育論の布石となっているように読み取れる。

4．療育カメラが捉えた生産性

　以上を踏まえ、糸賀が「重症児の生産性」を伝え遺した療育記録映画「夜明け前の子どもたち」について考察したい。本稿がまず着目するのは、撮影カメラの働きである。糸賀はこの映画の特徴を「内側からカメラが療育そのものに参加するという形」に見出し、従来の療育映画とは趣の異なる記録が可能となったと述べている。付属パンフレットによると、この映画は 35 ミリフィルムで30 時間、録音テープで 200 時間分の記録が元になっており、徹底的に療育活動を学習したスタッフが学園に泊まり込み、職員と計画を立てながら撮影を進めた。糸賀は、「療育に参加したカメラ」が捉える現実は、観る者をするどく裁くという [23]。なぜなら、カメラはそれまでは見えていなかった、あるいは見ようともされていなかった子どもたちの姿を伝えるためである。療育カメラが映し出したのは、思いがけないほどに明るい子どもたちの姿であった。当時の社会において「生ける屍」とさえ言われ、意志なく意欲なく「なされるがままになっているもの」と受け止められていた重症児が、微細な表情や動きによる「言葉なき言葉」で生産性を現す様子をカメラは収めている。

　撮影スタッフは、1967 年 4 月に第二びわこ学園に入園することになった M

くんと「一緒に入園し一緒に学んで行きたい気持ち」で撮影に入り、耳が聞こえず突き動かされるような衝動的な多動性を示すNくんの小さな背中を追いかけた。療育カメラはここで単なる撮影道具ではなく、木村の言う「離身的身体」としてある種の療育主体となっている。スタッフはカメラを介して問いを立ち上げ、映像の編集や解釈において職員と協働し、納得の行かない方針に関しては率直に問いかけ、ときには撮影内容をもとに活動の方向性について提案を行った。

　またカメラは、離身的な療育主体として他の事物や道具に込められた形成的意志を拾い、「ベッド」「寝台」「紐」「太鼓」「ボール」「スプーン」などが生み出す多様な形成作用を浮かび上がらせた。そして映像の終盤には、音声マイクが子どもたちの切実な訴えを拾い上げており、約1年の時を経て、療育環境に置かれたカメラが重症児自身の表現媒体となる側面も見て取れる。

　職員の子どもたちとの「試み的な関係」を視覚化するカメラが捉えたものを、糸賀は「内眼では到底とらえることのできなかったような、なまな、いきいきした、生命いっぱいの、生産的な姿」と言い表す。

　次に、道具が育む生産（性）が注目されるのは、鯉のぼりの取り組み（映像の0:16:00頃～）である。第二びわこ学園東病棟で、子どもたち自身の手で鯉のぼりを上げてみようという試みが行われた。カメラは、大人に負われ担がれた子どもたちが、手に鯉のぼりを握りしめて丘を登って行く様子を捉える。以下は、糸賀による記述である。

　　　五月の鯉のぼり、あの大きな布製の鯉のぼりが身近に横たわっている。それにさわってみることのよろこび。ポールにセットされた細網の端に、自分の指を添えて、自分でもひっぱりあげている気持で、青空に高くあがる鯉を見あげているあどけない顔、顔、顔。[24]

　この活動の魅力は、鯉のぼりを上げる前に、その事物にたっぷりと触れ、戯れる時間を設けている点と言えるだろう。映画には、丘の上で自ら運んだ鯉のぼりと一緒に地面に寝転び、ゆったりと包まれたり、思いっきり抱きしめたり、顔をすり寄せたりする色々な試みが映っている。活動は「いつも首を床につけ

ている子どもがおのずと縦に視線が行くように|計画された。鯉のぼりを透かして光を見つめ、空を仰ぐ子どももいれば、鯉のぼりを掴んで嬉しそうに移動し、ポールにセットしに行く子どももいる。「遠くに見ているだけではつまらない」、「自分の身体ごと触って、感じて、はっきり見ることができる」というナレーションの通り、子どもたちは各々に鯉のぼりを身体化し、それが空高く掲げられて行く動きを通して、鯉のぼりとともに光や陰り、太陽のあたたかさなどを感じ取っていた[25]。

さいごに、道具が導く生産（性）が印象的なのは、野洲河原での園外療育活動に登場する、様々な事物との関わりである。「歴史的な大事業」と言われるこの活動は、子どもたちの手で河原の石を集めて運び、第二びわこ学園の東病棟の庭にプールを作るプロジェクトであった。河原から持ち手付きの缶に石を入れ、坂道を登って石置き場までの道程を往来する「石運び学習」が、6月から約2ヶ月間、晴天の日の午前に継続された。当初は自身の足で歩くことのできる子どもたちが中心となり、終盤には職員や学生ボランティアの支えにより、車椅子や寝台の子どもたちも参加した。

「石運び学習」に子どもたちを誘い込むには困難が伴った。精一杯に働く子どもがいる一方、缶に石を入れ手に持っても運ばない、坂道に差しかかると立ち止まる、逆に平坦な道になると途端に投げ出す、現場に着いても作業に参加しないなど、活動の流れに入らないあるいは入れない多くの子どもたちがいた。そうしたなかまず注目されるのは、「こころの杖」と呼ばれる特殊な事物との関わりである。

映画のなかで「こころの杖」は、「紐」を掴んで離さないUくん（0:44:00頃〜）と、「ほうき」を片時も手放さない女の子（0:45:15頃〜）の石運び学習に見出される。いつも紐を離さないUくんは、作業一日目には紐を握りしめたまま活動に参加していた。付き添いの職員が離すよう働きかけるが決して離さない。二日目Uくんは、紐を移動バスのなかに置き、紐を缶に持ち替え学習に参加した。「こころの杖」が次第に他のものに取って変わって行けるようにという職員の思いが通じたようだ。しかし、Uくんは休憩時間には代わりに「草」

を持ち、時折険しい表情で反抗的に振る舞う。「石を運ぼう、運んだら紐あげるから」と作業に導入してもうまく行かない。結局は、石置き場まで運んだら紐をもらうという約束で、「不承不承」に石を運んだ。しかし、運んだ後に約束通り紐を渡すと、Uくんはその紐と缶を捨て移動バスに引きこもってしまった。

　女の子の方は、バスに乗り込む時点からほうきを掴み、活動中もずっと握りしめていた。あまり他の参加者と視線を合わせず、職員に付き添われながらゆっくりと歩む。ほうきを支えとしてやっとのことで進んでいると、前方から行き交う友だちにほうきを取られた。すると、途端に身体がこわばり、足取り固く立ち尽くしてしまった。動けない本人も、どうしたらいいか分からずとても困った表情である。ほうきが手元に戻るとまた身体は動きはじめ、まるで「魔法の杖」のようだと解説される。

　ここでの紐やほうきは、用途に適う一般的な意味での道具ではない。しかし、これらは本人たちにとって、身体の形成（性）の糸口となる必須の道具と考えられる。自身をも含め誰にも恣意的には扱えず、容易に置き換えの効かない「こころの杖」は、身体が環境との間に絶妙な仕方で杭を打つ、存在の調整道具なのではないだろうか。その生産（性）は、流動的な関係性の移り変わりのなか、自身がそこに在ることの不確かさ、戸惑い、環境からの衝撃などを受け止めかえって自己の拠り所とするような、逆説的な作用と考えられる。映像からは、子どもたちが「こころの杖」によって自己の輪郭を掴み作業のリズムを刻む密かな模索がうかがえる。

　また、園外療育活動で注目されるもう一つの場面は、学園の庭で職員が石運び用の様々な道具・用具を手作りする場面である（1:01:00頃〜）。障害の程度や症状のため活動に参加できない子どもたちが、職員の作業の周りに集まってくる。持ち手を加工したり、大きさを変えたり、色々な工夫の下に進められる道具作りに子どもたちは興味津々である。「何でこんな物を作るのか」「この道具は良さそうだ」と手に取り、実際に砂や水を入れて使ってみる様子が映っている。木村の用語を借りればこの場面では、身辺に作り出される道具が、石運

び学習が探り当てようとする歴史的社会的な活動のイデアを貯蔵し、子どもたちの形成的意志に直観的な仕方で働きかけていると考えられる。

以上、療育記録映画「夜明け前の子どもたち」の撮影カメラ、鯉のぼり、「こころの杖」他、道具にまつわる三場面に、生産（性）に関するエピソードを読み解いた。

おわりに　ー教育における生産性ー

本稿は、木村素衞と糸賀一雄の思想的な影響関係を、人間が外界に物事を作り現す働きを捉える形成（性）と生産（性）の概念に沿って検討した。二つの概念の重なりに把握されるのは、身体の形成性を支える「道具性と技術性との綜合」が、道具を介し非言語的、非認知的な仕方で、人間理解やコミュニケーションの可能性をひらく働きである。この点から教育における生産性を再考すると、以下三つの論点がまとめられる。

第一に、教育における生産性は、単なる物質的量的な生産を意味する言葉ではないということ。本稿が木村と糸賀の思想の交わりに見出すのは、目の前の他者が「人と生まれて人間となる」[26] 道行に、どこまでも不可知で未知な変容を臨みつつ可能なかぎり添い行く創造的な関わりである。先述の療育カメラは、そうした意味で生産的な道具として、療育者の「分身」的意志を発揮したと考えられる。その視線は、子どもたちを対象として映し取るのではなく、彼らの身体的なアクチュアリティに潜り込み、それぞれの育ちを見届ける。カメラはここで、「こころのうずき、身体のひずみをうかがい知るのが非常に難しい」重症児の姿に、固有で独特な技術の生産を映し出している。

そして第二に、教育における生産性は、個人や集団の行為の集積や所産ではなく、木村の言う意的なエロス的形成の外部、つまりはエロス的努力が窮し切る否定性を介する、世界／自然のアガペ的変容を含み込む枠組みであるということ。こうした生産は、身体と道具の接合面や、道具と素材・環境の折衝面に顕著に見出される。たとえば、鯉のぼりの場面に糸賀が指摘する子どもたちの「生産的な姿」は、彼らが鯉のぼりを自ら運び、大空に掲げたという過程や

成果に留まらない。ここでの生産は、彼らが不自由な身体を駆使して布の重みと格闘し、指先の糸で風圧を捉えることで、鯉のぼりのはためく影や動きの高揚感に包み返される、自然との交感を捉えている。

　そして第三に、教育における生産性は、身体の「道具性と技術性の綜合」が道具や事物の介在により、誰にも思い至らないかたちで編み変わる側面を捉えるということ。野洲河原での石運び学習では、ほうき、紐（草）などの「こころの杖」が、子どもの身体と環境を仲立ちし、協同作業に参加する支えとなっていた。また、職員による手作り道具は、活動に参加できない子どもたちを作業に呼び込み、一人ひとりの身体の特性に寄り添うかたちで園外療育活動のエッセンスを伝えていた。

　以上のような生産性は、定まった手続きや手順で達成される事柄ではない。それは、個的内的な立場での葛藤や困窮がどうにか外的な環境と折り合いを付ける側面や、環境から主体への不可避な制約がかえって新たな世界／自然を立ち上げる側面に浮かび上がる。映画が伝える「決まり切ったことをできるようになるのではないかたちでの創造的な学び」は、このような生産（性）を活かしてはじめて可能となるのではないだろうか。今日の教育において、生産（性）は標語として表立たないものの、グローバル教育やキャリア教育の影の合言葉として学校生活や社会的な関係性を強く規定している。木村の教育哲学と糸賀の福祉思想の交点から生産という事象への視点を深め、一人ひとりの創造的な育ちを支えるカリキュラムや制度構想につなげることは今後の課題である。

註
1) 糸賀は、大学卒業後の1938年に池田太郎の紹介で木村の元を訪れ、木村が急逝する1946年まで交流を続けた（糸賀一雄著作集刊行会［1982］『糸賀一雄著作集I』日本放送出版協会、p.36）。
2) 糸賀一雄（1965）『この子らを世の光に―近江学園二十年の願い』柏樹社、pp.109-110
3) 糸賀一雄（2013）『福祉の道行―生命の輝く子どもたち』中川書店、pp.132-138。『糸賀一雄著作集II』、pp.76-85。用語は当時の記述のまま引用する。
4) 口分田政夫（2020）「医療・福祉の実践の中で、確かめ勇気づけられてきた『福祉の思想』」『両親の集い』第742号、pp.8-9
5) 「横軸（横）の発達」という用語は、『両親の集い』第128号所収の「この子らを世の光に

（二）―重症児の生産性について」（1966年）以降に見出される（垂髪あかり［2020］『〈ヨコへの発達〉とは何か―障害の重い子どもの発達保障』日本標準、pp.10-11）。

6) 蜂谷俊隆（2015）『糸賀一雄の研究―人と思想をめぐって』関西学院大学出版会、p.254

7) 遠藤六朗（2011）「重症心身障害児（者）との共生、その実践的存在構造―糸賀一雄「この子らを世の光に」と木村素衞、波多野精一、西田幾多郎の哲学（１）」『びわこ学院大学研究紀要』第2号、pp.9-10

8) 蒲生俊宏・冨永健太郎（2006）「糸賀一雄の実践思想と木村素衞」『日本社会事業大学研究紀要』第53号、pp.55-56。京極高宜（2014）『障害福祉の父―糸賀一雄の思想と生涯』ミネルヴァ書房、pp.74-77

9) 蒲生・冨永前掲8）、pp.55-57

10) 前掲6）、p.183

11) 木村素衞（1946）『国家に於ける文化と教育』岩波書店、p.194

12) 大西正倫（2011）『表現的生命の教育哲学―木村素衞の教育思想』昭和堂、p.244、pp.257-258。森田伸子（2016）「木村素衞における『教育愛』の構造」『人間研究』第52号、日本女子大学、p.100

13) 前掲11）、pp.195-196。木村素衞先生著書刊行会（1976）『教育学の根本問題』信濃教育会出版部、pp.118-119

14) 木村の教育愛論の身体論的解釈は以下に試みた（門前斐紀［2019］『木村素衞「表現愛」の人間学―「表現」「形成」「作ること」の身体論』ミネルヴァ書房、pp.213-215）。

15) 西田幾多郎（1933）「教育学について」『西田幾多郎全集』第12巻、岩波書店、p.92。「参与」は、西田哲学から継承する中国古典『中庸』の一節「天地の化育を賛く」の意（木村素衞［1941］『形成的自覚』弘文堂書房、p.41、前掲11）、p.111）。

16) 森田伸子（2020）「京都学派における『形成』概念の諸相と教育―西田・三木・木村を中心に」小笠原道雄・森田尚人・森田伸子・田中毎実・矢野智司『続 日本教育学の系譜―京都学派とマルクス主義』勁草書房、p.148

17) 前掲11）、p.198

18) 木村素衞（1997）『表現愛』こぶし書房、p.34。傍点は著者自身による。なお、木村の形成概念の二重性についてはすでに指摘されている（大西前掲12）、p.278。

19) 前掲18）、p.54

20) 『糸賀一雄著作集Ⅱ』、p.313

21) 前掲18）、p.35（傍点原著者）

22) 前掲18）、p.39

23) 「私たちはその前に立っていいわけをするのでなく、しどろもどろになってもこの現実をうけとめて、明日の療育を建設しようとしているのです。生命ぎりぎりのところにゆさぶりをかける教育、そういう教育もあるというところから、私たちはもう一度、現在の競争のなかで狂奔している教育の世界を見直さざるを得なくなります。」（糸賀一雄［1972］『愛と共感の教育』柏樹社、p.126）

24) 糸賀一雄（2013）『福祉の道行―生命の輝く子どもたち』中川書店、pp.116-117

25) 映画中のナレーションは下記DVDより転載する（秋浜悟史脚本・瀬川順一撮影・柳沢寿

男監督［1900］「夜明り前の子どもたち」財団法人大舎心身障害者福祉問題総合研究所）。

26) 前掲23)、p.17

【ガイダンス】
　木村素衞の形成論は、道具が身体と素材・環境を仲立ちし、私たちの認識と行為を編み変えて行く動きを捉えています。透徹した思索と並行して、木村は講演先として頻繁に訪れた信州の自然や日常の情景を細やかな感性で捉え、デッサンや油絵としてのこしました。愛娘・張さつき氏による著作『父・木村素衞からの贈りもの』（未来社、1985年）は、思想家の日々をみずみずしく伝えます。

写真：愛用の油絵道具（2018年筆者撮影：石川県西田幾多郎記念哲学館）

第5章
糸賀思想を「ミットレーベン」への思いから読み解く
―故郷の地・鳥取での足跡を辿りながら―

國本　真吾

はじめに

　糸賀一雄が生まれ育った土地は、筆者自身が生まれ育ち、そして今なお生活し続けている山陰の地・鳥取県である。糸賀は、5年制の旧制鳥取県立鳥取第二中学校（以下、鳥取二中）を4年で修了して島根県の旧制松江高等学校へ進学するまでの16年間、この地で過ごした。これまでの糸賀研究において、幼少期から青年前期を過ごした故郷に関する論稿はほぼない。また、『糸賀一雄著作集』をはじめとした史料等でも、故郷の地に言及した糸賀の原稿の掲載は少ない。かろうじて、『著作集Ⅱ』（p.360）に収められている「故郷の匂い」（「鳥取県人会報」1959年12月）で、糸賀自身が綴った故郷・鳥取の様子を窺い知ることができるくらいである。そこには、砂丘や市街地を歩き回り、久々の「故郷の匂い」を嗅ぎとる様子が記されている。現在、読者が入手しやすい著作物としては、髙谷清『異質の光』（大月書店）、蜂谷俊隆『糸賀一雄の研究』（関西学院大学出版会）などがあるが、これらにおいても、故郷で暮らしていた頃の糸賀に関する記述は限られており、その様子を明らかにする作業が容易ではなかったことが読み取れる。要は、故郷に残る糸賀に関する史資料が少ないからである。

　本章では、先行研究では十分ではなかった糸賀の鳥取時代を補うとともに、故郷の地から糸賀の歩みや氏の思想を読み解くことにする。筆者は、糸賀が学んだ鳥取二中を前身とする、鳥取県立鳥取東高等学校の出身である。同じ鳥取の地で生まれた身だからこそ、従来の研究とは異なる糸賀に対する見え方もあるだろう。

1. 鳥取二中の精神と糸賀に関わる人々

(1) 糸賀思想の根底にある "二中精神"

　糸賀の思想や近江学園の実践を振り返った際、糸賀が青年前期に学んだ鳥取二中の精神が反映されていると考える。鳥取二中は、糸賀が生まれた鳥取市立川町の地に、1923 年に開校（前年、設立認可）した（糸賀は鳥取市立川町で生まれ、米子に引っ越したのち、この年に鳥取市吉方町へ戻った）。鳥取二中の気風・校風は、「どこか解放的、自由主義的な、穏和で合理的な思想や、態度を尊重し、育成する基盤が養われていった」とされている[1]。鳥取藩校「尚徳館」の流れを汲む鳥取一中（現在の県立鳥取西高等学校）が鳥取城跡に位置したことから、"城の一中、田舎の二中"と対比的に呼ばれたほど、鳥取二中は当時の市街地の外れに位置する形で誕生した。

　鳥取二中の学校の創立に際しては、公立ながらも「校祖」と讃えられる徳田平市（1888-1944）の個人寄付により建設された。徳田は地元出身の水産王として知られ、学校の新設に必要な校地校舎取得に対して全額寄付を行った。初代校長には鳥取一中で校長を務めた林重浩（1869-1944）が就き、特色ある学校づくりがすすめられた。学校創立当初には、実現こそしなかったが「七年制高校」への昇格が構想され、「県立学校としては異色で、むしろ私立に近い独特の雰囲気が醸成され、他に類例をみない『新しい学校』が誕生した」ともある。糸賀は、鳥取二中の四期生として入学（1926 年）した。糸賀が鳥取二中で学んだ頃は、学校創設から間もないということもあり、内外的にも学校としての形が作られていく時期でもあった。学校のシンボルだったマンサード屋根の講堂落成（1926 年）、林校長による「質実剛健ニシテ正義ヲ履践スベシ、己ヲ克治シ他ヲ寛容シテ親和スベシ、勤勉日ニ新ニシテ奉公ノ誠ヲ輸スベシ」という校訓生徒三訓条の成文化（1927 年）、校歌制定（1928 年）などが、糸賀が在校していた時期とも重なる。また、上級生と下級生また生徒と教師の関係においても自由でかつ親和で、「自由快活にして師弟一体の異色ある学園」とも鳥取二中の校風は評せられた。なお、篠村昭二によると、林校長は匿名の出資者を探しては、これだと思う鳥取二中の卒業生を支援しており、学生時代の糸賀に送

金した記録が林の日記にあったとされる[2]。

　糸賀が池田太郎・田村一二と創設した近江学園では、施設児と職員の家族が
寝食をともにし、「四六時中勤務、耐乏の生活、不断の研究」の三条件を掲げ、
施設の設備投資や運営資金のために職員は個々の給与をプールして「どんぐり
金庫」を設けた。民間施設として始まった取り組みは、やがて児童福祉法に基
づき 1948 年に県立施設に移管する。そして、戦災孤児と知的障害児がともに
生活するという、現行の児童福祉法下における児童養護施設と障害児入所施設
をセットにしたような形は、後の世がインテグレーションやインクルージョン
を理念とすることから鑑みても、先駆的な発想であったと言えよう。また、子
どもや青年の実態・ニーズに基づき、近江学園から枝分かれして滋賀の地には
様々な施設が生まれた。

　このような近江学園の精神、特に園長としてそれを牽引した糸賀の姿には、
彼が学んだ鳥取二中の創設期の姿や学校の校風が重なって映る。創設期の近江
学園が原始共産的な形であったことは、終戦直後の時代的な背景も考慮される
が、学園づくりの原体験に鳥取二中での学校生活があると仮定してみると、従
来の糸賀研究とは変わった見え方がするのではないだろうか。

（2）鳥取二中の同級生 〝三人グループ〟

　鳥取二中における糸賀の同級生としては、圓山文雄の名が糸賀研究では必ず
登場する。圓山は、糸賀がキリスト教へ入信するきっかけを作った人物として
知られている。詳細は、前出の髙谷や蜂谷の著書に譲るが、それ以外の同級生
については触れられることが少ない。

　鳥取二中の同級生には、糸賀と同じく 1930 年に松江高校へ進学した一人に
小倉親雄（1913-1991）がいる。小倉は糸賀より 2 年先に松江高校を卒業し（糸
賀は病気休学の時期があった）、後に糸賀も進学する京都帝国大学文学部へ入
学した。小倉は、後にアメリカの図書館思想の研究で知られ、京都大学教育
学部長を務めている。糸賀の没後に編纂された『追想集糸賀一雄』においては、
鳥取時代の糸賀を知る一人として、小倉が「三人グループ」と題した寄稿を行っ

ている³⁾。

　ここでの「三人グループ」とは、糸賀、小倉と中島達一郎^{なかじまたついちろう}の三人のことを指す。糸賀と中島は、日進尋常小学校からともに鳥取二中に進学した仲である。中島の実家は、鳥取市の繁華街に湧く吉方温泉で旅館「一乃湯」を営み、三人が学校から近い中島の家に集っていたことが記されている。小学校時代から続く糸賀・中島の仲に、小倉が加わって「三人グループ」となった。小倉の実家は、学校や糸賀・中島の住む地区から10km余り離れた農村部にあり、毎日自転車で通学をしていた。三人の関係性について、小倉は「自然育ってきた環境も、また、ひいては物の考え方などにも大きな距離があったはずなのに、この形は四カ年の在学中不思議にも変わらなかった」と記している。

　「三人グループ」は、「自然この家（中島の「一乃湯」―筆者注）に立寄って、少年としての、しかも精一杯の課題を出し合って論じ」、「日暮れ近くになってうどんを注文し、それを食べ終わって別れるのが習わし」で、「市内から田舎に向って帰って行く」小倉の姿を、いつも糸賀と中島は見送っていた。この三人の中で、糸賀は「人間そのものについての、つきつめた問いを発し」ては、他の二人をいつもまごつかせていたと、小倉は回顧している。そして、この三人は松江高校に揃って入学（糸賀・中島は理科、小倉は文科）するが、その後の関係性については明らかではない。

　糸賀の死の直後、小倉は鳥取の地元紙・日本海新聞に寄せた追悼文で、「彼はつねに笑顔を忘れなかったが、その柔和なまなざしは、実は中学生時代からのものであり、それがいよいよ輝きを加えて来た感じであった」⁴⁾と述べている。しかし、高谷によると、そのような同級生による糸賀への印象とは異なり、「生まれ故郷に愛着をもち、口にのせる歌も山陰地方の民謡が多かったが、なぜか同級生にはこころを閉ざしていた」⁵⁾とされるが、その理由は明らかではない。本章の冒頭で触れた「故郷の匂い」では、帰郷の際に鳥取二中の同級生で県教育長の西本真一や「二、三の友人に会って旧交をあたためた」と糸賀自身が記しており、謎が残る。

　ちなみに、中島は松江高校を卒業した後、東京帝国大学へ進学した。小倉に

よると、「数学者としての稀な天分に恵まれていた中島君は、それを十分発揮し得ないままに、ビルマの戦線からついに帰って来なかった」と記されている。そのため、家業の「一乃湯」は中島の家族が受け継いだ。一乃湯を法人化して取締役を務めた妹の中島文子は、鳥取の文芸界では著名な人物で、『男ぎらい』『風流花山噺―鳥取のいろ街盛衰記』などの著作がある。また、姉の山本静子は画家で、大正・昭和初期の人物や情景を描き残している。一乃湯で育った中島の姉妹の作品からは、幼い頃に経験した大正ロマンや繁華街の匂い、そして文化を感じることができる。三人グループがこの地で目にしていた光景は、きっと華やかなものであったと想像される。帰郷の際に糸賀が嗅ぎ取った「故郷の匂い」は、若き頃に味わったこのような郷土の匂いではないだろうか。

（3）静養先で故郷の先人に思いを馳せる

　　ひと月を島でくらして麦の秋　　　　一碧

　『著作集Ⅲ』（p.336）に収められている、「小豆島の日記」の最初に出てくる句である。1961年5月11日～6月1日、糸賀は瀬戸内海に浮かぶ小豆島（香川県）で、20日余りの静養を行った。前年11月にヨーロッパ視察で旅立ち、帰国したのがこの年の2月である。重なる疲労の中での静養生活だったが、小豆島での日記には、故郷ゆかりの人物の名が二人登場する。

　一人目は生田春月（1892-1930）。坂手観音寺の境内にある、春月の詩碑を糸賀は訪ねている。日記では「春月死して三十一年。此の月の昨日入水したるを知り感無量。」と記している（5月20日）。春月は、糸賀が幼いころに一時期住んでいた鳥取県米子市の出身の詩人である。著作に『霊魂の秋』『感傷の春』があり、ドイツ作家のハインリヒ・ハイネをわが国に紹介した第一人者でもある。1930年5月、春月は播磨灘の船上から投身自殺を図り、遺体は小豆島の坂手港に流れ着いた。糸賀が訪ねた詩碑には、春月の絶筆となった「海圖」が刻まれている。そこには、「甲板にかゝつてゐる海圖―それはこの内海の海圖だ―ぢつとそれを見てゐると、一つの新しい未知の世界が見えてくる。（略）これが今の自分の心持をそつくり現してゐるやうな氣がする。今迄の世界が空

白となつて、自分の飛び込む未知の世界が、彩られるのだ。」と綴られている。自らの生に終止符を打つのではなく、死に生きる思いを込めながら身を投じた春月の碑を前にして、糸賀は何を感じたのであろうか。

　二人目は尾崎放哉（1885-1926）。糸賀は宿に届けられた放哉の詩集を読みふけり、翌日には放哉終焉の「南郷庵」を訪れて墓参した（5月25日）。放哉と言えば、「咳をしても一人」の句でも知られる自由律の俳人である。放哉も鳥取市の出身で、生まれの地は糸賀が米子から戻って居住した鳥取市吉方町である。「城の一中」から、旧制第一高等学校、そして東京帝国大学へと進学した放哉であるが、俳人としての最後の地が小豆島である。酒に溺れてエリートコースから転落し、晩年は一人孤独にこの地で亡くなった放哉。糸賀はここで放哉を偲び、「自己の生と死にきびしく対面して、淋しさを句に托している。そのいずれの句にも、ひしひしとせまるものを感ずるのである。享年四十二。いまから三十四年前、鳥取の生んだ鬼才のひとりであろう。」と記した。数日後、妻・房との閑談で糸賀は自分自身の学園生活を猛省することがあった。その際、「生死と対決して発句三昧にはいった放哉居士を思う。しかし個の淋しさに徹するだけが、人間としての窮極の生き方であるとのみはいい難い。そこから生まれてくるよろこび、法悦があるのではないか。健康な生き方、社会とのすなおな結びつき。それを追求する生き方を思う。」と記した（5月29日）。

　ヨーロッパ旅行での疲労を抱え、静養の地で触れた故郷の先人たちから、果たして糸賀は何を思索したのであろうか。奇しくも、小豆島は二人の先人の最期に関わる土地である。それぞれの死は孤独であるだけでなく、人生観や死生観を問うところがあった。特に、「個の淋しさ」に徹した放哉の生き方とは対照的に、糸賀は「よろこび、法悦」「健康な生き方、社会とのすなおな結びつき」を追求する生き方を思っている。近江学園での生活を通じて糸賀が悟った人間観は、先人たちのような孤独の追求とは異なり、人間同士の繋がりによる「関係的存在」の世界であったといえよう。そして、「ヨーロッパで自分自身をみてきた」（著作集Ⅲ p.175）と振り返った糸賀は、小豆島でのわずかな静養を経てから亡くなるまでの7年間で、今なお多くの人が知る、びわこ学園の創設

（1963）、『この子らを世の光に』（1965）や『福祉の思想』（1968）の著書、そして映画「夜明け前の子どもたち」（1968）の制作という事業を成し遂げていくのであった。ヨーロッパ旅行後の小豆島における静養が、後の糸賀の動きの原動力としてどのようにつながるかは、今後の研究による解明に期待したい。

２．共感思想の根底にある「ミットレーベン」

（1）故郷の地で発掘された言葉

　糸賀の生誕100周年にあたる2014年、滋賀県と鳥取県でそれぞれ顕彰事業が取り組まれた。鳥取県で行った事業の一環で、筆者が編集を行う形で糸賀の講義録『ミットレーベン〜故郷・鳥取での最期の講義〜』を発行した[6]。この講義録は、糸賀が1968年1月18日に鳥取県立皆成学園（倉吉市。障害児入所施設）で行った内容を文字化したものである。講義の音声はオープンリールのテープに約3時間にわたって録音されており、生誕100周年に際してデジタル化が行われた[7]。

　この講義で触れられている内容は、晩年の糸賀の著作等とも重なるところが多い。当時は、糸賀の代表著作『福祉の思想』の出版直前という時期であり、『福祉の思想』や『愛と共感の教育』などに収められているものとも重複する。そして、療育記録映画「夜明け前の子どもたち」の完成披露直前でもあり、糸賀思想のキーワードが講義の随所に見え隠れしている。しかし、公刊されている糸賀の著作物では登場していない「ミットレーベン；mitleben」という言葉が、この講義の大きな特徴でもある。

　糸賀が発した「ミットレーベン」という言葉は、氏の言葉を借りれば「ともに暮らす」という意味である。講義において、「ともに暮らす」とは英語では "Live With" になるが、音の響きからドイツ語の「ミットレーベン」を仲間内で用いていると糸賀は語った。まず、講義の冒頭では障害児のことを理解するために、「ともに暮らす」ことが最善の方法だと説いている。「ミットレーベン」の語の意味からは、近江学園が創設時に掲げた三条件を想起させるところもある。また、従前からの糸賀の共感思想や発達観に迫ってきた研究や、糸賀が遺した著

作における記述などに「ミットレーベン」の言葉を重ねてみることで、新たな
発見や解釈を見出す期待も生まれよう。

（2）「ミットレーベン」の響き

　糸賀が鳥取の講義で用いた「ミットレーベン」の語は、講義の冒頭・中盤・
終盤３箇所で登場する。

　講義冒頭では、知的障害の子どもを理解するためには「施設なんかにくると、
一番良く分かるから、まず施設においでなさい。それから、施設で子どもとで
すね、一緒に暮らしてごらんなさい。そういうことが一番手っ取り早いし、また、
良く分かることなんだ（略）本当にこの解ろうと思いますと、何と言っても一
緒に暮らすのが一番いいわけなんです」と語った上で、この行為を「ミットレー
ベン」と表現している。講義は施設職員の他に保育者をめざす学生たちが聴講
していたからか、障害理解は机上の学問ではなく、施設で「ともに暮らす」こ
とが一番の学びであると説いた。非常に柔らかな口調で語る糸賀の声は、糸賀
の同級生たちが語る柔和な笑顔を想起させるような印象である。

　しかし、講義の中盤では気迫がこもった力強い声で再度「ミットレーベン」
の語を用いている。その箇所を要約すると、施設が社会体制の中で補完的役割
をしているのであれば、「単にこれを補うだけじゃなくして、それは一つの出
発への拠点」として考え、「今日よりも明日、明日よりも明後日と、正しい施
策や政策というものが、この子どもたちの幸せの方向において、築かれていく
ための努力を社会全体の人と一緒になってやる」と語った。そして、「一緒に
なってやる中核には、『ミットレーベン』がそこにある」とし、「『ミットレー
ベン』を中核にしながら、この子どもたちの世話をしながら、そして現実を切
り拓いていくという新しい未来を切り拓いていくというような働き、ここに本
当の意味の国民大衆と共に、そこにソーシャル・アクションが起こってくると
いう理解の仕方を、私たちは持つべきでないか」と続けたのである。

　この箇所では、講義冒頭の「ミットレーベン」とは異なり、この分野におけ
る社会変革や「ソーシャル・アクション」の中核に「ミットレーベン」が位置づ

くことを強調している。講義直後に出版された『福祉の思想』の「はじめに」で述べられている、「人間と人間が理解と愛情でむすばれるよう」な「新しい社会の建設」を願う内容とも重なりあうだろう。マイクに向けられた糸賀の声量も、この部分が講義全体を通じて最も大きい。

　そして、講義の終盤では、完成直前のびわこ学園の療育記録映画「夜明け前の子どもたち」に触れた上で、「（映画―引用者注）の中から何物かをつかんで下さい。それは私たちに非常にたくさんの大きなね、基本的な技術を与えてくれます。（略）技術は、子どもたちとの『ミットレーベン』から生まれてきます。（略）『ミットレーベン』の中から無限に技術が湧いてきます。そして新しい技術は、次の生活を保障します。次の生活は、また新しい技術を生んできます。このクリエイション。この創造、創造的作業、創造活動っていうものが、教育なんであります。（略）精神薄弱や重症な子どもさんたちとの毎日の触れ合いの中に、実に素晴らしい人生にとってかけがえのない生きる喜びと技術が、その中に隠されている」と述べた。「技術」という言葉は、単に障害のある子どもに対する教育や指導において意味するだけでなく、講義中盤でのソーシャル・アクションにも通ずる。『福祉の思想』には、有名な「この子らを世の光に」の語の登場箇所に続き、「重症の心身障害という限界状態に置かれているこの子らの努力の姿をみて、かつて私たちの功利主義的な考え方が反省させられたように、心身障害をもつすべてのひとたちの生産的生活がそこにあるというそのことによって、社会が開眼され、思想の変革までが生産されようとしている」とある[8]。これを踏まえれば、「ミットレーベン」により「新しい技術」が生み出されることで、「新しい社会の建設」に繋がるという意味でも理解できよう。

（3）「ミットレーベン」の謎

　この講義で印象的だった「ミットレーベン」の語だが、なぜ多くの人々が目にしてきた糸賀の著作物では触れられていないのだろうか。冨永健太郎によると、未公表の糸賀資料の中で「ミットレーベン」の語は確認されている[9]。冨永は「管見」でと断った上で、その語の最初の使用は、糸賀の「昭和39年度（2）

講義メモ　京都府立大学―福祉学原論」の講義ノートとして紹介した。具体的には、ノートの「精神薄弱児の生産教育」の箇所である。冨永によると、レオ・カナーが『児童精神医学』の中で示した、1900年以来10年毎の子どもたちとの関わりの特質に関するメモで、（1）子どもたちについて考える、（2）子どもたちに対して行う、（3）子どもたちのために行う、（4）子どもたちとともに働く（working with children）の "with" に下線が引かれ、その下に "mitleben" の語が書かれていた。

　カナーによる（1）～（4）は、糸賀・積・浦辺『施設養護論』の糸賀が執筆している章でも登場している[10]。それを参考にすれば、児童処遇の発展過程を10年単位で整理すると、（1）子どもについて（about）、（2）子どもに対して（to）、（3）子どものために（for）、（4）子どもとともに（with）という表現がされている。また、このカナーの4つの整理は、糸賀が亡くなる前日に行った最後の講義の資料への書き込みからも確認されるが、そこには「ミットレーベン；mitleben」の語はない[11]。鳥取での講義を踏まえれば、"Live with" では「語呂が悪い」から「ミットレーベン」と表現したが、亡くなった年の講義でその語を用いていることからも、一時的な使用ではないと考えられる。ならば、独特で心地よい響きがする「ミットレーベン；mitleben」は、なぜ活字として公になっていないのであろうか。その謎に対する筆者の現段階での結論は、糸賀が晩年期にあたためていた、糸賀思想の次のステージを象徴する言葉ではないかということである。

　そもそも、糸賀思想や「この子らを世の光に」の言葉を、われわれは完成されたものとして理解してよいのだろうか。例えば、"about"―"to"―"for"―"with" という、カナーによる施設処遇の変遷に、近江学園の創設から重ねてみよう。糸賀の晩年期は、時間軸で言えば "to" から "for" へと移る時期になる。「この子らを世の光に」の言葉は、まさに近江学園での20年に及ぶ実践の積み上げを象徴するものである。しかし、その先にある "with" に基づけば、筆者の勝手な言葉遊びかもしれないが「この子らと（ともに）世の光に」という言葉も想起されよう。そのようにして、糸賀から託された思想のバトンを受け継ぎ、さ

らに発展させていく役目が後進のわれわれにはあるだろう。

おわりに

　糸賀が用いた「ミットレーベン」は、「ともに暮らす」という意味だった。しかし、「ともに生きる」という意味で使う人もいる。障害のある子どもを受け止める社会の思想や政策の変革を期待し、「この子らを世の光に」を唱えた糸賀だが、次なるステージではそれを子どもと「ともに」それを成し遂げようという期待があったと考えることはできないだろうか。本書で遠藤六朗が触れている岡崎英彦の「共に生きる」は、糸賀が期待したものを継承・発展させたという見方も生まれるだろう。今後の糸賀研究では、「ミットレーベン；mitleben」の解明と思想的・実践的な深化が一つのテーマとなろう[12]。

註
1) 鳥取県立鳥取東高等学校創立五〇周年記念誌編集委員会（1972）『鳥取県立鳥取東高等学校創立五〇周年記念誌』
2) 篠村昭二（1981）『鳥取教育百年史余話　下』学兎社。なお、林重浩の長男・浩は、滋賀県立膳所高等学校の校長（1947.2-1963.3）であった（美穂郷土誌編集委員会［2016］『美穂郷土誌』）。林浩と糸賀や近江学園との接点や交流については、現時点では定かではない。
3) 小倉親雄（1970）「三人グループ」糸賀記念会・糸賀一雄先生追想集編纂委員会『追想集糸賀一雄』柏樹社、pp.17-19。なお、追想集での小倉の肩書が「京都産業大学教授」と記されているが、小倉は1956年3月より京都大学教育学部助教授、1969年1月から定年退職する1977年まで同教授であるため、追想集での肩書は誤りである。
4) 小倉親雄（1968）「精薄児教育の先駆者　糸賀一雄君の死をいたむ」『日本海新聞』1968年10月3日
5) 髙谷清（2005）『異質の光─糸賀一雄の魂と思想』大月書店、p.161
6) 糸賀一雄［國本真吾編］（2014）『ミットレーベン〜故郷・鳥取での最期の講義〜』第14回全国障がい者芸術・文化祭とっとり大会実行委員会。なお、鳥取県障がい福祉課のHPで、全文ダウンロード可能。https://www.pref.tottori.lg.jp/247318.htm
7) デジタル化された音声（モノラル・wav形式）はデータCDに収められ、鳥取県立図書館（https://www.library.pref.tottori.jp/）で貸し出しが可能。
8) 糸賀一雄（1968）『福祉の思想』日本放送出版協会、p.178
9) 冨永健太郎（2015）「ミットレーベンと教育愛─糸賀一雄最晩年の思想─」日本特殊教育学会第53回大会自主シンポジウム「糸賀一雄『ミットレーベン　故郷・鳥取での最期の講義』（1968講義／2014発行）を読み解く─糸賀一雄研究（2）─」配布資料

10) 糸賀一雄（1967）「施設養護の将来」糸賀一雄・積惟勝・浦辺史『施設養護論』ミネルヴァ書房
11) 糸賀一雄（2009）『糸賀一雄の最後の講義―愛と共感の教育― ［改訂版］』中川書店
12) 糸賀の「ミットレーベン；mitleben」の出典をめぐって、前掲６）では西田幾多郎「哲学概論」を参考にした。本書の編集過程における川内紀世美氏の情報では、ドイツ語の聖書やキリスト教の世界での使用が確認されており、今後の解明課題としたい。

【ガイダンス】

○國本真吾（2016）「糸賀一雄の共感思想と『ミットレーベン』―『共感』から『共鳴』への道程―」『鳥取看護大学・鳥取短期大学研究紀要』第73号
http://doi.org/10.24793/00000038
講義録『ミットレーベン』の読み解きとして、上記の拙稿が「鳥取看護大学・鳥取短期大学学術機関リポジトリ」よりダウンロード可能。

○鳥取県社会福祉協議会・福祉教育教材「ともに生きる」
http://www.tottori-wel.or.jp/p/hukushi/we_top/we/
鳥取県社会福祉協議会が推進する「福祉教育」のテキスト教材「ともに生きる」シリーズでは、郷土出身の糸賀の思想に触れることが考慮されている。詳しくは、上記HPから「福祉教育〜ともに生きる〜」に掲載されている福祉教育読本（小・中・高・教師・地域版）を参照。

写真：ともに生きる・高校生版

　もう四半世紀も前のことである。鳥取大学の渡部昭男先生の講義で、この子らを世の光に、近江学園、びわこ学園などについて習った。「糸賀先生はどんな顔ですか？」と質問してしまった私に、渡部先生は「細面の優しい感じのお顔の人ですよ。図書館に本があって写真も載っているはずですから調べてみてくださいね。」と笑顔で答えられた。早速、書店で『この子らを世の光に』と『愛と共感の教育』を購入して読んだ。

　1970年代に生まれた私は、祖母や父母から「お前たちには想像できないだろうけれども」という前置きをつけて、戦争中やその後の日本の混乱の様子を語り聞かされた。『この子らを世の光に』を読みながら、行間を読んでも想像できないような苦労や悩みが近江学園やびわこ学園の実践ではあったにちがいないと思った。糸賀先生が幼少期を過ごした米子で育ち、今は縁あって水郷水都といわれる松江で暮らしているが、糸賀先生にとって松江は「魂のふるさと」ともいってよい。

　『この子を残して』の著者永井隆医学博士と糸賀先生は、旧制松江高等学校（現在の島根大学）の先輩後輩の間柄である。永井博士は長崎で、糸賀先生は鳥取でキリスト教の洗礼を受けた。永井博士は息子と娘が孤児になるのではと心を残してこの世を去り、糸賀先生は福祉の庇護にあるこの子らを「世の光に」と社会に訴えかけた。二人は6歳違いなので松江で会ってはいないようだが、高校生時代に松江城に近い松江北堀教会*に通い、キリスト教の思想を学んだという共通点をもっている。松江は二人の将来の思想的支柱の礎を築いた地である。しかし、松江の人でそのことを知る者は少ないであろう。

　糸賀先生は1930年4月から1935年3月まで松江高校に在籍し、1934年度に教会の参与を務めた。9月に創刊した機関紙『城北の燈』の編集者に指名

され、12月に発行された編集後記に糸賀先生は「かうして生まれたものはたとへどんなに貧しくても、その隅々にまで各々の眞實がこもってゐることを思って（略）どうかたった一人の魂にでも觸れて行くことが出來る様に」と記した。後の福祉の思想につながる、謙虚さ、強い意志、人間の真実を見出し人の心に語りかける力のようなものの萌芽が感じられる文章だ。松江での活動が、理系の学生でありながら文転し、京都帝国大学文学部哲学科に進んだきっかけになったにちがいない。

　後に糸賀先生は松江を訪れて教育や福祉関係の人を対象に近江学園についての講演を行われたそうで、会場は松江市立母衣（ほろ）小学校の校舎の2階だったという。糸賀先生の思想と実践を、この松江の地においても多くの人に語り継承していきたいと思う。

　（貴重な資料を提供いただいた松江北堀教会の石尾英幸牧師、吉岡創氏に感謝申し上げます。）

写真：1980年頃の旧会堂（糸賀一雄が通った当時のたたずまいを残していた）
出典：日本キリスト教団松江北堀協会（2008）『創立七十五周年記念誌―恵みのあしあと―』

＊松江北堀教会
　この教会は、ドイツ文学者小塩 節（たかし）氏の父、小塩 力（つとむ）氏（1903~1958）が、1928年から2年間、伝道者・新約学者として松江に赴任したことに始まる。旧制松江高等学校の松原武夫教授も、教会設立に尽力した。
　1993年に新会堂に建てかえられている。

第2部

友垣・同志の苦闘から

第6章
近江学園草創期と戦争孤児・浮浪児たち
―田村一二の記録から―

玉村　公二彦

　糸賀一雄、田村一二、池田太郎によって構想された近江学園は、1946年11月、敗戦直後の児童問題を担い、新しい社会を展望して開園した。近江学園の設立趣意書は、敗戦とともに社会に投げ出された子どもたち、知的障害のある子どもたちの現状について触れた上で、戦争の社会的責任を自からに課して、新たな施設を築くことによって、新しい社会を創造することを力強く掲げるものとなった[1]。

> 　　これらの児童は生れながらの宿命の児として放置せられていてよいのであろうか。戦災孤児達はこのような姿で戦争の責任をとらねばならぬ理由があるのであろうか。又、対社会の関係に於て何れも共通に不良化の傾向が強いことは社会自体の問題でもなければならぬのではあるまいか。近江学園はこれからの児童にとって何よりも温く楽しい、そして腹のくちくなる家庭でなければならない。

　この近江学園設立趣意書を起点に、知的障害児者の福祉と教育、そして生涯にわたる発達保障の先頭にたったのが糸賀一雄である。これまでの糸賀一雄研究では、知的障害の子どもたちの発達的理解の深化と福祉・教育の発展に焦点があてられ、発達の総合的追求、それを実現する施設体系の創設、そして施設福祉と地域福祉の連携を創ってきた経緯と意義が糸賀の業績と思想的発展として語られてきた。戦後75年を経た今日、戦争と子どもという文脈で近江学園の出発と創設期を再度振り返ることは児童問題の戦後史としても重要である[2]。本稿では、近江学園が、その発足当時の戦争孤児・浮浪児や生活困難児と知的障害のある子どもたちの共同の施設として出発をしたことを改めて確認

し、糸賀と共にあった田村一二の記録から、糸賀一雄の思いと重ねて、草創期の近江学園について述べてみたい[3]。

1．糸賀一雄の「初心」と田村一二の「学園創設期」

　糸賀一雄は、近江学園の20周年を前に、『この子らを世の光に―近江学園二十年の願い』（1965年）を上梓し、我が身の経験をも通してその設立にいたる経過、そしてそこでの職員とその家族たちの努力、実践など、生まれでてくる近江学園とその後の発展を記している。糸賀一雄の筆致は伸びやかであるが、要所を的確に押さえたものだった。また、糸賀は、近江学園の同人誌『南郷』に「初心」を寄稿するとともに、近江学園の20周年記念式辞で次のようにのべている[4]。

　　　21年目の出発に当りまして、「初心を思う」と申しますことは、即ち「いかなる問題にも、その問題に対して勇気をもって当たろうではないか」「勇気をもって、本当に叡智をもってみんなで、しかも協力してあらゆる新しい事態に即応できるところの仕事を私たちの全身全霊をかたむけてやろうではないか」ということが「初心」でございます。
　　　（略）「初心」は即ち、昔私たちが手をとって立ちあがろうとした時、その姿が「初心」であったのであります。

　近江学園設立趣意書に記された「温かく楽しい、そして腹のくちくなる家庭」をめざすとりくみが、同志的な協力のもとで開始された。その一端を、田村一二は「学園創設期」という原稿に近江学園の初期の頃のこととして記していた[5]。この「学園創設期」は原稿用紙15枚の短いものであり、裏側・裏話も含んで率直に当時の学園の内情を示している。よく知られている近江学園三条件「四六時中勤務」「耐乏の生活」「不断の研究」も、田村の手になれば「三百六十五日、二十四時間勤務だ」「俸給などあてにならぬ」「猛烈に勉強し、研究するぞ」ということになる。このように田村の独特の語り口があり、糸賀一雄の学園の創設の記述の流麗さとはひと味違った味わいがある。

　「学園創設期」は、開園当時のこと、改修工事のこと、食料のこと、窯業のこと、

畜産科のことなどをエピソードも含めて記述していた後、教育の実情について述べ、その中で、職員の子どもたちが近江学園で学ぶことになる経過を述べている。創設の際には、職員の子どもは、「浮浪児でもなし、生活困窮児でもなし、精神薄弱児でもなし、つまりは園児になる資格がない」として、地域の学校に通っていた。ところが、園児たちは、「先生は、ここはいい先生も揃っているのだし、ここでしっかり勉強しなさいといっても、自分の子供はよその学校にかよわせているじゃないか。先生はやっぱり口さきだけでやっぱり外の学校の方がいいのだ」といいだした。

　田村、糸賀、池田も含めた子どもをもつ職員が集まって相談し、「自分たちの子供を園児の中に混ぜよう」ということになった。だが、当時の園児は、敗戦後の孤児、浮浪児など戦争の傷跡と生活の困難を背負って学園に入園していた。「全身カイセンでウミだらけ、梅毒にかかっている者、スリの名人、錠前あけの名人、とばくはやる、煙草をすう、入墨をしている者、それにセックスの方では若い職員より先輩が沢山いた」。このような子どもたちの中に自らの子どもをいれるというのは、特に母親達にとってもハードルが高いものだった。当然、反対や不満も出てくることになる。そこで、「亭主会議」が開かれ、「わけへだてがあってはホンモノではない」、「嘘の仕事」はできないということで、「若しどうしてもいやだという女房があるなら離婚してしまへといことになった」。

　こうして、学園職員の子どもたちも、園児と共に近江学園において教育を受けることとなったのだが、職員の子どもたちは園児からいろいろな事を習うこ

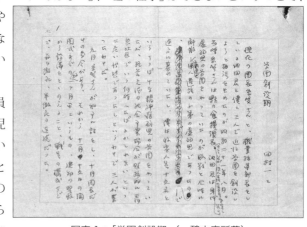

写真1：「学園創設期」（一碧文庫所蔵）

とになる。母親達は、時に顔をあからめて、「お父ちゃんこんなことをいうのですが」と相談。内心困ったものと思いながらも父親の職員は、「どうせ年頃になればそんな事は覚えるんだ。早く免疫性がついていいだろう」と強弁していたというのである。

　草創期の近江学園は盛んに演劇にとりくんだ。戦争に傷つき、生活の基盤を失っていた子どもたちは文化というものには縁がなかった。田村はその当時のころを振り返って、次のように述懐している[6]。

　　　（劇で―引用者）舞台に出るところの話ではなかった。大げさな言い方をすれば外へ出ること、即ち「脱走」の機会をつねに虎視たんたんとねらっていたといってもよいぐらいの状態であった。「劇」などといっても、むっつりとして白い眼をむけるだけで、おかしくって芝居なんかやれるかいといった状態であった。それらの顔の前で当惑したわれわれ職員は、彼らのごきげんを取結ぶために、その脱走をくいとめるためにさかんに「芝居」をやったものである。とにもかくにもその当初は「笑い」を忘れ果てた子どもたちをわらわせ、戦後のすさんだ暗さの中に、何か明るさ、賑やかさを持ち込みたいという願いが精一杯であった。

　田村は、近江学園創設の当初、糸賀にはなんともいえない「笑顔」があったといい、「この笑顔に接すると、とたんに元気がでて、僕などは終日心が勇んだものである」と述べている[7]。そして糸賀園長もまきこんで、子どもたちの「笑顔」と「笑い」を取り戻すことにむけて、近江学園の職員の涙と汗にまみれた奮闘努力があった。

２．「幸子」の墓標と田村の「問題の子供」　－「惜友の丘」をめぐって－
（１）「幸子」の墓標

　糸賀は、『この子らを世の光に』の中で最初の職員と子どもたちについて述べ、近江学園が開園されたその冬、一人の乳飲み子が、旅館の主人に抱えられてやってきたことを語っている[8]。

ひと月程まえ、ひとりの妊婦が宿に泊ってこの子を産みおとし、そ
のまま行方不明になったので、八方手をつくしたがどこにも引受け手
がなく、処置に困ってつれてきたというのであった。碧い眼とカール
した金髪の混血児で、すき通るような白い肌の色が、この子の薄命を
象徴しているかのようであった。旅館ではこの子に幸子という名をつ
けていた。開園間もないどさくさであるし、この子に専念する保母を
だれにしようかとためらっていると、一番働き手の若い保母が、／「先
生、私にぜひ育てさせてください」／と申し出た。／彼女は医局の隣
りの四畳半に陣どって、そこで実の母親も及ぶまいと思われるほど必
死の努力で幸子ととり組んだ。幸子はそのときはもう乳を吸う力もな
くなっていて、生まれたときより体重が減っていた。医局と保母の不
眠不休の看病にもかかわらず、幸子は二週間ほどで何の苦しみも顔に
あらわさないで死んでいった。これが開園後はじめての園児の死亡で
あった。嬰児とはいえ、ひとりの魂が、われわれの手から奪われたこ
とは、学園にとって大きなショックであり全職員をさらに奮起させた。
そして幸子が死んだということは、浮浪していた子どもたちの心にも、
人生の厳粛さをしみじみと思わせることでもあった。少しはなれた山
裾に作った岡幸子の墓に、子どもたちは椿の花をもって詣ったりした。

　当時看護にあたった保母は長田清子であり、そして、その霊を読経で弔った
のが福永圓澄だった。この二人は、近江学園創立50周年の記念誌にこの乳児
のことを書いている [9]。産み捨てられたこの子は敗戦とともに占領下での米軍
関係者との間の子どもであったことはその容姿から明らかだった。そして、母
親は生むと同時に宿を去ったのだった。名付けの親は旅館の主人で、幸せに育っ
てほしいという願いを込めた。「幸子」は、孤児というにはあまりにはかない
命だった [10]。南郷近江学園裏から谷をへだてた西南の山に登る小径の丘のう
えに「幸子の墓標」はつくられ、その丘は、その後、「惜友の丘」とよばれるこ
ととなった [11]。

　近江学園創設の時からつとめた福永は、その「惜友の丘」に孤児達の父母の

墓標をたて、供養することを子どもたちに提案した。僧籍をもつ福永は、孤児達の父や母の鎮魂とともに、その地が心の拠り所になることで園児たちの落ち着きを願ったのだった。しかし、このことがひとつの事件をうみだすことにもなったのである。

（2）「答辞」と「脱走」－「惜友の丘」での葛藤

　学園創立当初は多様な子どもが学園に収容された。近江学園が開園してはじめての卒業式が行われたのが、1948年3月27日であった。田村の残した史資料の中に、その時に読まれた卒業生代表「答辞」があった[12]。

　　（略）想えば三年前の初夏　私は両親を失ひ続いて兄弟を失った。それからといふものはただひたすらに食を求めて東京横浜の町々を転々としてさまよい歩いた。或時は冷たい雨に打たれながら新聞を売って其の日の飢えをしのぎ、或時は焼けつく様な炎天の下にさらされ乍ら頭を下げて靴を磨いた。

　　世間の人々は僕達をきらった。私は世間を嫌った。そして憎んだ。のろった。日本中を転々と歩き、あらゆる手段で人々を苦しめようとした。そして遂には自分自身苦しみの深みに転落することすら知らず、ただ悪の道に走って悪のとりことなっていた私だった。その時、私の良心を目覚めさせ悪の道から救ってくれたのは、この近江学園だった。（略）

　　僕達は、祖国を愛する日本の少年です。此の荒れ果てた日本を必ず僕達の手で立て直すことを誓って止みません。このことがこんなに育てて下さった先生方、又かげひなたにおつくし下さった方々に対する最大の道かと考えます。なを又、草葉の陰でみまもってくれるなき父、なき母への孝であることを信じています。（略）

　この卒業式答辞を読んだMについて、田村は、人間の「業」に対する「無条件の抱擁」の重要性にふれた「問題の子供」という文章を次のように書き起している[13]。

とても頭の素晴らしい子で、小学部の卒業式の時に卒業生総代として答辞を読んだ。勿論、彼自作の文で、先生の手は全然はいっていない。その答辞で彼は、Y市で空襲によって両親兄弟を全部失ったことから各地を浮浪し始め、各所でなめた苦労のことに及び、その間又親切な人の情けに泣き、やがてこの学園に来て、始めて温かい家庭に抱かれた気がしたことなどを、切々たる口調で読み上げた。僕等は皆泣いた。きまりが悪い程ボロボロと出て来る涙をハンカチを引っ張り出しては拭いた。

　その後のことである。Mはだんだんと憂鬱になっていったという。そして、先に述べた福永の「両親の墓標」を立てる提案が孤児たちになされた。もちろんMも両親をなくしているので、檜の墓標が渡され、「惜友の丘」に読経とともに立てられることになった。それぞれの子どもたちは、真新しい墓標をもって丘に登り、「景色がよく見えるだろう」と語りながらそれをたてた。しかし、Mは違った。Mだけは谷底にもっていって立てたのだった。引率した福永も「もっといいところがあるだろう」というが、聞き入れず、しかたなくそこで読経することとなった。それから、まもなくMは近江学園を「脱走」したという[14]。

　若い担任の先生は苦労してあちらこちら探し回った挙句、やっと京都のある収容所に偽名ではいっている彼を見つけて、連れて帰ってきた。僕の前で、かれはさめざめと泣いた。

　彼の名も年も戦災で家族を失ったことも皆嘘、卒業式の答辞も彼の創作であった。しかもなお先生方は一点の疑いも抱かず、彼の申立を帳簿に記入し、ハンカチをしぼってボロボロと泣いた。彼は耐えられなくなって来た。そこへたっしゃでぴんぴんしている両親のために墓標がつくられた。先生が大真面目で木を伐り、割り墨をすって書いた。そして経を読んだ。彼はとうとう逃げ出した。

　何もかもしゃべってしまった後彼はこの学園に来て始めての晴れ晴れした顔をした。

「これは先生があまり利口でなかったための、けがの功名だが、やっぱり一寸考えさせられる。条件付き意見と無条件の抱擁の差がここでもみられると思う」と田村は述べ、続けて「問題の子供」が何故できたかを問うて、やはり、「問題」は「子供の側になくて、むしろ周囲の大人の側にある。家庭にある、学校にある、社会にある」と畳みかけるのである。

　田村から誘われて草創期の近江学園の孤児・養護児の教育を担った中村健二は、職についたその翌朝、戦災孤児の脱走事件に遭遇して呆然としていたことを回想している[15]。そのときに、田村から「コラ、何ボンヤリしている」「早く子どもを見張れ。電線（誘発）するぞ」と一喝をうけたことを記している。「前もってわからんか、一緒に暮して心がつかめないのか。ドあほうめ」と山門の仁王のような田村がそこにはいた。実際、近江学園の創設期に収容されていた浮浪児は、自称「戦災孤児」であって、実態は家出少年が多かったという。中村は、「入園当初、如何なる子供も戦災孤児と自称し、自己を悲劇的存在の主人公において私たちの同情を買った。私達もそれを事実と思い込んでいた」と記している[16]。とはいえ、その子らとて、戦争での混乱のなかで物質的精神的な生活の基盤を失っていた子どもたちであり、養育や教育の環境は欠如し、浮浪して近江学園にたどり着いたのであった。そして、その多くは、学習の困難や知的な障害をもち、なかには年齢も名も生まれたところもわからない重度の知的障害児も存在していた。

写真2：現近江学園の「惜友」の碑（筆者撮影）

98

3．手をつなぐ子どもたち　－戦争孤児・養護児と知的障害児－

　近江学園草創期に田村の著書『忘れられた子等』『手をつなぐ子等』は映画化されていた。近江学園の創設自体が、「忘れられた子」をとりあげ、そして「手をつなぐ」ことを志向したものだった。「手をつなぐ」ことは、田村・池田・糸賀の三人にとって共通の新しい社会の創造の目標であり方法でもあった。草創期の近江学園の混沌のなかでの実践で、手をつなぐ姿から学び、その姿に共感し、そして夢は広がっていった。

（1）修学旅行

　戦争孤児や生活困難児などの環境に問題を持った子どもたちと知的障害児が共に学ぶ学園として近江学園が開園して数年の後、次のような修学旅行のエピソードがあった[17]。

　　　昭和二十五年の春、中学三年生になった第一部の子どもたちは、第二部もいっしょに修学旅行に出るべきではないかといい出した。これまで、別々に旅行をしていたことはいけないというのである。近江学園が、一部と二部と手をつなぐように、いつも言われているのに、何故修学旅行だけ別々にするのかと、中学三年生のMがいきまいていうのであった。

　　　中村先生はこの申し出をきいてひどく感動した。そこで、中学三年生の子どもたちを集めて、「合同の旅行を実行することについては、君たちは二部の子どもたちのことについて、責任がもてるのか」とたずねた。するとMたちは、「ぼくたちが全責任をもちます」といい切るのであった。中村先生は、「それならば」というので、彼らに旅行計画をたてさせてみた。子どもたちは自発的に何回も会合をもって、二部の精神薄弱児たちをどのように伊勢までつれていくか、伊勢でどのように面倒をみるかなどということを、協議するのであった。（略）

　　　この年の修学旅行生のなかには、研ちゃんという脳性麻痺の後遺症で、両足がひどく不自由な子どももいた。この子はとてもみんなにつ

いていけないことがはっきりしていたのだが、彼らは研ちゃんもいっ
　　しょにつれていくべきだと主張して、その対策を工夫したのである。
　　研ちゃんのためには手押車が用意された。それはみんなで共同製作し
　　たものであった。二部の重度の痴愚や白痴の子たちのためには、彼ら
　　がひとりひとりの面倒をみるという班組織や世話役をきめた。
　　　こうして一行は、みたところいかにも珍妙な一団となって、旅行に
　　出かけていった。
　　　いよいよ石山駅から汽車にのりこむと、二部の子どもたちはまるで
　　幼稚園の子どものようにはしゃいで、われがちに窓側の方に席をとろ
　　うとするのを制して、一部の子どもたちは、彼らを通路側の方に坐ら
　　せて、何くれとなく面倒をみるのであった。

　ここに描かれた出来事は、まさに子どもたちが環境や心身の障害を乗り越え、
手をつないでゆく姿であり、近江学園においてめざされた知的障害児と戦争孤
児・生活困窮児との統合として掲げられた理念が、手をつなぐという姿として
実を結んだ瞬間だった。糸賀は、子どもたちのこの申し出に対して、率直に
「ショッキングであった」と述懐し、「この年頃の子どもたちは、好んで痴愚や
白痴と行動を共にしたいなどとは決していわないもの」と考えていたと告白し
ている。子どもたちは、近江学園の理念として糸賀らが切々と訴えてきた、環
境問題児と知的障害児が手をつなぐことの重要さを、子どもたち自身、何より
それが自然な姿であることを肌で感じ取っていた。この子どもたちの姿に揺さ
ぶられて、糸賀は真に養護児と知的障害児が手を結ぶことのありように気づか
され、その障害観や教育観を変革させていったのである。

（2）「ガンジーと呼ばれた子ども」と田村一二の夢
　『茗荷村見聞記』は、田村が、石山学園、そして近江学園、一麦寮へと歩ん
できた道を振り返り、その後の社会づくりを構想したものである。「茗荷村」
構想として、知的障害の子どもたちを包摂した村の構想であり、それは、実際
の村づくりとなって展開していった。その実際の村づくり運動へと展開して

いった契機となったのが、1979年に公開された映画『茗荷村見聞記』（現代プロダクション）である。この映画は、田村の原作には入れられていない物語が組み込まれている。それが、近江学園の初期のころの卒園児たちの物語であり、「ガンジーと呼ばれた子ども」とその妻になった知的障害の卒園生のことであり、そして、その娘の物語である。

　映画の中で、茗荷村に宿泊した田村が研究所の所長花竹さんの家に招かれた。世話人の家の保母石田桃江が会いにきて、「わたくしは、ガンジーの娘です」という。茗荷村見聞記の最後の場面、田村役の長門裕之（ながとひろゆき）のナレーションで回想が続いていく[18]。

　　　　（当時の近江学園の写真を重ねて）：浮浪児の中には、あいくちを持ったり、いれずみをしたり、盗み癖の激しい子もいました。あの子たちは食っていけなんだ時代でした…。近江学園の設立の大きな意義としては、浮浪児たちと精薄児たちと手をつないでいこうやないか。できんことがあるもんか、養護児童と精薄児童との二本立てで出発したということでしょうね。

　　　　（風呂場のシーンで）：僕は、そんな連中とよく風呂へはいりました。風呂というもんはいいもんで、ふだん出てこん思わん面が出てきます。われわれは、その子らに「ガンジー自叙伝」を読ませました、二、三日すると妙に目を輝かせてね。

「ガンジー自叙伝」を読んだ一人が石田常吉だった。石田は田村にむかって、「先生ガンジーはやってまっせ、二回やってまっせ」「ガンジーみたいな、偉い人でも、ぬすみやったんだなあ。わしらもやったけども、あんなえらい人にもなれるんじゃったら、わしらも立ち直ることができまんね」という。すっかり立ち直った石田は東京に出て、そして近江学園に一緒にいた知的障害がある花江と結婚する。田村のところにそのことを知らせる葉書が届くが、そこには「ガンジーと書かれていた」と述懐する。その後の石田一家の話を桃江から聞くのである。

　この映画のプロデュースをした山田典吾（てんご）がそうしたのか、田村が入れ込んだ

のかは定かではないが、いずれにしても、決して名作とはいえないこの劇映画を、田村自身は納得し、評価もしていたという。田村自身の経験をもとにした「ガンジーと呼ばれた子ども」のことは、田村自身の近江学園での経験から紡ぎだされた物語であろうと思われる[19]。戦争孤児と知的障害女児の結婚とその後の物語は田村自身によって受け入れられ、さらには田村の思いや夢としてこの茗荷村見聞記の映画となったのではないかと思われる。

おわりに

　1947年、近江学園創設期、NHKの小山賢市は、田村一二を近江学園の園長と勘違いして訪ねたことがあった。その時のことである[20]。「先生はどこにもみあたりませんが」と事務所に戻ると、そんなはずがないと事務の先生が校庭に出てくれた。「おりますよ、あそこに」と指されても、いっこうに見つからない。「変だなあ？」と砂遊びの子らの傍らまで来ると、事務の先生が、「田村先生、お客様です」と声をかけると、「へえ！」と大きな声で顔を上げた砂まみれの顔があった。それが田村だった。田村は、知的障害のある子ども、戦争孤児の子どものなかに溶けこんでいた。それを、糸賀は、「なんともいえぬほどいい笑顔」でみていた。開園から20年を経るなかで、糸賀を中心とした近江学園の人間関係に魅せられたという保母の江口充子は、糸賀がふとしたきっかけで「いくら私がえらそうなことを言ったって、あの子どもたちとはなすことができないんだから淋しいね」とつぶやいたことを記している[21]。田村は、糸賀のことを「わかってもらえない苦しみを、いっぱいに背負った人」だったと評し、その傍らにいてなにもできない自分自身に情けない思いをしたと回想している[22]。

　『糸賀一雄著作集Ⅱ』の解説は田村一二が担当した。この巻は主に1954年頃から1961年頃にかけて執筆されたもので編集されたが、第Ⅰ部の「精神薄弱者と社会」は糸賀の発表、未発表の原稿で新たに構成されたものである。田村の解説は、その第Ⅰ部の論旨をたどりながら、その行間から糸賀の思いを汲

み上げ、田村自身の経験を振り返りつつ共感し、そして自分自身の心の響きを書こうとした。田村は、生前の糸賀を思い浮かべて幾度となく「糸賀先生はつらかったろう」と記していた。解説の最後に、児童の権利の保障は古い思想との対決であるとともに、自分自身の心の中での対決でもあるとの糸賀の言及に筆を進められずに感慨にふけったことを率直に書いている。そして、「異質の光」についての洞察を摘記し、それを「格調の高い詩」と評した。糸賀の思想の発展とその発露としてのこの洞察は、直感的に子どもたちの世界に入り込む田村の心に強く迫るものがあったことを感じさせる。田村の糸賀への万感の思いが伝わってくる。

註

1) 「設立ノ趣旨」『近江学園要覧』1946年。なお、本文は糸賀一雄著作集刊行会（1982）『糸賀一雄著作集Ⅰ』日本放送出版協会、p.194所収のものより、カタカナ表記を修正の上、引用した。

2) 浅井春夫・川満彰編（2020）『戦争孤児の戦後史1 総論編』吉川弘文館、平井美津子・本庄豊編（2020）『戦争孤児の戦後史2 西日本編』吉川弘文館。この『戦争孤児の戦後史』シリーズ全3巻は、戦争孤児研究の今日的な到達点を示すものであり、筆者も西日本編に、「知的障害のある戦争孤児と京都府立八瀬学園」として、後に桃山学園となる八瀬学園の歴史を執筆したが、そこで、近江学園についてはわずかにふれるにとどまった。戦争孤児に関する近江学園の取り組みを戦後史に位置付ける課題は残されたものとなっている。なお、拙稿（2020）「鈴木健二の敗戦体験と『近江学園の子ら』－NHK『こんにちは奥さん』と近江学園の20周年」『障害児の生活教育研究』第25号、pp.75-80)でも別の角度から近江学園と糸賀についてふれてみた。また、今日的な虐待などの課題に引きつけて近江学園と浮浪児・戦災孤児についてふれた論考として、山田宗寛（2016）「糸賀一雄らの福祉思想のその意義について－浮浪児・戦災孤児と児童虐待問題を考察して」『仏教大学福祉教育開発センター紀要』第13号、pp.33-40、などがある。

3) ここでは、主に糸賀一雄（1965）『この子らを世の光に－近江学園二十年の願い』柏樹社、をもとに、それに重ねて田村の記録を重ねてみてみた。『この子らを世の光に』については、『糸賀一雄著作集Ⅰ』に所収のものを出所としてページ数などを示した。なお、『糸賀一雄著作集Ⅱ』、『糸賀一雄著作集Ⅲ』についても同様である。

4) 『糸賀一雄著作集Ⅲ』、p.245

5) この原稿は、400字詰め原稿用紙15枚の未発表のものである。池田太郎が職業指導部長であった時期であるので、近江学園設立から5年経た1951年頃に執筆されたものと推定される。

6) 田村一二（1964）「随想学習発表会以前」『学習発表会のしおり』1964年12月6日

7) 田村一二（1969）「笑顔」『愛護』136 号、1969 年 1 月

8) 『糸賀一雄著作集Ⅰ』、p.52。なお、引用にあたって本文の改行などは修正している。

9) 長田清子（1996）「赤子の幸子ちゃん－思いでの記より」『南郷』第 24 号、pp.18-20。福永圓澄は、「生後間もなく預かった幸子は、幸を願って名付けたが、必死の看護もむなしく、小さな息を引き取ったし、かよわい順子は咳にむせ、遂に入院、林そよさんに抱かれて亡くなった。あり合わせの板を削ってようやく小さな棺ができたのは、雪の降る夜更けであった」と記していた（「創立 50 年追悼」同書、pp.10-11）

10) わずか 2 週間で逝った乳飲み子を「戦争孤児」の範疇にいれることができるかについては議論があろう。しかし、戦争の落とし子であることは間違いなく、戦争孤児の中ではもっとも短命の子どもということになるのかもしれない。

11) 「惜友の丘」については、糸賀一雄編（1954）『勉強のない国－忘れられた子等の保母の記録』国土社、の最後に自らの手でこの丘について説明をしていた。また、『糸賀一雄著作集Ⅰ』（p.95）には、この丘での「スリの K」のエピソードが記されている。現在の近江学園には「惜友の碑」が移築されている。

12) 「答辞」（1948 年 3 月 27 日、修了生総代）。この「答辞」は、近江学園ではじめて卒業式があったときのもの。田村一二が保管していたもので、2019 年田村旧宅の整理の際に発見された。現在は一碧文庫にて保管されている。

13) 田村一二（1949）「問題の子供」『保育』第 4 巻第 10 号、pp.20-23

14) この M の記録は、『近江学園報告書第 1 集』の「脱走の研究」の中に事例として入れられたものであるが（『近江学園報告書』（第 1 集、1949 年、pp.139-143）、その後、池田太郎（1951）『ガウス曲線の両端－愛の近江学園』黎明書房、に「朝靄の丘の子ら」の中の脱走児の事例の一人として同様の記述が掲載されている（池田太郎「追憶の丘」『池田太郎著作集』第一巻、pp.344-349）。事例研究としては、池田による報告ではないかと思われるが、実際の M への対応などは田村の関与があり、協働の取り組みとその共有があったとおもわれる。

15) 中村健二（1996）「田村先生のこと」『田村一二追想集』編集委員会『茗荷集　追想田村一二』、pp.59-62

16) 中村健二（1953）「学園に於ける浮浪児」『近江学園年報第 5 号』、pp.188-206

17) 『糸賀一雄著作集Ⅰ』、pp.92-94

18) 山田典吾製作・脚本・監督「茗荷村見聞記シナリオ」（『茗荷村見聞記（パンフレット）』現代プロダクション）

19) 田村一二（1974）「ガンジー自叙伝―近江学園Ⅱ」『ちえおくれと歩く男』柏樹社、pp.89-92。近江学園の初期の頃のエピソードとして、この田村の経験が回想されている。

20) 小山賢一（1996）「ある晴れた日に」『田村一二追想集』編集委員会『茗荷集－追想田村一二』、pp.48-49

21) 江口充子（1970）「ゴマ塩」糸賀記念会編『追想集　糸賀一雄』柏樹社、pp.221-224

22) 『糸賀一雄著作集Ⅱ』、pp.488-502

【ガイダンス人】

　田村一二（1909 ～ 1996）：旧制中学校卒業後、代用教員を経て、京都師範学校専攻科を卒業。1933 年より 1943 年末まで、京都市立滋野尋常小学校「特別学級」の担任として障害児教育に携わった。その後、1944 年、石山学園を設立。第二次世界大戦敗戦直後の 1946 年、糸賀一雄と池田太郎らとともに近江学園を創設した。近江学園教育部長、副園長などを経て、1961 年、一麦寮の設置にあたって寮長となり、1975 年、一麦寮退職。その後は、障害のある人たちと障害のない人たちが共に汗して働くという茗荷村構想のもと茗荷村づくりを志向した。『忘れられた子ら』『手をつなぐ子ら』『開墾』『百二三本目の草』『茗荷村見聞記』『賢者も来りて遊ぶべし』などに、知的障害の子どもたちの姿と自らの仕事をユーモアを交えて軽妙に表した。

　戦争孤児、そして様々な事情で社会に放り出された子どもたちの中に、障害のあった子どもたちもあった。戦後の障害児教育・福祉の再出発もこの戦争の惨禍を抜きにしては語れない。糸賀一雄・池田太郎・田村一二の創設した近江学園は、知的障害の子どもたちと戦争孤児が手をつなぎ、「腹のくちくなる」学園として、もっとも自覚的に実践を取り組んだ施設であったと評価してよいと思う。戦争を体験した人たちが、その苦い経験をもとに戦後の苦渋を背負ってきた子どもたちとともに障害児教育・福祉を創ってきた。その経験と努力を受け継ぎ、次世代に渡すことはわたしたちの責務の一つである。

第7章
この子らは世の光
―「夢の人」「実の人」池田太郎の実践思想―

山田　宗寛

はじめに　―糸賀思想と池田太郎の実践について―

　池田太郎が設立した信楽学園[1]は、大津市南郷にあった近江学園から一山隔てたところにある。その道は山間の悪路を通り、冬の寒さは格別に厳しい。この距離を、糸賀先生と池田先生はどう感じておられたのだろうか。

　私自身は、信楽学園に勤務するようになって、人間味溢れた池田先生や信楽の人たちの話を聞かせていただき、多くのことを学んだ。

　池田太郎のことを、惠崎順子氏（元しがらき会理事長）は「地域、施設ぐるみで今日の方向に導いた池田先生の思想と実践は、具体的には知的障害をもつ人々の教育や職業等の枠を越え、地域住民としての生活そのものの在り方を示したもので、今日の日本で求められている、地域を取り込んだ福祉、ということにおいて先駆的かつ革新的な意義をもっているといえる。もちろんこれら教育や福祉に関する池田先生の思想と実践は青年時代にすでに培われていて、それに生涯に互る不屈の精神と勤勉努力があり、その結実が今日の信楽にある」と言っている[2]。そして、「池田先生の理想の数々は決して画餅におわらず、長い年月のなかで着実に結実しているが、それには絶え間ない努力と勤勉とがあったことはもちろんだが、その人間性そのものによることも事実である」と伝えている[3]。

　本稿ではこの指摘を手がかりにしながら、互いに大きな影響を受け合った糸賀と池田の関係にも着目しつつ、池田太郎の実践思想について論ずる。その際、池田の生涯を実践地でみて、京都時代（教員）、大津時代（三津浜学園、近江学園）、信楽時代（信楽学園、信楽青年寮、信楽町での実践）の三区分に分け、節

立てとしたい。

1．京都時代　－「教育者となる」－
（1）糸賀との教育者としての出会い

　二人がめぐりあったのは1938（昭和13）年で、池田は教師歴12年目の29歳、糸賀が23歳の時である。

　糸賀は、初等教育の刷新を目的に、京都帝国大学から京都市立第二衣笠尋常小学校へ代用教員として赴任（小4担任）し、「大学出たての純情」を注いでいた。しかし、その時のことを「正直のところ私はどうしてよいのかわからなかった。無我夢中の日が過ぎ、まったく我流の方法をあみ出して、ずいぶん勝手な教育をつづけたものである。」と振り返っている [4]。

　一方、池田は糸賀のことを、理科の授業ではガマガエルの解剖が手際よく、一目を置かれる存在で、修身（道徳教育）は『あしながおじさん』を読んでは感想を書かせ、話し合いの場を持つ授業に取り組んでいたと伝えている。さらに「ファシズムの波が強くおしよせていた中で、国定修身教科書を机の中にしまわせての修身教育」に新鮮さを強く覚えたと言っている [5]。

　糸賀は池田との出会いを、「教員室で発見したひとりの篤学の士」と表現している。その研究態度は、とうてい常人の追随を許さぬほどのはげしいもので、哲学書も文学書も、心理学者としての立場から読破していくという勉強の態度であり、書斎の蔵書もちょっとした本屋ほどもあるくらいであった、と驚きをもって伝えている。また、人間像については「純情な向こう見ずの生一本」「直情径行」と表している [6]。

　二人は教育や心理学について、徹夜をするほどに議論をたたかわせ、お互いの純情な親交は信じ合った関係となった。糸賀は短い期間の交友が将来の運命に決定的な役割となり、「こんな人が身近に同僚として与えられたことは私自身の人生に対する見方や、教育者としての態度に大きな影響を与えずにはおかなかった」 [7] と語り、池田も糸賀先生と出会ってなければ障害児教育というものに自分の一生を託することはなかったと言っている [8]。このように、二人の

つながりはとても深いものであった。

（2）少年時代の夢

　池田は晩年に人生を振り返り、「つくづく人生というものはこういう道を歩きたいと思っておっても、それがそのとおりになるかならんかは、なかなか人間の思いどおりにはいかないと思います。ただ私が非常に幸せと思いますことは、そういうふうに、自分がずっと歩いてきた道を、いまはとくに嫌だと思うようなことではなく、むしろまだまだこれから一歩一歩前進して行かなきゃならん、という思いにさせられていることなんです。」と語っている[9]。

　池田の少年時代の夢は、北海道大学の畜産科で乳牛研究に取り組むことであった。しかし貧しい家庭の身では諦めるしかなく、中学卒業前に牧場で乳牛の世話をする牧夫となって住み込みで働く。すると牧場主から「十年がんばるのや、そしたら乳牛を十頭わけて商売させてあげるわ」と言われて喜ぶ[10]。その後、わずか三ヶ月で父が病気で倒れ、母から「おまえが稼いでくれて、ちょっとでも収入をあげてくれて両親を養うてくれ」と懇願され、「一番てっとり早い収入の道」であった小学校の先生をめざすこととなった。その師範学校も、「落ちたらええなあ」と半分思いながら受験しイヤイヤ通っていた[11]。けれども、このことが運命の変わり目となった。

（3）教員への志

　青年期の池田は、自らを優れたところがなく取り柄のない人間であると認識し、強い劣等感を抱いていた。しかし、どんな困難に直面しても平気な顔をして突き抜けていく勇気を与えられたのが、劣組（特殊学級）の子どもたちであった。

　最初の担任の子どもたちはガヤガヤと落ち着かず、「劣っちゃん」と言って自分のことを見下げていた。休日も自然のなかで遊び、そのなかで子どもたちの目が生き生きとしていることを発見し、「おれたちも、けっして無用の存在じゃないんだ。自分たちも有用の存在なんだ」と思える教育をめざすようにな

る[12]。

　しかし、翌年の兵役でも「ああいう子どもといっしょに勉強しているよりも、まだ鉄砲担いでいるほうがましや」と思っていた。すると、子どもたちから「先生、兵隊から出たらまた、私らの先生になってください」という手紙が届き、その純真な心に打たれる。その夜には小学校のある衣笠山あたりの街明かりを眺めながら、「おれを待っている連中がいよる」と声を出して泣いた、と打ち明けている。

　このように、「劣組」の子どもたちが池田を教育の道へと「本気になって進まなあかん」と決心させ、そして教育者に育てたのである[13]。

（4）池田実践と心理学

　池田は、子どもの指導上でわからないことがあると、子どもたちを科学的に研究していこうとする児童心理学の視点から迫った。

　しかし、当時の心理学は肩身の狭い立場で、当初は木村素衞からも「なんや児童心理学か、あんなものはお前、ガイ骨の学や」と否定的な態度をとられることがあった[14]。池田も人間を科学的に追求し、人間の発達などいろんな面を研究するが、うっかりすると血も通わず、肉もついていないという批判を受けやすいと考えていた。その時、木村に「それでも心理学をやります」と言い返した。糸賀が優秀な青年だと高く評価される一方で、池田は木村の機嫌を損ねては落ち込むこともあった。けれども「小学校の先生が資料を提供する、そのまとめ役は大学がする、というように現場の小学校の実践に携わっている教師と、大学の先生たちとが協力して日本の児童心理学をつくろうやないか」[15]という意気込みで実践研究に取り組み、「児童心理研究会」も立ち上げている。後に木村からも、「児童の行動の一片をも著者（池田）の教育的探究心は見逃さなかった。著者は、全く心身一切を投じて児童の中に住み込んでいる人」と高く評価されている[16]。

　さらに、「小学校三・四年生の時は新米の先生でもいいというて軽くとりあげられている時期こそ、大事な大事な人間の発達の保障において、大切な節目」[17]

110

であり、「遅進児の増減に強く関係」[18]すると、「9歳の壁」について論究している。

　この心理学を基軸とした実践姿勢は、信楽学園の出発にも影響を与えていくことになる。

２．大津時代　－「近江学園」の夢に向かって－

（１）三人の夢

　糸賀は近江学園開設前に、「この世の中に一つ位は、こんな学園があってもよい。否あるべきだ。否々われわれがあらせるべきなのだ」と、池田・田村を前にして夢を語っている。それは「自立自営」という理想論のことであり、「学園の夢」と題した中に書き残している。そこでは、「他力を排除するのではない。自力の上にこそ他力が活きてくるのだ」と議論され、この「自力を尽くす」という姿勢は後にも貫かれていく。また池田は「とうてい実現できそうにないことでも一生懸命に祈って思いつめていると実現するものですなあ」と振り返っている。

　糸賀はこの時の心情を、「ひとつのもうどうすることもできぬ心像をお互いの心に刻みつけてしまった」と表現しており、糸賀思想が三人の議論の中から生まれたものと確信できる[19]。

（２）近江学園の「失敗」とコロニー構想への期待

　池田は、近江学園で分校教員と主に養護児（戦災孤児等）の職業指導を担当していた。初期の近江学園は、職業教育のために、教育的であって営利的な生産現場を設け、自主自営していこうと構想していた。具体的には、畜産で多くの利益を生み出し、信楽に窯業コロニーを建設して、農業と畜産のコロニーも併設するという「一石二鳥の夢」が本気で検討されていた[20]。しかし、わずか三年で「外からは叩かれ、内に失敗した事業とやせた農場をかかえ」[21]ることとなった。

　それでも糸賀は、「永遠の幼児であり、少年である彼らの社会的自立という

ことは、教育的で生産的で保護的であるコロニーの中でしか可能でない。そういう環境の中での彼らの自活能力の程度によって、社会的には保護の壁が薄くもなり、厚くもならなくてはならない。（略）この子らに、信楽にコロニーを建設することができれば、そのコロニー自体が一個の自営独立—といっても薄い壁の保護のもとにある—の生産事業体であると同時に、子どもたちはそこを足場として、周辺の信楽焼業界に就職してゆくことも可能」[22]と構想していた。すると信楽の陶器工場購入の話が持ち込まれ、1951（昭和26）年に池田を寮長として「信楽寮」が開設され、近江学園の子どもたち20人が送り出された。池田はこの時のことを、近江学園設立の労苦を分かち合った同志三人で一生力を合わせていこうと思っていたのに、「六年半たったら私だけが信楽寮の園長として別れていく」と本音を語っている。

　糸賀は信楽寮を、単純な児童施設としては考えてはいなかった。信楽町の郊外で良い粘土がでるということから、国有林を払い下げてもらい、粘土を陶器業者に販売して生活を支えるということを構想していた[23]。だから池田は、糸賀の夢が「集団の力によって自立自営できる生活」で企業とつながることではなかったため、「学園」ではなく「寮」という言葉が使われたと受け止めている。

（3）もう一つの理由　－近江学園の障害者観論争－

　池田は、自らが信楽寮へ赴任することになった理由として、近江学園での「障害児は永遠の少年だから青年期には入らない」という障害者観論争をあげている。この時は、信楽に何万坪という広大な土地を手に入れてユートピア的な村をつくり、子どもたちが結婚をして、その孫を抱くことも夢見ていた。

　しかし、心理学の立場から「永遠の少年ではなく、やっぱり青年期というものをこの人達なりに迎えることができる」と考え、そのために地域の人達から離れた所で村づくりするのではなく、地域の人たちの中にとけ込んで行くようなシステムが大切であると主張するようになる。それが学園を二分するような論争となり、このことで信楽学園に行かざるを得なくなったと言っている[24]。

112

3. 信楽時代 －池田の実践思想の結実－

（1）信楽寮（信楽学園）の開設

　信楽寮（信楽学園）は、陶器工場の元職人が作業指導員（工手）となって開設された。その運営費は公費では一切出されず、製品の販売利益で支払うという命令であった。その上、地元の猛烈な反対運動が起こり、難題ばかりであった。この時のことを、北村信雄（元信楽学園長）氏は「糸賀先生が言われるほど楽観的ではなかった」[25]と述懐している。

　しかし、開設の翌年に起こった大水害では、復旧活動に園生が参加し、そのまじめな働きぶりが「わしらも見習わんとあかんなあ」と信楽の人から評価される。このことが転機となって、求人の申込が来るようになった。さらに「演劇活動」を青年団と取り組み、地域との交流が親しみやすいものとなっていった。なお、この演劇活動は今も大切に引き継がれている[26]。このように近江学園が糸賀の同志的結合であったのに対し、信楽学園では池田が素人の陶器職人を良き教育者に育て、開設に反対した人たちを良き協力者に変えた。

　池田は、この時のことを「創業の難しさは確かに苦労が多いのですが、それに携わっている人間の心の姿というものは、ほんとうに眩いぐらいですね、『すばらしい、これが人間だなあ』と思います。人間らしい人間を求めていこうとするものには、これこそ人間らしい姿だなと思うことです。」と語っている[27]。

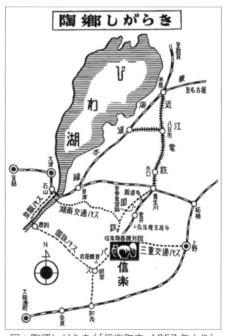

図：陶郷しがらき（「信楽町史」1957 年より）

（2）「信楽学園」と改名した理由

　信楽寮を訪れた糸賀は、卒園生が青年らしくなったことに驚き、池田のことを「近江学園創設の時以上に身命をこれに投げ込み、教育を生かした事業の経営という大難事を見事に成し遂げた」と讃えている。しかし、近江学園から卒園生が次々と送られるはずだったが、その「二年目の約束」は守られず、信楽寮は近江学園の出先機関ではなくなった。そのため、中学生や重度の人を受け入れ、障害児学級も設置した。このことによって、信楽寮は糸賀が意図したような青年の施設ではなくなったため、1960（昭和35）年に「信楽学園」と改名された。

　これにより、糸賀の夢から池田が解放され、信楽の地で独自に歩みを進めていくこととなった[28]。

（3）信楽学園での実践

　信楽学園では、生産工場方式による「汽車土瓶づくり」[29] が実践の柱となった。企業経営には全くの素人であった池田だが、「作業工程が軽度・中度・重度、いずれの人も参加でき、汽車土瓶なら必ずいける」と確信して取り組む。それは「この人達の職業指導を、従来のままごと遊びのようなものでない、この人達の作ったものをバザーで売る同情的、慈善事業的なものにもっていかないで、企業的な工場生産方式にもっていき、この人達を世の光になって貰うよう努力」したものであった[30]。

　この汽車土瓶づくりによって確立された実践理念が、「職業指導にあたるものの心構え」である。それは、「（1）精神薄弱者の職業は、どんな単純な労働であろうが、貴賤の別はないこと。」「（2）精神薄弱者といえども創造性があること。」「（3）この人たちも働くということの強い願いを本来もっていること。それをかなえてやることこそ、われわれ仲間としての責任であること。」「（4）指導にあたるものは、多くの日本人の長い間の精神薄弱者に対する偏見を清算

した者であること。」｜（5）この人たちにも、生きがいを与えることこそ最終目的であること。」というものである。このような姿勢でなければ、「生命を持った人間をつくることではなく、ロボットのような、ただ誰かが使いよいような機械的人間をつくるにすぎないであろう。」と指摘し、さらに「われわれは、この人たちの職業指導にあたって、一人の人格者をつくるという創作的意欲をもってかからなければならない」と言っている[31]。

　池田の実践思想は人間の幸福や生きる願いに根ざしたものであり、障害のある人だけでなく信楽の町の人々すべてに向けられたものであった。信楽学園記念誌では、「今後の十年の経営の歩みの第一歩にあたって私共は、本当の幸福というものは何かを一人一人味わうことができるものになることを念じている」（『十年の歩み』）[32]、「信楽は泣いて入って泣いて出る町。（略）信楽学園の人たちの幸せは、町中の人達の幸せに同時につながるものでなければならない」（『歩：創立二十周年記念誌』）[33] と綴られている。

　その池田の実践思想は、障害のある人が「（1）私も働きたい／（2）無用な存在ではなく、有用の存在であると思われたい／（3）みんなと一緒にくらしたい／（4）楽しく生きたい」（筆者注－「／」は改行）という「四つの願い」へと結実する[34]。

おわりに　－この子らは世の光－

　糸賀の「この子らを世の光に」について、池田は「糸賀先生の『この子らを世の光に』という言葉は、勿論同感ですが、同時に、私は『この子らは世の光である』と申さずにはいられません。この人達のしあわせづくりは、この子を生んだ親達も、そうでない親達も、生む生

写真：汽車土瓶（復刻版）　京都鉄道博物館　収蔵

まないにかかわらず、健常といわれている全ての人が、『この子らは世の光だ』という自覚を持つことであります。この自覚が起これば、『この子らを世の光に』という実践は自ら生まれてくるのです」と言っている。そして「私達は、この人達の教育にあたっているからには、この人達が世の光であることの実証を色々な場面で示すことです。このことがあってこそ、『この子らを世の光に』という実践も、おしつけられたような思いのするものでなく、教育者自身が自ら進んで、それこそそこに生きがいを覚えての行動になると思うのであります」と実践者の立場で提起している[35]。

　このことから、糸賀の「この子らを世の光に」を、池田は実践を通じて「この子らは世の光である」と実証したと考える。池田太郎は「夢の人」でもあり「実の人」でもあった。これは現代社会にも通じる思想であり、私たちに「この子らは世の光だ」という実践が求められていると強く自覚する。

註
1) 現在も障害児施設として運営され、15歳から18歳までの子どもたちが就労や自立をめざして働き暮らしている。
2) 恵崎順子（1997）「刊行にあたって　第一巻」『池田太郎著作集第一巻』文理閣、pp.1-2（信楽青年寮元寮長、『池田太郎著作集』刊行責任者）
3) 恵崎順子（1997）「刊行にあたって　第四巻」『池田太郎著作集第四巻』、p.4
4) 糸賀一雄（1965）「第1部　この子らを世の光に」『糸賀一雄著作集I』日本放送出版協会、p.25
5) 修身は現在の道徳教育。池田も小学校一年生に親孝行していないのに教えることはできず「真実に生きる教師になりたい」と校長に懇願し、『一郎さん物語』という童話をつくって授業を行った。
6) この段落の引用は、糸賀一雄（1954）「第一章　敗戦後の日本の再建のために」『福祉の道行』中川書店、p.25（執筆年は推定）及び糸賀一雄（1965）『この子らを世の光に』柏樹社、p.24 による。
7) 前掲6)『福祉の道行』、p.25
8) 池田太郎（1983）「第四部　私の歩んだ道から」『池田太郎著作集第四巻』、pp.293-294
9) 前掲8)、p.294
10) 池田太郎（1972）「十七、共に育つ」『池田太郎著作集第二巻』、p.252
11) 前掲8)、pp.297-298
12) 前掲8)、p.301
13) 前掲8)、pp.303-305

14) 前掲 8)、p.282

15) 前掲 8)、p.279。児童心理学研究会は 1934 年に立ち上げ、ゲシュタルト心理学を学んでいる。

16) 木村素衛（1943）「序」『池田太郎著作集第一巻』、p.15

17) 前掲 8)、pp.335-336

18) 池田太郎（1946）「児童の発達段階について―特に三・四年生の問題―最近心理学研究」『池田太郎著作集第二巻』、p.107

19) 前掲 6)『福祉の道行』、pp.45-48

20) 糸賀一雄（1954）「第三章　新しい峰を求めての模索」『福祉の道行』、p.96

21) 前掲 20)、p.99

22) 前掲 20)、pp.101-102

23) 池田太郎（1984）「青年期以降の生活の充実」『精神薄弱児研究』1984 年 11 月号、全国特殊教育研究連盟、p.14

24) 池田太郎（1977）「精神薄弱者の地域福祉」精神薄弱者ソーシャルワーク研修会

25) 北村信雄（1994）「信楽学園の教育―信雄先生が語る―」『歩　平成 6 年度年報』、p.75

26) 前掲 10)、p.259

27) 前掲 8)、p.340

28) 北村元園長からは信楽には糸賀たちも度々、訪れ、映画館に出かけていたことや「糸賀先生は食事会に来られていたが食事をされなかった」という話を聞いた（玄米食の実践によるもので、この話は「はがまごし第六号」［近江学園職員同窓会発行］にも寄稿されている）。

29) 信楽学園で製作されていた汽車土瓶は、「京都鉄道博物館」に収蔵されている。また復刻版として信楽学園でも製造販売されている。

30) 池田太郎（1979）「この子らは世の光」『池田太郎著作集第三巻』、p.353。原文は「工場生産方式」とあるが、池田（1973）『精神薄弱児・者の教育』では「生産工場方式」の語が使われている。

31) 池田太郎（1972）「十三、精神薄弱者の職業指導について」『池田太郎著作集第二巻』、p.172

32) 池田太郎（1963）「まえがき」『十年の歩み』滋賀県立信楽学園

33) 池田太郎（1971）「信楽学園二十周年を迎えて」『歩：創立二十周年記念誌』滋賀県立信楽学園

34) 急逝された時に、「四つの願い」のメモは池田のポケットに仕舞われていた。この願いは、「信楽青年寮」を運営するしがらき会の理念として引き継がれている。

35) 池田太郎（1979）「第 3 編　めぐりあい・ひびきあい・はえあいの教育」『池田太郎著作集第三巻』、p.355。なお池田は『糸賀一雄著作集Ⅰ』の「解説」（p.448）で、糸賀の人間像について語っている。その魅力は「特殊なものの中に普遍的なものを見出して進むという先生の反省は、いわば自己との闘いであった」という「反省に生きぬかれる姿」に、「私の心を先生に引入れさせた」と語っている。また、池田が洗礼を受けたのは糸賀の教会の掃除を手伝ったことがきっかけであった。

【謝辞】

　本稿執筆にあたり、信楽学園の北村信雄元園長にお世話になった。「池田先生はどのような方でしたか」と尋ねたところ、「糸賀先生は能才、田村先生は天才、池田先生は凡才、非凡なる凡才です」と語って下さった。

【ガイダンス】
○池田太郎の著作は『池田太郎著作集』全4巻（文理閣、1997年、絶版）に所収されている。
　『子どもを観る』（1943年、一条書房）／『ガウス曲線の両端―愛の近江学園』（1951
　年、黎明書房）／『ふれる・しみいる・わびる教育』（1968年、野島出版）／『精神薄弱児・
　者の教育』（1973年、北大路書房）／『めぐりあい・ひびきあい・はえあいの教育』（1979
　年、北大路書房）／『人間らしさを求めて』（1984年、学苑社）
　・著書の多くは「滋賀県立図書館」に所蔵されている
　※出版年は『池田太郎著作集』の年譜に違いがあるため、「まえがき」の執筆年とした。

第8章
岡崎英彦「エモーショナルなもの」の展開
―糸賀一雄「生命思想」を出発点として―

遠藤　六朗

はじめに　―「追想集『糸賀一雄』」に岡崎が書いた一文―

　1968年糸賀一雄が死去。その2年後に発行された「追想集『糸賀一雄』」に岡崎英彦は「この子らを世の光に」[1]と題した小文を寄せている。(以下、本稿では初出以外は原則姓のみで記す。)岡崎はここで二つのことを書いている。一つは、的確かつ簡潔に糸賀一雄の思想形成をとらえ、もう一つは、糸賀の「この子らを世の光に」を自分のものとするために歩もうという決意である。

　岡崎から引いてみよう。一つ目。「ずっと糸賀の最も近くにいた」岡崎は糸賀思想形成の根幹をこう書いている。「自分自身の問題として子ども達の生き甲斐を背負いこみ、思想として内面的解決をするだけでなくて、現実の生活の場の具現に努力を傾注され、そのなかでさらに自己の内面的問題として対決するという、内から外へ、外から内へ、という過程があった。実感として "この子らを世の光に" という言葉が最もピッタリしたものとしてでてきた」。そして、近江学園創設後の糸賀思想の出発が、1950年前後の糸賀の思索の深まりにあると岡崎はみている。

　二つ目。岡崎は「" この子らを世の光に " が私自身にとって具体的な言葉になるのには、私が先生のたどられた内面的な過程をたどる以外になく、また外への努力をつづける以外にはない」と書き、「今後の私の歩みが私の生長につながるものであるならば、先生の存在はさらに身近なものになるであろう。私は先生を喪うわけにはいかない」と締め括っている。糸賀への思慕に溢れた、岡崎の切々たる思いが伝わってくる。そして、岡崎はそのように生きた。

　この岡崎の歩みを理解する手掛かりとして「エモーショナルなもの」をとら

え検討してみたい。もっとも、岡崎の著作にはこの「エモーショナルなもの」はみていない。でてくるのは2つのインタヴューに対する岡崎の発言である。一つは「夜明け前の子どもたち」の撮影が一段落した後の田中昌人、柳沢寿男に対し（1967）[2]、二つ目は日本教育学会障害児教育研究委員会メンバー森博俊によるもの（1980）[3]である。しかし確かに、岡崎理解の鍵はこの「エモーショナルなもの」にある。そこに糸賀の生命思想の系譜をみることができる。

岡崎英彦（1922 － 1987）

○ 1941年京都帝国大学医学部入学。社会奉仕団体学生義勇軍に参加。その関西支部長だった糸賀一雄（当時滋賀県秘書課長）と出会う。1944年繰上げ卒業、軍医として中国戦線に従軍。1946年復員後、療養中の糸賀に再会、近江学園建設参加を勧められ決意。

○ 1946年11月近江学園開園。京都大学付属病院小児科副手。学園医局を手伝う。1948年近江学園園医。1953年医局で受けとめていた療護児の「杉の子グループ」の療育を試行。これがびわこ学園の源流である。岡崎は医療を傍らにおいた施設構想を糸賀に提言。

○ 1963年第一びわこ学園開園（大津）、園長就任。1966年第二びわこ学園開園（野洲）、園長兼務。1967年療育探求の「夜明け前の子どもたち」撮影。療育活動が活発化。児童福祉法改正で重症児施設法制化。1968年「夜明け前の子どもたち」上映運動始まる。糸賀一雄死去。1969年当時職員比2対1、腰痛問題、人手不足等劣悪な療育条件が問題化。教育権運動始まる。1973年窮状打開のため、国、滋賀県への働きかけ（「昭和48年問題」）。翌年職員比1対1となる。

○ 1978年「15周年記念誌」（運営と療育を総括）、1983年「20周年記念誌」（ケースのまとめ）作成。全国の公法人立の重症児施設の運営と療育の共通基盤づくりに尽力。

○この間、1979年養護学校義務制、1981年国際障害者年を契機にした地域福祉の中で、全国、滋賀県レベルで各種の施策提言を行う。

岡崎が職員に語った言葉。

「熱願冷諦」＝「諦」は「あきらめる」ではない。物事を冷静に見極めること。

「本人さんはどう思てはるんやろ」＝「重い障がいのあるこの子らの思いをくみとることができるような関係をつくれているのか」という問いかけである。

1．糸賀「生活即教育」を読む

　糸賀思想は生命思想である。この生命思想は、1950 年前後の近江学園創設後の幾重もの苦しみのなかで深められた。その思索のなかで糸賀の生命観が実践的に深められた [4]。その時期の代表的著作が糸賀の「生活即教育」（1952 年）[5]であり、それは糸賀の自覚論である。

　自覚とは「我が我を知る」ことである。個人と社会の関係、現実と理想の隔たり、その間で自覚が問われ、意識が試される。糸賀は意識を、「意」と「識」に分け、それぞれを分析していくが、ただ「意」も「識」も行動しなければ、端に知識的に理解しただけである。そこで行動に駆り立てるのは意欲ではないかとする。意識から意欲へ。そこでまた意欲とは何か、分析が始まる。こうして、そこに、意識の高低、意欲の有無を問うことになる。この世は、個々は区分けされ、別々である限り比較・相対の世界から出ることは出来ない。そこは上下優劣高低の世界である。糸賀が生涯格闘したのは、その上下優劣高低による能力観とその人間観、社会観であり、自身の内なる差別意識であった。

　糸賀はそういう分析的記述を一転させ、この相対、対立の世界から、いっきょに直観に向かう。生命とは「今ここに生きている」実感であり、この身の感覚にあるのだと言う。生命はこの身体を超え出ては存在しない。この「今ここに生きている」生命は、「生きる」「生きたい」「生きていたい」、生命は絶えず自己を持続し更新しようとする欲求である。それが生活意欲である。糸賀は、この生命を「幸福追求の一つの流れ」とみる。これが生命の根源的事実であり、すべての生命に共通した願いである。この根源にさかのぼっていくことを、糸賀は「純粋体験」といい、それを「万人共通の出発点」としたいと言う。

　ここで自覚とは、「我が、我の生命に於いて、我を知る」ということになる。そこに真の自覚があると言う。その自覚とは、「存在する一切がそのままで生命において平等である」ということである。一切差別なき平等な一つの世界である。糸賀はこの生命的自覚のもとでは、生命の具体に対して、比較や差別、相対のあらゆるものはただこの身にまとう衣に過ぎず、かえって抽象になると言う。

以上の理解のために図示すると図1のようになる。この世は、個々区々別々でできている。しかし、みんな一切差別なき平等な生命をもっていることも事実である。そこに幸福追求の鍵があるのだという。その生命に於いて気付くこと、それが自覚である。

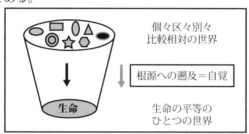

個々区々別々
比較相対の世界

根源への遡及＝自覚

生命

生命の平等の
ひとつの世界

図1：糸賀「生活即教育」にみる生命的自覚

　この生命的自覚論は、自己実現即他者実現論を経て、晩年共感関係論となる。糸賀一雄の「最期の講義」（1968）[6] である。糸賀は人間を関係的存在としてみる。「汝がいて我が在る」という根源で生命が響き合うこと、それが「共感の世界」だと言う。

2．岡崎「エモーショナルなもの」の展開
　「エモーショナルなもの」とは、もちろんそれは情動のことである。その情動とは何かと問われれば、ここでは、岡崎のそれに、内から外へ動くもの、生命的なもの、身体的なものを与えておく。それがまさに糸賀生命思想の岡崎的展開なのである。

（1）昭和40年代（1965年前後から）びわこ学園の出発－「裸のいのち」「裸のふれあい」「人間関係の最も深いところの幸」
　糸賀「生活即教育」でみた生命観は、1964年「びわこ学園だより」1号の発刊の「ごあいさつ」[7] で展開され、岡崎はびわこ学園創設の意味とその方向を示している。
　この子らの「いのち」に対して、「私達はやはり、赤裸々な人間として一つの

"いのち"として相対する以外にすべがない」とし、「そのふれ合いのなかで感じとられたものが、この仕事の意味であろう」と書く。つまり「裸のいのち」同士のふれ合い、「裸」とは、言葉や理性、そして比較・相対の価値観で纏われていないこと。岡崎は、言葉の世界にいる職員もその「裸のいのち」として、「裸のいのち」そのままの重症心身障がい児（以下、重症児、文脈で「この子ら」等とする）と関わり、職員も自身の「生命」に覚醒することが大切だと言う。そして、その「ふれ合い」「つながり」のなかに、「人間関係の最も深いところの"幸"」―まさに糸賀の「幸福追求の流れ」の根源的生命―があるという。この「つながりの火」を広げることを格調高く、「私達は全く同じ意味をもった人間の生命の『つながりの火』が、あらゆる困難をしりぞけて、一歩一歩学問を開発し、社会制度をかえてきた実例を、歴史のなかにみることができます。いやそのことが、人類の歴史そのものだといってもよいかも知れません」とする。まさに糸賀生命思想の岡崎的展開のスタートである。しかし、まだ抽象的で観念的である。

（2）昭和50年代（1975年以降）「昭和48年問題」の克服と療育の総括－「医学徒と『福祉』」

「夜明け前の子どもたち」の映画づくり[8]（1967）に参加した職員によって療育活動は活発化する。そのなかで、この子らは、「病児」でもなく、「教育不可能児」でもない、「この子らは人間だ」という認識を得、言葉にならないこの子らの願いや要求を理解できるようになっていく。しかし、当時2対1の職員比、しかも人手不足、腰痛問題が発生する。そこに糸賀の死去、その後経営問題が明らかになる。それらの問題が「昭和48年問題」となり、国や滋賀県を動かす大きな運動（1973）によってその翌年から1対1の職員比になった。

「昭和48年問題」を克服した岡崎。そこに糸賀の艱難辛苦が重なる。岡崎はびわこ学園の15周年を記念するにあたって、創設からの歩みと療育の総括を提起[9]、それに先立つ著作が「医学徒と『福祉』」（1976）[10]である。

岡崎は重症児施設の誕生は、1960年代の経済成長があって可能となったと

クールな見方をしている。その豊かさが逆に障がいの重さを「病児」として、それに必要な専門的で特別な設備と体制を用意しえた。その特別な専門的な体制は、子どもの障がい、症状を対象的に客観的にとらえる世界であった。「子ども自身のもつ、なまの欲求とかかわり合って営まれる子どもの生活という感じははなはだうすい」世界であると言う。「現実になまの欲求がでても、多くは無視されるか、あるいは病的、異常な反応として、専門的に『治療』される場である」と医師岡崎が書くのである。当時の医学が持っていた重症児観に対し、まず「なまの欲求」がぶつかり合う生活の場で「人間を知る」ことが必要ではないかと批判し、生活の場を創る必要を言う。だから、岡崎はいったん自身を「医学徒」とし、「まだ青二才が言うようなことを言っているが」と控え目に題名につけたのである。

重症児の場合、近江学園での体験とは違って、「なまの欲求がぶつかり合うこともなく、ぶつかってもぶつかるのはむしろ自分自身のもつ障害そのものであり、自力ではもちろん、まわりの人の力を合わせても、簡単には克服できない壁である」。障がいの重さという壁に立ち向かう、そう簡単にその壁を動かすことはできない。それに医学的心理学的な客観的な数値的評価による限界が立ちはだかる。この客観的なものの持つ制約を打ち破らなければならない。まずこの子らの「人間を知る」こと、それがあって、客観的な目が開けてくるのではないか、どうすればそれができるか、「なまの欲求」を知ること、あの「裸のいのち」のふれあいである。この子らの生命をゆさぶり、生きる意欲を引き出すことである。これが岡崎の「エモーショナルなもの」である。

重い障害の壁、それを乗り越えていくのは子ども自身である、それが岡崎の持論である。「そうとすれば、自身が壁に立ち向かう構えを（職員は）子どもに要求せねばならない」。それを要求する以上、職員も、「（よりよく生きる）その方向へ子どもの欲求をひきだし、かきたてながら、まわりの人びとも、子どもたちとともにその壁に立ち向かう構えがいる」。そこで、「子どもとおとなが同じ方向に向かって立ってはじめて相互に切実な欲求をふまえて、ともに生きる実感をもちうる」。関わっていかなければ子どもたちの姿はみえてこない。

これが岡崎の関係論であり、共生論である。

　糸賀生命思想、共感関係論が、重症心身障がいとの関わりの中で具体的な「エモーショナルなもの」として展開する。これが岡崎の15年間の総括であった。

　しかし、「共に」ということは、一方で互いが「くっ付くこと」になる。愛着である。この愛着もまた「エモーショナルなもの」である。それが過度になれば負の面もでてくる。とりわけ閉塞状況では過度な愛着的共生関係に陥りやすい。創設後に経験した、そのような愛着にある母子の入園後の急激な分離不安による死亡例 [11]、1973年前の数年の厳しい行き詰まりの中で一部職員にみられた愛着的関わり [12] をみる。このように岡崎は「エモーショナルなもの」の負の面も理解し、客観化する必要性も理解していた。

（3）昭和60年代（1985年前後）　再び「共生」を問う−「共に生きる」

　1981年国際障害者年を契機に地域福祉が叫ばれ、入所施設の存立が問われ始めていた。びわこ学園20周年 [13] を迎えた1983年、岡崎は「びわこ学園だより」24号に「共に生きる」[14] を書き、再び共生を問うている。岡崎は地域福祉に取り組みつつ、施設の意義も認めている。そういう時期に書かれた。

　びわこ学園は、「混乱と苦しみ、試行錯誤の20年」、「馬車馬」のような「裸のかかわり」をもって乗り越えてきたが、「私達はまだ園生の気持を的確に知る目をもっていない」。だからといって、「客観的に彼等を見るだけの目では、矛盾をこえる彼等の育ちの力にならない」となおも書いている。

　「日々さまざまの枠を強いられる園生のやり切れない悩み、怒りを私達も切ない思いでうけとめ、それを心に秘めて、彼等の喜びや積極的な意欲をさそい出す、ひたむきな、裸のかかわり」が大事だと言う。いのちをかきたて、彼等の生活意欲をひき出し、それを主体的に引き受ける。それがあって開けるのだと。そして、客観化はその後についてくる、そう岡崎は言っている。

　「こういう目を通して、当然園生自体の目、物事をうけとめる構えを広げるにちがいない」、「それでやっと気持の通じた、共に生きる『世界』が開ける筈です」と言う。そして、「人が社会で育ち、生きるのは、まわりの人との気持

を通じ、共にという実感のある世界をもった時でありましょう」とも書く。

　そして、岡崎最期の年の1987年「びわこ学園だより」34号の「新年を迎え、改めて施設の在り方を考える」[15] で不思議な締め括り方をしている。「共に生きる」といわれるが、「障害児者から、成る程これなら、職員も自分達と共に生きてくれていると納得してもらえる構えが、職員に、施設にできるかどうか」が問われているとする。そして、「四十年の近江学園が私の心に座り続けている訳もここにあるようです。施設の在り方はそのまま私自身の在り方なのですから」と。この最後の言葉は、「追想集『糸賀一雄』」で書いた糸賀への決意に対して、岡崎はそのように自分は生きただろうかという自問自答なのである。

3．岡崎「エモーショナルなもの」　－共生の療育論－

　岡崎は「エモーショナルなもの」、情動のしくみをどう考えていたか。直接それについて書かれたものはない。しかし、先述した母子分離不安の死亡ケース（重度アテトーゼ四肢麻痺）を岡崎は次のように考察している。

　「人間の強い不安や恐怖などの情緒反応が、筋の不随意的な緊張や自律神経系の反応をおこすこと、そしてそれが防御的意味をもちうる。けれども、それもある程度をこえると、次々に連鎖的に、しかも逆行できない所にまでも進行し、何か生命を維持する複雑な機構の平衡が、逆の方向にかしいで、ある点をこえた時、その機構のしくみ自体が、さらに逆方向へのかたよりを増すしくみとして働くようになるのではないか」[16]。

　入所によって母親から離れてしまい、生活の場も、ましてや関わる人もいつもとは違う。そこに投げ出されたこの子は、不安と恐怖（情動）にあり、からだ全体が緊張状態にある。この子はアテトーゼでもあり過緊張がみられ、主に姿勢運動に働く骨格筋系にいっそう表れたであろう。この緊張は同時的に〈自律神経 － 内臓〉系に向かい、その系内過程に悪循環を引き起こし、臨界点を超えて不可逆的になったというのである。生活意欲過程の逆のプロセスだということになる。

　それでは生活意欲過程とは何か、それは上述の「エモーショナルなもの」の

展開過程にみることができる。ここに、アンリ・ワロンの情動論から３つの主要な点を取り出し、岡崎のそれを重ねてみる。その基本として、ワロンの情動論を共生論であるとみる[17]。

A．人は生まれおちたその時、まずその身体から出発するしかない。生きる術もない無力な存在、言葉もまだ。これは重症心身障がいの存在とも重なってくる。生命維持のために身体をフルに使い、不快－快、泣く－よろこぶ等々で他者に働きかける。それが情動の働きである。ここに岡崎の「裸のいのち」をみる。重症児の場合は逆に、この子らの「いのちをかきたて」、そこに「なまの欲求」（情動）を引き出す、そこが療育の始まりである。

B．ワロンは相互に離れた個別な身体なのに、情動は伝染性が強く身体間の共同性をつくり周囲との共同関係をつくるのだとする。岡崎においては、「エモーショナルなもの」を通じて同じ方向に立ち、「はじめて相互に切実な欲求をふまえ」「ともに生きる実感をもちうる」。「エモーショナルなもの」、情動はこの子らとの共同性の源泉であったのである。

C．ワロンは情動的な姿勢緊張に意識の発生をとらえる。情動は共同性をつくりだすと同時に、そこに緊張姿勢を造形する、それが意識だという。もちろん緊張には種々のレベルがあるが、その姿勢緊張に刻まれ蓄えられるものは表象的なもの[18]とする。ここにワロン情動論の独自性がある。こうして、ワロンは、「裸のいのち」ともいえる身体と、最初の知的活動へ導く表象活動との間をこの情動で架橋する。

このようなワロンを岡崎等はどうとらえたか。1980年頃である。療育において、「いのちをかきたて」（A）、共同の場の生活意欲の展開（B）、そして、そこから共同の場、つまり療育の場をこの子らが意味づけていく過程をセルフ・オリエンテーション[19]とした。つまり、情動的な関係の中で対人を手がかりにその場を定位（orientation）し、この子らがどう意識化していくのか、そこにワロンの〈情動－姿勢－表象〉（C）を探った[20]。岡崎等は情動を重症心身障がい療育の重要なキーと考えた。情動は共生を生みだす源泉なのである。それは今でも重症心身障がい療育の重要なテーマである。

岡崎の「エモーショナルなもの」は糸賀生命思想から出発した。その共生論は理念ではなく現実である。まさにこの子らとの関係世界はそのリアリティにある。それは、情動、「エモーショナルなもの」を介した〈いのちの共生〉へと新たな意味を投げかける。

おわりに　－糸賀、岡崎をさらにその先へ、平等な生命の世界へ－

　糸賀、岡崎から何を引き継ぐか、〈いのちの共生〉、それを今の障がい福祉に求め、さらにその先にみたい。

　糸賀が師とあげる一人に木村素衞[21]がいる。木村は、「表現とは内なる自己を外へ押し出し、依って外に於いて内を見、外に於いて内をあらしめる」[22]と言う。芸術はもちろん、技術や生産物、そしてある意味言語でさえも内なる身体の外部への投映とみる。それでは、重症心身障がいの人たちが「内から外に」、そして「外にできた内」として創るもの、生産するものは何であろうか。それは、多様であり、かつ一切が平等である生命を基調にした共生社会である。

　岡崎は、すべて人はこの社会に意味を持って生まれ、それに対し責任を負っているという。重症心身障がいの人にもそれを求める。それは何か。社会参加するということである。岡崎はそのような意味としてとらえていた。英語の参加 participation は社会を分ち合う責任を含意している。誰もが社会の一翼を担い責任を負うということ。とすれば、重症心身障がいの人が参加できる社会の在り方、またそのような社会とはどういう社会であろうか。内なるもの生命が、外へ。そして外にある内なるもの、それは生命が完全に発現できる社会と

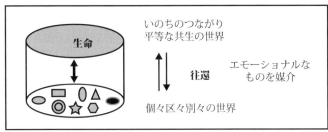

図２：「エモーショナルなもの」を介した〈いのちの共生〉との往還

いうことではなかろうか。そこに「幸福追求の流れ」（糸賀）があり、「つながりの幸」（岡崎）、共生というリアルな世界をつくることである。図1を逆さまにし、「個々区々別々の世界」に生きていながら、各自にある「エモーショナルなもの」の覚醒による〈いのちの共生〉を通して「平等な生命の世界」に至る、またそれを通して「個々区々別々の世界」をみる。こうして、「平等な生命」の世界に近づく。

　今日、「地域福祉」といわれる障がい福祉は、「施設福祉」を否定して成立したものだという。それは、「個」の自己決定を自立とする障がい者運動を一つのバネにして生まれた。岡崎は「施設福祉」から人間関係の共同性を掬い取り、自立の土台としての共同性を再確認したかったのだと思う。今日社会の基調である自己決定・自己責任の個立性（自立ではない）を止揚し、自立の土台である〈いのちの共生〉による共同性の在り方を求めていきたいものである。「幸福追求の流れ」、そこに「つながりの幸」を具現化する方向がある。

註
1) 岡崎英彦（1970）「“この子らを世の光に”」（岡崎英彦著作集刊行会『岡崎英彦著作集』医療図書出版、pp.234-235）
2) 1967年11月4日のインタヴュー（未公表）、差別問題を問われ、「言葉ではなんぼでも言える、人種差別問題が解決されないのは、エモーショナルなところで変わらないと人間は変わらん」と述べている。
3) 森博俊（1982）「障害の重い子どもの教育（療育）の実践とその目標―びわこ学園の『健康増進』の実践を手掛かりに」『障害者問題研究』第29号。インタヴューは1980年2月26日（第一びわこ学園）、6月5日（第二びわこ学園）。「岡崎は、子どもの行動の前提には必ず自らをオリエンテートする内的な過程がある。そして、この意欲というものがはじめから明確にあるのではなく、障害の重い子どもの場合には、『もっとエモーショナルな、もっと生理的な反応のような形で出てくる次元がある』という」(p.13)。
4) 糸賀一雄（1965）『この子らを世の光に』（『糸賀一雄著作集Ⅰ』、pp.67-111）
5) 糸賀一雄（1952）「生活即教育」『南郷』第12号（『糸賀一雄著作集Ⅰ』、pp.257-261）
6) 糸賀一雄（1968）「施設における人間関係」（『糸賀一雄著作集Ⅲ』、pp.462-478）
7) 岡崎英彦（1964）「ごあいさつ」（『岡崎英彦著作集』、pp.148-149）
8) 1967年、びわこ学園を舞台にした療育探究の映画。撮影されたフィルムをみながら職員も交えて検討し、さらに撮影に臨んだ。映画時間約2時間。
9) びわこ学園（1978）『創立15周年記念誌　びわこ学園の15年 1963-1978』びわこ学園

10) 岡崎英彦（1976）「医学徒と『福祉』」（『岡崎英彦著作集』、pp.432 〜 434）

11) 岡崎英彦（1978）「子どもたちとの生活」（『岡崎英彦著作集』、pp.129-130）

12) 岡崎英彦（1978）「再び園児・園生の療育と生活」（『岡崎英彦著作集』、p.258）

13) びわこ学園（1983）『創立 20 周年記念誌　びわこ学園の 20 年 1963-1983』びわこ学園

14) 岡崎英彦（1983）「共に生きる」（『岡崎英彦著作集』、pp.308-309）

15) 岡崎英彦（1987）「新年を迎え、改めて施設の在り方を考える」（『岡崎英彦著作集』、pp.325-326）

16) 前掲 11）（『岡崎英彦著作集』、p.130）。びわこ学園創設前の 1960 年に京大小児科と精神科が連携、岡崎は高木隆郎等と精神医学的な問題をもつ児童を対象にした京大小児科臨床クリニック（京大病院内）を開設している。そこで自律神経系など情動の働きについて検討しているが、岡崎の情動理解の契機となった。今回、初めて岡崎日記でその存在が明らかになった同クリニックは 2 年間の活動であったが調査研究を要する。1960 年に児童精神医学会が発足している。

17) ワロン（久保田正人訳、1965）『児童における性格の起源』明治図書の「第一部情動的行動」、浜田寿美男訳編（1983）『ワロン／身体・自我・社会』ミネルヴァ書房の「第二部 6 情緒的関係—情動について」参照。なお、2018 年 3 月 21 日開催された人間発達研究所ワロン研究会で東大名誉教授の堀尾輝久氏がヨーロッパの最近のワロン研究で、ワロンを共生思想とする研究を紹介されていた。

18) この表象は、言語的なものではなく、心的緊張、姿勢、待機、構え、期待、印象等をいい、身体の緊張性に刻まれ蓄えられる。

19) 昭和 48 年問題が一段落し、重症児発達検討が始まったのは『びわこ学園 15 周年記念誌』作成時頃からで、その中でセルフ・オリエンテーション議論があった。その一端が森博俊に紹介された（前掲 3）参照）。筆者の遠藤もそれに参加していた。今後の研究課題となっているが、その一端を本稿で示した。

20) 遠藤六朗「発達評価をめぐって」（前掲 9）、pp.258-263）、同「療育プログラム形成過程の視点」（前掲 13）、pp.196-201

21) 糸賀一雄（1965）『この子らを世の光に』（『糸賀一雄著作集 I 』、pp.35-37）

22) 木村素衞（1997）『表現愛』こぶし書房、p.16

【ガイダンス】

○とりあげた「生活即教育」は『糸賀一雄著作集 I 』（日本放送出版協会 1982 年 絶版）所収。現在、糸賀一雄の著作で入手できるものは、『福祉の思想』（日本放送出版協会）／『福祉の道行—生命の輝く子どもたち—』（中川書店）／『糸賀一雄最後の講義—愛と共感の教育—』（中川書店）／『復刊 この子らを世の光に』（日本放送出版協会）。品切れであるが、大木会が増刷しているので、大木会から入手可（残部僅少）。

○『岡崎英彦著作集』は（医療図書出版 1990 年 絶版）。岡崎の著作は以下で入手出来る。

『岡崎英彦集　本人さんはどっ思てはるんやろ―ともに生きる―』（びわこ学園）（残部僅少）

○岡崎英彦に関しては、びわこ学園 HP「岡崎英彦初代びわこ学園長資料紹介」にアップ。
　URL は、https://www.biwakogakuen.or.jp/publics/index/295/
　① 2018 年度びわこ学園で展示したパネル（岡崎先生の歩み）とリーフレット
　② 岡崎英彦の著作　現在「医学徒と『福祉』」をアップ。
　③ 岡崎英彦の講演やインタヴューの音声（予定）
　④ 遠藤六朗「本人さんはどう思てはるんやろ」（2018 年度「びわこ学園だより」3 回連載）
○参考図書　遠藤六朗『糸賀一雄「この子らを世の光に」ひかりの顕現』（中川書店 2015 年）
※社会福祉法人大木会、同びわこ学園及び中川書店（福岡）は各自ネットで調べて下さい。

【本人さんはどう思(っ)てはるんやろ】
　岡崎英彦「本人さんはどう思てはるんやろ」について若干経過を説明しておきます。掛軸や色紙に書かれている「熱願冷諦」と比べると、この言葉は岡崎英彦の著作にはなく、職員との議論や語りで述べられたものであり、人と場、時に応じて、異なった言い方や違った受け取り方がされています。
　2017 年の岡崎英彦没後 30 周年の時、びわこ学園から出版した『岡崎英彦集』の副題は、「本人さんはどう思てはるんやろ」でした。びわこ学園内で岡崎を紹介するパネルにはこれを使っています。「ドウオモテハルンヤロ」と、岡山弁混じりと言う人もいますが、関西弁の柔らかい感じで言っていたそうです。
　筆者自身は岡崎が亡くなるまで一緒しましたが、このような議論の記憶はありますが、この言葉はあまり聞いていません。『人と仕事 岡崎英彦追想集』（1989 年 医療図書出版）の「あとがき」に当時の第二びわこ学園長 東陽一は、「本人さんはどう思ってはんのやろ」と書いています。時に「本人さんはどう思ってはんねん」、「本人さんはどう思ってはるんやろ」も言っていたので、いわゆる定説はありません。

コラム２
特別支援教育史を展示するという試み

和崎　光太郎

　企画展「京都における特別支援教育のあゆみ」は、2015 年 12 月 12 日から翌年 3 月 29 日にかけて京都市学校歴史博物館で開催された。私は同館学芸員としてこの企画展を担当した。

　「特別支援教育」を博物館の展示で世に問うことは、私の知る限りではこれが日本初だ。そもそも教育を展示すること自体が珍しいのに、本展では世間的には〈正規ではない〉（＝「特別」）と認識されている「特別支援教育」が対象となっており、なおさら珍しい。展示を観ていない人には、何が展示されているのかすら想像できないだろう。

　その展示内容をおおざっぱに言うと、京都市をフィールドとした教育者──年代順に、脇田良吉、田中壽賀男、田村一二、熊谷君子、森脇功など（盲啞院については常設展示室で展示）──を軸とした現物資料及び写真パネ

写真：「京都における特別支援教育のあゆみ」展のチラシ表面

ルで [1]、チラシ上部写真の教員は 1930 年代半ばの田村一二。開催目的は、時代によって様変わりしていく〈障害児教育〉のリアルを感じてもらうことにあった。では、「リアルを感じる」とはどういうことなのか。

　例えば、ある教育者の手書きの記録が残っていたとしよう。その記録を、①活字に起こしたもので読む、②写真資料で読む、③実物で読む、というケースを想定してほしい。最もリアルなのは③、次いで②。もちろん、単に文字情報として受けとめるなら①で十分だし、それはそれで十分意義はある。しかし、

文字情報ではなくリアリティのある知識——検索して得たりメモリースティックに保管したりする〈情報〉ではなく、身体的に習得してそこから何かを生み出し得るものとしての〈知識〉——として受けとめるなら、実物（またはリアルな媒体）に触れることが必要不可欠だ。実物には、筆運び、紙質、経年劣化から感じられる重み、匂い、感触、などが宿っており、我々は実物に触れることで、それが我々に訴えかけてくる何らかの重みを感じることができる（博物館での展示という性質上、残念ながら「触れる」は「観る」を意味し、匂いや感触を得ることはできない）。

　以上のことを、教育にひきつけて考えよう。我々は、教育についての知識を得るとき、無意識のうちに自分が受けた教育・自分が見たことのある教育（＝「自分が知っている教育」）を背景にして、ある情報を解釈し、〈知識〉として身体化する。別言すれば、教育について何かを知ったり、考えたり、意見表明をしたりするときに、我々は「自分が知っている教育」に無意識のうちに大きく左右されている。教育論議がしばしば水掛け論になる（もしくは水掛け論にすらならない）のは、論議をする者たちが前提とする「教育」が知識レベルでそもそもまったく異なっているという、「教育」の齟齬が原因だろう。まともな論議をするためには、まずこの齟齬をある程度埋めておかねばならない。そのためには、我々一人ひとりが日々、浮ついた〈情報〉ではなく、地に足をつけた〈知識〉を蓄積していくしかない。リアルを感じることで、「知っているつもり」を「知っている」に変えていくのである。そのためのささやかな場を提供することが、教育を展示するという試みなのだ。

　では、その「教育」が「特別支援教育」だったら、どうだろうか。「障害のある子」と認定された子の多くは、「障害のない子」とは別の学校・別の学級で教育を受けており、我々の多くには、知識を得るときの背景（＝「自分が知っている教育」）がない。もしくは、我々は学校で他者として接してきた「障害のある子」との思い出を微かな背景としながら、情報を知識化しているかもしれない。どちらにせよ、「特別」ではない教育に比べて、より一層、「特別支援教育」について実態とはかけはなれた解釈をし、実態とはかけはなれた情報を知識とし

て習得してしまっている可能性が多分にある。例えば、「肢体不自由児」への教育として行われていた「訓練」とは何か、イメージしてもらうとしよう。おそらく 10 人いたら 10 通りのイメージが沸き起こり、人によっては体罰さながらの光景を思い浮かべるかもしれない。そもそも、「訓練」の実態が学校によって、地域によって違うのであり、肢体不自由児の養護学校に勤めていた元教員の間でも異なったイメージが想起されるだろう。

　だからといって、それらを統一することは無理だし、危険でもある。実態が多様なものは、多様なものとして受けとめるしかない。大切なのは、知識に貪欲であること、自分の知識は欠けているという自覚、そして多様なものを多様なものとして受けとめる覚悟である。ただ、それらだけでは何の解決にもならない。その貪欲さを満たし覚悟を試す場所、知識の欠陥を少しでも埋め合わせられる場所が必要だ。その場所が、博物館である。

　ただし、博物館がすべてに答えてくれるわけではない。担当学芸員の私ですら、企画展が終わってから、「知らないこと」が増えた。知りたかったことが知り得なかったケース──糸賀一雄の教員時代のことなど──が多々あるのに加えて、無意識のうちに「なんとなくこうかな」と思っていたことが実はそうではなかった、というケースが多発した。恥を晒す覚悟で言えば、それらは今でも「知らないこと」のままだ。一般論的になってしまうが、知れば知るほど、「知らないこと」（＝「知らない」と自覚できること）が増え、「知らないこと」だらけになっていく。

　とはいえ我々は、教育者として、支援員として、日々の実践を止めるわけにはいかない。自問自答や反省は山のようにあるが、「現場」ではその場・その時の判断と実践の連続であり、そこから逃げることはできない。自分の無知や未熟さを痛感しながらも、日々、常にその場・その時の最善を模索しながら、教育者や支援員として生きている。

　その模索の一助に、この企画展がどれほどの力になったのか、はなはだ自信はない。機会があればもう一度、同様の企画展をやってみたい。特に、企画展の終盤に開催した講演会「特別支援教育史に「教育の本質」を探る」（2016 年 3

月6日、3月13日）は内容を詰め込みすぎて[2]、最後の「三　田村一二という人──『忘れられた子等』を読む──」がかなり駆け足になってしまい、消化不良のままだ。もう一度田村の著作を、教育や福祉といった概念を捨てて素直に読み直すことから始めたい。

註
1）展示図録は、「図録　京都における特別支援教育のあゆみ」で検索、「図録」をクリックして閲覧可、http://kyo-gakurehaku.jp/exhibition/h27/1212/img/271212_zuroku.pdf（京都市学校歴史博物館公式 HP 内、2020 年 10 月 26 日最終確認）。
2）講演録は、「京都市学校歴史博物館研究紀要」で検索、紀要第 5 号の PDF ファイルで閲覧可、http://kyo-gakurehaku.jp/about/dayori/bulletin/bulletin_vol.5.pdf（京都市学校歴史博物館公式 HP 内、2020 年 10 月 26 日最終確認）

第3部

実践現場の諸相から

第9章
障害児入所施設からみた子どもの「貧困」

森本　創

はじめに　−近江学園と子どもの「貧困」−

　子どもの「貧困」ということが言われ始めて久しいが、2019年度国民生活基礎調査によれば、中間的な所得の半分に満たない（相対的貧困）家庭で暮らす18歳未満の割合「子どもの貧困率」は13.5%であり、ひとり親家庭の子どもの貧困率は48.1%である[1]。これはピーク時よりも少し改善されたとはいえ、相変わらず先進諸国の中でもかなり高い方である。相対的貧困率は、経済格差の広がりを表しており、子どもの「貧困」について考えることは、大人社会の問題について明らかにすることに他ならない。児童入所施設は、さまざまな事情によって家庭で暮らすことのできない子どもたちを受け入れる社会的養護の場であり、まさに大人社会が抱える問題の縮図ともいえる。筆者が長年勤務していた近江学園は、敗戦後の混乱期に糸賀一雄によって創設され（浮浪児を含む）、これまで多くの知的障害児を受け入れ、そして社会に送り出してきた。しかし近年、入所児童の約半数に被虐待がある。彼らのおかれている厳しい現実を明らかにすることで、喫緊に取り組まなければならない子どもの「貧困」問題について明らかにしていきたい。

　子どもの「貧困」について、小野川ほか（2016）は「貧困を経済的困窮のみならず、子どもが安心・安全に生きることができる生活基盤、大人になっていくために不可欠な成長・発達の条件・環境を保障されない状況＝子どもの『育ちと発達の貧困』」[2]ととらえている。筆者もまた、子どもを取り巻く諸条件や環境が彼らの発達や成長に及ぼす影響について考える時、経済的貧困問題と共にその他の要因も検討しなければならないと考える。社会的養護の場である児童

入所施設は、彼らの長い人生からみれば一時的な通過施設であるが、家庭や地域から排除された子どもたちを保護し、再び地域や家庭に戻すという重要な役割を担っている。糸賀は、「施設社会事業は現実の社会の欠陥を補完しようとする実践的な努力のなかから、新しい社会をうみ出す」[3] と述べているが、社会福祉施設の存在やそこでの実践は社会の変革において極めて重要であり、ここでは、障害児入所施設で暮らす子どもたちの現状を通して、子どもの「貧困」について考えたい。

1. 障害児入所施設からみた子どもの「貧困」

　2006年4月に施行された障害者自立支援法では、障害児入所施設でも行政責任による措置から、原則施設と保護者とが直接契約を行う契約方式へと大幅な制度変更が行われた。厚生労働省は当初、「障害者が地域で安心して暮らせる社会の実現をめざす」と言っていたが、応益負担原則による一割の受益者負担が、「法の下の平等（憲法第14条）」や「生存権の保障（憲法第25条）」等に反するとの訴訟が全国で起こり、2010年1月に交わされた国と原告団との基本合意では、障害者自立支援法を廃止し、大幅な受益者負担軽減を含む新たな制度へと移行することが確認された。しかし、障害児・者施設の利用については、一部措置制度も残されたものの、原則契約とするということについては何ら変更されることはなかった。当時全国の障害児入所施設では、都道府県によって措置と契約との割合が大きく異なっていたため、その基準の曖昧さが問題となった。また、契約児童については、教育費や外出、行事、小遣いなど個人にかかるほとんどの費用が自己負担となるにもかかわらず、在宅児童には支給される特別児童扶養手当が支給されない。経済的困窮という理由では措置とはならないため、特に低所得世帯の子どもたちは、入所までの社会経験の乏しさに加え、経済的理由による入所後の施設内におけるさまざまな制約が、自立への取り組みを妨げることも多い。

　さらに、成人の障害者入所施設でも措置から契約への制度変更が行われたため、それまで入所者の選考については行政が責任を担っていたが、結果的に施

設側が入所者を選別するようになった。施設としては厳しい人材不足の中、できれば支援区分が高い（施設への給付費が多い）が手のかからない障害者を受け入れようとするのもやむを得ない。その結果、行動障害や精神障害のある人は敬遠されることになり、なかなか施設入所できない。国は共生社会推進のために、今後新たな入所施設はいらないと言うが、やむを得ず県外の入所施設を利用している知的障害者が滋賀県全体で 150 名を超えている。

　全国的にも、重度障害者を高齢の親が介護していることが大きな社会問題となっており、仕方なく鍵をかけた狭い部屋に閉じ込め、挙句の果ては親子で無理心中などの悲惨な事件が後を絶たない。幸運にも成人施設に入所できたとしても、日中 1 ～ 2 人の職員で 10 人以上の重度障害者をケアすることも珍しくなく、一人ひとりの人格や発達を尊重した支援とは程遠い現実を、これまで筆者は数多く見てきた。このような障害児をめぐる社会的背景の中、近江学園や他の福祉型障害児入所施設で暮らす子どもの「貧困」とはどのようなものなのか具体的に述べたい。

2．関係性の「貧困」について

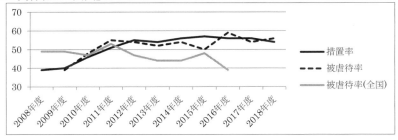

図1：近江学園と全国の入所児童に占める措置児童と被虐待児童の割合

　このグラフは、近江学園の入所児童に占める措置児童の割合（措置率）と被虐待児童の割合（被虐待率）、そして全国の障害児入所施設の被虐待率である [4]。学園の措置率は、自立支援法施行直後は 30% 台であったが、徐々にその割合が高くなり、2012 年度以降は常に半数を上回っている。措置率については、い

まだに地域による差が大きく、都道府県別に見れば最も高い岐阜県が96.9%、最も低い鹿児島県が5.5%（2017年度全国調査）であり、制度施行から10年以上経過してもなお同じ制度下でありながら、都道府県によってこれだけ大きな差があること自体、重大な制度的欠陥があると言わざるを得ない。滋賀県の児童相談所は、ひとり親家庭や保護者に障害や病気があっても、契約能力があると判断すれば、明確な虐待行為が認められない限り措置とはならない。したがって学園の措置率と被虐待率はほぼ同様に推移し、2011年度以降は被虐待率も常に半数を超えでおり、全国平均を大きく上回っている。

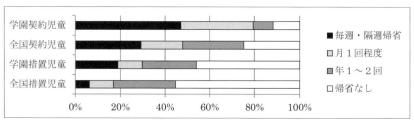

図2：近江学園と全国の障害児入所施設児童の帰省状況（2016年度実績）

このグラフは、学園児童と全国の障害児入所施設児童の帰省状況をあらわしたものである[4]。契約児童の場合、全国調査では月に1回以上帰省ができている児童は半数以下であるのに対し、学園の場合は80%近くいる。措置児童の場合は、全国調査では20%にも満たないが、学園では約30%いることが分かる。また、措置児童で全く帰省できない児童が全国調査では半数を大きく超えている一方で、学園の場合は50%足らずであり、その主な理由はどちらも「家庭状況から帰せない」である。学園でも近年は、新年を施設内で迎える児童が全体の1/3を超えており、措置児童だけに限れば半数以上である。学園ではできる限り週末や長期休暇中の帰省をすすめており、特に被虐待リスクのある児童を帰省させる場合には、児童相談所のケースワーカーや地域の家庭児童相談員との連携を密に行い、帰省中にも見守りや地域の在宅サービスを利用できるようにするなど、リスクの軽減に努力している。

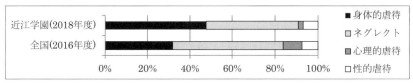
図3：近江学園と全国の障害児入所施設の虐待種別比較

　このグラフは、虐待の種別割合を近江学園と全国調査とを比較したものである [4]。虐待の種別では、学園の場合は全国調査と比較してネグレクトや心理的虐待の割合が低く、身体的虐待の割合が高い。身体的虐待の場合、被虐待児童の年齢が低いほど命にかかわるリスクが高まるため、緊急に保護が必要となるケースが多い。そのため、学園には乳児院から児童養護施設を経て入園してきた児童が年々増加しており、中には施設内で陰湿ないじめを受けた児童もいる。彼らは乳児期から親の愛情をほとんど知らずに育っており、多くの場合人格形成にとって最も大切な愛着関係（アタッチメント）の形成が不十分であり、自己肯定感がとても低い。また、小学生ですでに施設生活が10年を超えており、いわゆるホスピタリズムの特徴が強くみられ、知的能力に比べて精神的に未熟であったり依存的であったりすることが多い。彼らのほとんどは退所後も家庭に戻すことができないため、グループホームなどを利用することが多いが、施設と比べて規模の小さな集団生活や、キーパーとのより密着した関係性の中で、新たな社会性の問題が表れ、失敗をすることも少なくない。

　以上のように、障害児入所施設では全国的に被虐待児童の割合が年々増えており、社会性の基盤である愛着形成の課題を抱えている児童が増加している。したがって、大人との愛着関係を再形成するためには、生活単位の小規模化が不可欠であるとの考えから、生活棟のユニット化がすすめられている。しかし、生活規模の問題だけではなく、学園創設当時のように大人も子どもも施設内に住み込んでいた「四六時中勤務」[5] から交代制勤務になり、職員の意識や子どもたちとの関係性も随分と変化をしている。子どもたちが職員との関係の中で再び喪失感を抱かず、大人への信頼を取り戻せるような実践をどう積み上げていくか、そしてそのような職員体制をどう保障するかが大きな課題である。

3．経済的「貧困」について

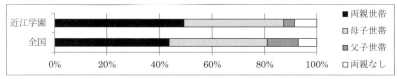

図4：近江学園と全国の障害児入所施設の家族状況比較（2016 年度）

　このグラフは、近江学園と全国の障害児入所施設の家族状況を比較したものである[4]。全国調査では、両親のいる家庭は 40% 余りであるが、学園の場合は約 50% であり、父子家庭の割合が若干少ないが、母子家庭の割合は学園の場合も全国調査でも 20% 弱である。この母子家庭の割合は、一般家庭全世帯における割合 6.8% の約三倍であり、ひとり親家庭の相対的貧困率は大人が二人以上いる世帯の三倍以上であるが、母子家庭に限定すればさらに高くなる。また、学園で生活保護を受給している世帯の割合は 5.3%（2018 年度調査）であり、全世帯に対する割合が 1.69% であるのに対して、これもまた約三倍である。つまり、学園の入所児童の家族状況から判断すると、「子どもの貧困率」もまた全国平均の 13.5% を大きく上回っていると考えられる。

　このように、障害児入所施設を利用している児童の出身世帯では、全国的にもひとり親家庭が多く、また生活保護を受給している割合の高さからも、経済的貧困家庭の割合がかなり高いと考えられる。また、筆者の長年の経験から、一般家庭と比べて保護者が高等教育を修了している割合が少なく、比較的若年で出産しているケースが多いように思う。近年、貧困家庭の子どもは私的にも公的にも十分な教育を受けることができないため、大人になっても不安定で低収入の仕事にしか就けず、貧困から抜け出すことができないという、いわゆる「貧困の連鎖」が大きな社会問題となっているが、まさにそのような世帯出身の子どもが多いといえる。さらに、保護者自身が児童入所施設出身者であったり、兄弟姉妹で施設を利用したりしている事例が増えており、経済的貧困が不適切な養育環境や虐待を生む要因となっているケースが多くみられる。

144

4．複合的「貧困」について

　学園には、両親がいても「貧困」と障害という二重の困難性を抱えている家庭が非常に多い。両親ともに精神障害があり、子どももまた小学校高学年で統合失調症を発症した青年。知的障害の母親と精神障害の父親をもち、虐待により乳児院から児童養護施設を経て学園に入園した小学生。精神障害とアルコール中毒の母親より毎日のように虐待を受けていた中学生は、母親が本人に暴力をふるっていた時間になると決まってパニックを起こす。

　事業所で雇用されている労働者の賃金の平均月額は、常用労働者全体の26.4万円に対して身体障害者の平均月額は25.4万円であり、知的障害者の場合は平均月額11.8万円、精神障害者の場合は平均月額12.9万円である。就労継続支援A型事業所の利用者の賃金の平均月額は7.2万円、就労継続支援B型事業所の利用者の工賃の平均月額は1.3万円となっており（いずれも内閣府「2012年障害者白書」）、障害年金と併せてもその多くが経済的貧困状態である。障害と貧困という二重の困難性により、次第に地域社会から孤立し、子どもが通う学校や保育所の教職員、彼らを支援する福祉関係者が唯一社会との接点であるという事例を、筆者はこれまで数多く見てきた。

　国は今後、社会的養護の場として里親への委託率を高めていくことを目指している。しかし、滋賀県でも被虐待児童や障害児童を委託できる専門里親の養成はほとんどすすんでいない。被虐待児童の場合、愛着障害によりさまざまな注目行動や試し行動を繰り返すことが珍しくない。子どもが再び里親との関係性の中で喪失感を抱かないようにするためには、里親養成のための研修制度やフォローアップ体制について、抜本的に見直すことが不可欠である。児童養護施設では施設建物のユニット化や地域への分園化がすすんでおり、さらに心理の専門職員の配置も義務づけられている。また、個人の家庭に里親委託を行うのとは別に、数名の小規模な単位で生活をするファミリーホームが増えてきている。一方、知的障害児の場合は、18歳になれば成人の入所施設やグループホームなどの生活の場があるが、児童期の社会的養護の場の選択肢は少なく、そのほとんどが入所施設である。そのため、もっと小規模で家庭に近いかたちの社

会的養護の場が必要であるが、多くの場合は 18 歳まで施設で過ごし、その後はグループホームや施設から就労という道筋が一般的である。しかし、生まれて間もなくから 18 歳までの人格形成にとって非常に重要な時期のほとんどを、入所施設内の比較的大きな集団で過ごすということは、本人の安全は守られるものの、人格形成上のマイナスは、私たちの想像以上であるに違いない。

5．学びの「貧困」について

　近江学園では、子どもたちの社会的自立と人格形成を目的として、創設時より生産教育に力を入れてきた。それは、今もなお引き継がれており、障害児入所施設では珍しく、義務教育終了後から 18 歳までを対象として、窯業と木工の取り組みを行っている。彼らのほとんどは中学校の特別支援学級を卒業した軽度知的障害児であり、中学の時に学園の作業科体験を行い、義務教育終了後の 3 年間を学園で指導を受けた後は、一般就労や A 型事業所での就労を目指している。県内には同じような目的の児童施設として、信楽の地場産業である窯業に特化した職業訓練を行っている信楽学園がある。糸賀らが創設した近江学園や信楽学園で行われている生産教育には歴史があり、これまで多くの卒園生を社会に送り出してきたし、今なお高い就労実績を誇っている。また特別支援学校高等部でも、入学直後から卒業後の就労を強く意識した指導が行われ、早くから職場実習に熱心な学校ほど保護者の評価が高い傾向にある。

　文部科学省の 2019 年度「学校基本調査」（2018 年 3 月卒業生）によると、高等学校では約 7 割の生徒が大学、短大、専門学校等の高等教育機関に進学するのに対して、特別支援学校では、視覚障害児学校が 33.8%、聴覚障害児学校が 34.7% であり、知的障害児学校ではわずか 0.5% である。したがって、知的障害児のほとんどは、高等部や児童施設卒業後、何らかのかたちで就労している。これは、国連「障害者権利条約」第 24 条教育「5 締約国は、障害者が、差別なしに、かつ、他の者との平等を基礎として、一般的な高等教育、職業訓練、成人教育及び生涯学習を享受することができることを確保する。このため、締約国は、合理的配慮が障害者に提供されることを確保する。」に照らしても、甚

だ不十分であり、その結果高等部教育や児童施設本来の目的が大きく歪められているといえる。

　社会福祉法人鞍手ゆたか福祉会は、もともと福岡県で作業所やグループホームを中心に知的障害者の生活や就労の支援を行っていたが、近年は障害青年の学びへの取り組みに力を入れている。同法人では、県内外に「カレッジ」という名で障害者総合支援法の事業として、障害青年が高等部卒業後2～4年間学ぶことのできる事業所を運営するとともに、長谷川理事長（当時）らが海外の実情を視察し、2016年にはその結果について『諸外国における知的障碍者の大学進学』という報告書をまとめている。それによれば、「アメリカでは2008年の高等教育機会均等法の改正法成立後、一般大学が知的障害者を受け入れるようになり、全米で既に約250校の大学が知的障害者を受け入れている」[6] という。さらに大学教育以外でも、1990年に制定されたADA（Americans with Disabilities Act of 1990：障害を持つアメリカ人法）により、「連邦政府の法律で特別支援教育を受ける対象となっている生徒は、その後の社会に出るためのトランジション教育を14歳から22歳まで受ける権利を有している」[6] というように、知的障害児に対してさまざまな教育機会が保障されている。この報告書によると、他の先進諸国でも同様の取り組みが進んでおり、20歳または22歳までの知的障害児への学習権の保障は常識となりつつある。

　しかし、我が国の大学では、障害者差別解消法の施行によって、身体障害や発達障害のある学生への合理的配慮については、少しずつすすんできてはいるものの、知的障害のある学生の受け入れを積極的に行っている大学はない。一方で、後期中等教育の延長として特別支援学校高等部に専攻科を設置しているところが全国に9校あり、さらに私立の高校や専修学校、NPO法人で運営する認可外の教育機関に専攻科を併設しているところが3校ある。鳥取大学附属養護学校（当時）の専攻科（附養カレッジ）の設置に向け、校長として尽力した渡部は、その取り組みの意義について「『自分づくり』を支援する青年期教育と、『子どもから大人へ』『学校から社会へ』という二重の移行支援を展望」[8] と述べている。最近では、鞍手ゆたか福祉会のように、障害者総合支援法の自立訓練

事業や就労移行事業等の制度を活用した、福祉型専攻科「学びの作業所」が全国的に増加している。

　これらの動きを受けて、文部科学省は2016年12月「障がい者支援の総合的な推進に関する大臣講話」（松野博一文部科学大臣）及び「文部科学省が所轄する分野における障がい者施策の意識改革と抜本的な拡充―学校教育政策から『生涯学習』政策へ―」を発表し、新たな事業として「学校卒業後における障害者の学びの支援に関する実践研究事業」として1億円余りを予算化した。しかし、その主な内容は、学校教育においては「キャリア教育の充実」を推進する一方で、「障害者が、学校卒業後も含めたその一生を通じて自らの可能性を追求できる環境を整え、地域の一員として豊かな人生を送ることができるよう、生涯を通じて教育やスポーツ、文化等の様々な機会に親しむための関係施策を総合的に推進」するというものである。つまり特別支援学校では、「キャリア教育」という名のもとに就労に向けた取り組みをすすめるという方向は変えず、教育における「学びの貧困」問題は放置されたままである。戦後日本国憲法や教育基本法により、すべての国民に義務教育が保障されたにもかかわらず、障害児に対しては「教育猶予」「教育免除」という特例をつかい、国は長年教育権の保障をしてこなかった。戦後から34年後の1979年、国はようやくすべての国民に対して義務教育を保障し、その後多くの特別支援学校に高等部が設置されるようになったが、すべての国民の教育機会の均等には程遠い。

おわりに　―「人はひとと生まれて人間となる」ために必要な人格的共感関係―

　以上、近江学園や全国の障害児入所施設で暮らす子どもたちの現状を通して、子どもの「貧困」問題について述べてきた。ここでは、子どもの育ちと発達を阻害する環境や諸条件を明らかにするため、いくつかの視点で分析を行っているが、現実的にはこれらを明確に分けることはできない。保護者の離婚や死別、多産や不安定な就労状況により経済的貧困に陥り、それが虐待や不適切な養育の大きな原因となっている場合も多い。一方で、周囲から見れば明らかに不適切な養育環境で、ネグレクト状態にあると思われる家庭状況であっても、親子

の愛着形成が比較的良好なケースもある。

　糸賀は「人はひとと生まれて人間となる」[9]と述べている。人が人間として成長するためには、人との関係性、とりわけその人がどのような状態であっても、ありのままに受け止めてくれる信頼できる大人との共感関係が重要である。しかし、生まれてからそのような関係性をほとんど経験することなく、児童施設に入所してきた子どもたちが増えてきている中、まさに職員の人間性や人格そのものが試されている。2016年7月26日未明、神奈川県相模原市の知的障害者施設で起きた殺傷事件の被告は、その施設の元職員であり、彼は重度障害者と日常的に接する中で、「重度障害者は生きていても仕方ない」「重度障害者は不幸しか生まない」という考えを抱くようになっていった。私たちは、現代社会に蔓延する差別的思想や個人主義的傾向とどのように対峙しながら、子どもたちとの人格的共感関係を深めることができるのだろうか。

　近江学園に残された指導記録への糸賀の書き込みには、「記録が主観的感情的すぎる」「子どもの生きた生活の動きが表現されていない」「生き生きとした生活を表現してほしい」「子どもと共に生きる生活をうち立ててください」[10]といった、記録の取り方や職員の生き方についての助言が多い。糸賀からの厳しい指導を通して、書物で学んだ理論を振りかざしていた新任職員が、少しずつ対人援助職として一人前になっていく。つまり、糸賀が対人援助職の魅力であると語った「自分自身との対決」[11]の姿勢を、日々の実践の中で貫くことによって、大人も子どもも共に成長することができるのである。糸賀は福祉施設の役割について、「理解と愛情にむすばれた新しい社会形成のための砦」[12]と述べたが、それは社会における福祉施設の役割の重要性を表現する一方で、一日も早く砦が必要でなくなるようなインクルーシブな共生社会の実現を希求したものである。そして、すべての福祉施設が「砦」としての役割を終えたとき、子どもの「貧困」問題も解消されるだろう。

註
1) 厚生労働省「2019年国民生活基礎調査」https://www.mhlw.go.jp/toukei/saikin/hw/k-tyosa/k-tyosa19/dl/03.pdf
2) 小野川文子・田部絢子・内藤千尋・高橋智（2016）「子どもの『貧困』における多様な心身の発達困難と支援の課題」『公衆衛生』第80巻第7号、p.475
3) 糸賀一雄（1968）『福祉の思想』日本放送出版協会、p.15
4) 公益財団法人日本知的障害者福祉協会編（2018）『平成29年度全国知的障害児者施設事業実態調査報告書』http://www.aigo.or.jp/choken/pdf/30chosa11c.pdf
5) 糸賀一雄（1965）『この子らを世の光に』柏樹社、p.75
6) 長谷川正人（2016）『諸外国における知的障碍者の大学進学』社会福祉法人鞍手ゆたか福祉会海外知的障碍者高等教育研究班 http://kyf-college.blog.jp/kaigaishisatsu.pdf、p.2
7) 同前書、p.3
8) 渡部昭男（2009）『障がい青年の自分づくり』日本標準、p.16
9) 糸賀一雄（1972）『愛と共感の教育』柏樹社、p.17
10) 森本創（2015）「糸賀一雄の実存的発達保障論の萌芽」『人間発達研究所紀要』No26、p.70
11) 前掲9）、p.9
12) 前掲3）、p.14

【ガイダンス】

　筆者は長年近江学園に勤務し、さまざまな子どもたちと関わってきた。大学では適当にしか障害児教育を学んでこなかった私を、現在まで支えそれなりに成長させてくれたのは、まさにこれまで関わってきた子どもたちとその保護者と関係者である。新任の時初めて担当した自閉症の少年は、毎日私の襟元をつかんで力いっぱい引っ張る。若かった私は、負けじと力ずくでその手を振りほどこうとし、結果私のシャツの襟元はだらしなく伸び切ってしまう。ある日同じように私の襟元を引っ張る少年の訴えるような目に何かを感じた私は、彼の体を引き寄せてそっと肩に手を置いてみた。すると彼は、安心したように私の襟元から手を離したのである。言語によるコミュニケーションができない彼が、このような方法でしか自分の思いを表現できないことを学んだ瞬間であった。

　学園に勤務して20年が経過した頃、系統的に社会福祉の勉強がしたくなり、1年半の通信教育を受講し社会福祉士の資格を取得した。さらにその2年後、大学院で2年間学び、その間『糸賀一雄の福祉思想について』と題した修士論文を執筆し、それを契機に多くの研究者たちと出会うことができた。まさに、実践者としての第二のスタートともいえる時期であり、近江学園での最後の10年間は、自分の仕事に誇りと確信を持つことができ、とても充実していた。そして現在は、縁あって近江学園のすぐそばにある私

立保育園で園長をしている。近くには学園や学園から枝分かれした関係施設の職員が多く暮らしており、半径数kmの範囲内に、これだけの社会資源のある地域は全国的にも珍しい。このように恵まれた環境の中で、私がこれまで培ってきた知識と経験、そして人との絆を活かしながら、新たなコミュニティづくりのために微力ながら貢献できればと考えている。そして、そのための羅針盤となるのが糸賀一雄の福祉思想であり、迷ったり悩んだりしたときにはいつも原点に立ち返ることで、私たちの進むべき道を照らしてくれるにちがいない。

第10章
相談支援の実践を通じて考える糸賀一雄の思想

増野　隼人

はじめに

　糸賀一雄が生前最後に社会の中に生み出した施設がびわこ学園である。それは、近江学園から始まった障害児者に対する様々な実践の中で「不治永患という考え方を捨てた」[1] へ、たどり着いたひとつの象徴でもあり、社会の中で「発達保障」や「この子らを世の光に」を継承し深めていくための実践の場としてでもあった。しかしながら、びわこ学園は、開設当初からその理念を正面に掲げながらも、必ずしもそのための具体的な答えや術を持ち得ていた訳ではなく、重症心身障害児者の療育的な実践を積み上げながら、手探りのなかで歩んできた [2]。具体的には、入所施設という始発駅をスタートに、施設の子どもたちへの教育保障、地域で生活をしている人たちへの支援、高度な医療を必要とする利用者への支援など、まさに様々な「夜明け前」[3] の連続に直面しながら、自分たちに「何ができるのか」を模索してきた。そして、そのことは、開設から56年たった今でも同じように続いている。

　近年、重症心身障害児者や医療的ケア児者の支援において、どのように多職種連携を進めていくか、またどのようにライフステージにおける一貫性を持った支援体制を作っていくかなど、あらたな課題が生まれている。また、地域で生活している利用者の多くは、現状として、介護や医療的ケアの大部分をその家族が担っているため、本人だけではなく、家族の支援も重要になっている。このような状況の中、上記の課題に対し、相談機能や調整機能の役割が支援体制の中に必要になってきた。このため平成24年にびわこ学園は、特定相談支援事業・障害児相談支援事業 [4] の制度化に伴い、あらたな「夜明け前」のひと

つとして重症児者支援センターびわりん[5]をスタートさせた。本章では、びわりんで実際に取り組んでいる重度の医療的ケア児A君の相談支援の実践報告をおこなうとともに、その実践を通じながら改めて糸賀一雄の思想を考えてみたい。

1．A君の相談支援について

（1）相談支援の経緯

市の障害福祉課から、「母が双子を妊娠し、自宅での介護が難しく、病院に長期入院の状態が続いている。家族から自宅に戻り一緒に生活をしていきたいという希望があるが、今後どのように生活を組み立てていったらよいのか、サービス利用等も含め相談にのって欲しい」と依頼があった。

（2）ケースの概要

A君は男の子で知的にも身体的にも障害が重い寝たきりの重症心身障害児である。ADL[6]は全介助で医療的には気管切開[7]をしており、必要時には人工呼吸器を利用している。食事は口から摂取することはできず、すべて経鼻経管栄養[8]である。また、体の筋緊張が強く、口腔内吸引、鼻腔内吸引、気管内吸引（以下、吸引）[9]が常時必要な状態である。医療的に見ても超重症児[10]と言われている。コミュニケーションに関しては、本人自身からの発語はなく、顔の表情や様子等を相手側が読み取りながら、そこに何等かの意味づけをしおこなっている。家族は父と母の三人家族で、母が双子の弟を妊娠している状況である。

（3）初回訪問

病院から一時退院をしているA君を自宅に訪問し、初回面談（インテーク）[11]をおこなう。初回訪問時、A君は2歳4ヵ月であった。訪問中、A君の体の筋緊張の増強とそれに伴う吸引のケアが頻回（10分に1回ぐらい）で、母は、話の途中で何度も席を立ち、本人の吸引をしていた。母にそのことを伺うと、体調によっても違うが、今と同じくらいの頻度で吸引が必要な時があるとのこと

154

だった。しばらくすると本人は寝てしまい、筋緊張はなくなり吸引は必要なくなった。

　母は当時、双胎妊娠の6ヶ月目で、母体への負担は強い様子であった。父は本人の育児、介護、医療的ケア等に協力的であるが、朝早くから仕事に行き、帰宅は夜23時を回ることも多いとのことだった。父方母方の祖父母はともに協力的で、定期的に自宅を訪れ、母の育児や家事を手伝ってくれるとのことだった。ただ、住まいが双方ともに県外であり、仕事をしていることもあって、頻回に来ることはできないとのことだった。

　訪問時、あらためて、家族の思いを確認する。母は「自分の体調を考えると本人の長期入院はやむを得ない状況である。でも、本当は自宅で本人と一緒に生活をしていきたい。ただ、今後の生活を考えるとどのように生活をしていったらよいのか不安である」とのことだった。

（4）相談支援の経過1

　アセスメント[12]をする中で、家族の希望のみならず、本人にとってもこの長い入院生活は必ずしもベストではないのではないかと考えた。乳幼児期に家族と一緒に生活をしたという経験を持つことが、何よりも本人にとって必要であり、母子関係の形成や本人の成長を考えていく上でも、意味あるもの

写真1：A君の誕生日に双子の弟たちと

になるのではないかと考えられた。このため、サービス等利用計画の支援目標を「本人が自宅に戻り、家族と一緒に生活をしていくこと」としたが、実際には、その目標にたどり着くために、いくつかの課題があった。

　その課題のひとつは妊娠から出産を控えた母が、現状では本人の介護が充分にできない状態であり、それを支える為の社会的資源も同様に充分ではないという事だった。すでに家族の介護負担を減らすために訪問看護[13]が入浴や見

守り等の支援に入っていたが、制度上、時間的な制約があった。また、訪問看護だけでは不充分であり、福祉サービスである居宅介護[14]の利用を検討したが、現段階でヘルパーがすぐに吸引等の医療的ケアができないため、利用をしてもこの段階では有効とは考えられなかった。

このため、長期的には自宅での生活ができる事を目標にしながらも、まず一旦は出産前後の期間、自宅以外の場所で生活をしていくことを短期的な支援の方向性とした。ただ、その場合、必ず月の内に、短くても自宅で生活をする期間を定期的に設定することにした。これは、例えそれが大変な状況だとしても、本人と家族が自宅で一緒に生活をする期間を切らすことなく、継続的に持ち続けることが、本人だけではなく、家族にとっても、将来の生活に繋がっていくのではないかと考えたからである。

また、病院だけでなく、他にも自宅以外で生活できる場所を選択肢として、あらたに持っておくことが必要なのではないかとも考えた。１カ所のみの利用では、緊急時や非常時に備えると、その資源だけでは充分に対応できなくなる可能性があるからだ。このため、病院のレスパイト入院の他に、あらたに医療型短期入所[15]を利用できるようにした。結果、ひと月の内、「自宅に１週間」、「病院に１週間」、「短期入所施設２か所に各１週間」の生活となった。ただ、当初からこのような生活パターンは必ずしも本人には最良ではなく、生活拠点があちらこちらに動くことで、本人自身への負担が強くなるのではないかという懸念が残った。

（5）相談支援の経過２

母は出産を無事に終えたが、双子ということもあり、当初、考えていたより弟たちの育児が大変な状況であった。このため、すぐに自宅の生活へ移行するのはできず、弟たちが保育園に入園するまでは、今の生活を続けていく事になった。しかしながら、その後しばらくして、本人に原因の分からない嘔吐が見られたり、筋緊張が強くなったりする傾向が見られた。これは、当初懸念していたように、目まぐるしい生活の場の変化によるストレス等が原因ではないかと

考えられた。また、もっと本人への育ちを支える療育的な取り組みやリハビリ的な取り組みが必要なのではないかという事も同時に考えられた。

　こうした理由から、支援の方向性を次のように転換した。本人の負担をできる限り少なくするために、施設間の移動を減らし、生活環境の変化があまりないよう病院や短期入所施設同士で調整をしてもらった。これによって、1ヶ所での利用期間が長くなるようにした。また、自宅で生活をしている期間に、本人自身への療育やリハビリ等が保障できるように医療型児童発達支援 [16] の利用をしていくことにした。

（6）相談支援の経過3

　双子の弟たちが保育園に通い始め、次の段階として、本人の自宅での生活の期間を徐々に伸ばしていくことが考えられたが、実際はスムーズにはいかなかった。保育園に通い始めすぐに双子の弟たちが熱を出したり、同時に父母ともに体調を崩したりと生活が安定しなかった。

　また、本人も医療型児童発達支援を利用していく事で、とても良い表情や期待をする姿が見られ、必要な支援であると評価された一方、日中に刺激が強く入るため、通所後、自宅に帰ってから興奮したり、筋緊張が強くなったり、体調的に落ち着かない状態が見られた。本人が不調になる事は、同時に吸引の回数も増えたり、本人が落ち着くまで長時間にわたり抱っこが必要であったり、家族の介護負担が増えることになってしまった。そのことによって、弟たちの食事や入浴の時間が遅れたり、寝る時間が遅れたりと家族全体の生活が大きく乱れてしまった。本人が医療型児童発達支援に通うことで逆に、家族にとっては負担を強める結果となり、これでは意味がないのではないかという見解があった。

　このようなことから、そもそも本人を自宅に戻していくという支援目標そのものが、本当に良いのかという考えも支援者の中にはあった。この時点ですでに初回訪問から約1年以上が経過し、本人は3歳8ヶ月になっていた。本人の体調的な不安定さ、双子の子育ての大変さなどを考慮すると、現実問題として

自宅での生活を継続していくよりは、施設に入所するということも視野に入れた支援を組み立てた方が良いのではないかという意見もあった。

　このため、支援の方向性を家族、関係者で再度確認するために、サービス担当者会議を開き再検討した。そのなかで、家族も大変な状況ではあるが、自宅で本人と一緒に生活をしていきたいという思いがあり、本人自身もやはり家族と一緒に生活をしたいという思いでいるのではないかということを確認した。そして、そのような本人や家族の思いに、あらためて立ち返りながら、支援の方向性を再度立て直した。

　その結果、自宅での生活を一時的に中断し、病院でのレスパイト入院を長くした。その間に、母の休息も含めて弟と実家に帰省し、リフレッシュできるようにしてもらった。（後に母は実家に久しぶりに帰ったことで、気持ちがなにか吹っ切れて前向きになったと語っていた。）また、再び自宅での生活期間が始まり、医療型児童発達支援へ通った後は、本人の介護等が大変になるため、夜に居宅介護を利用（医療的ケアはできない）し、その間に母が弟たちとの時間を取れるようにした。母が弟たちの食事や入浴をしている間に、ヘルパーが本人にできること（本人への排痰の姿勢介助やオムツ介助等）を試行的にやってみることにした。

写真２：サービス担当者会議の様子（医療的ケア児の場合は、医療・福祉・行政等分野を超えての連携支援が大切になる）

（7）相談支援の経過４

　ヘルパーの支援が始まった。しかし、ヘルパーは医療的ケアができないため、本人に吸引が必要になると、その都度、母を呼び、吸引をしていた。何度かその状況に直面したヘルプ事業所の方から、「吸引が必要な度に母を呼ぶのは支援の有効性が不充分ではないか。そのような事がないように、本人への吸引がヘルパーでもできるように喀痰吸引研修 [17] を受け、本人へできる支援をもっ

と増やしていきたい」との提案があった。

　このため、もうひとつの事業所にも相談し、訪問看護の協力のもと居宅介護事業所2ヶ所が喀痰吸引の研修を受けることになり、ヘルパーも吸引ができるようになった。このことにより、その都度、ヘルパーが母を呼ぶことがなくなり、居宅介護の支援がより有効になった。そのような支援の中で、徐々に家族の生活が整い始め、自宅での生活期間が徐々に延びていき、自宅で2週間程度、病院と短期入所で2週間程度を過ごす生活になった。

　生活全体を、すべて自宅に移行するという目標が完全にできたかというと必ずしもそうではないが、上記のようなペースで、サービスを利用しながら、安定して生活ができるようになった。A君が4歳を過ぎたころ、母は「支援の人たちも含めて、だんだん血の通った家族のようになってきた感じがする。大変だけれど、良い生活です」と話してくれた。

（8）その後

　それから、2年あまりが経過し、A君は幼児期を終え学齢期になった。養護学校に通いだしたA君であるが、本人の体調もあり、週2日のペースでの通学となった。通学当初は体調も安定せず、慣れない環境という事もあり、筋緊張が高い日が多く、薬の調整をしながらの通学となった。1学期が終わっ

写真3：通学時の痰吸引の様子（医療的ケアが必要な児童は学校の送迎バスには乗る事ができない。滋賀県では令和2年度から医療的ケア児を対象に県独自の通学支援制度が始まる）

た時点で、トータル14日間の登校しかできなかったが、それでも家とは違う日中の場所がA君に新しくできてきた。学校へ通い始めて、半年ぐらい経った時、母は、A君の最近の成長ぶりについて、「ちょっとずつだけれど、本人の中では、学校という『所』の認識や『声』の認識をしている気がするんです。母と先生とをちゃんと区別をして理解しているんです。家でも、そばにいて欲し

かったり、甘えて泣いたり、泣くということもいろいろなバリエーションが出てきています。『お風呂に入るよ』と言うとなんかニコニコしていたり、以前に比べて表情が豊かになってきていて…。下の子が、本人の周りで遊んでいるとそれがすごく気になって…。本人の様子を見ていると視線も向けているし、耳がダンボになっていて…。弟たちがベッドに上がってワシャワシャしていると、すごくなんか、嫌じゃなくて、むしろ嬉しい顔をしているんです。Aの『心の状態』を読み取りやすくなったと思います」と語ってくれた。

　A君は、体調の不安定さはあるものの、学校に通う回数も徐々に増え、現在は小学3年生になった。レスパイト入院や居宅介護等、様々なサービスを利用しながら、今も自宅で家族と一緒に生活をしている。

2．A君の相談支援の実践からあらためて考える糸賀一雄の思想
（1）A君の相談支援から学んだこと

　上記の経過の中で、相談支援専門員は3ヵ月に1度、自宅へのモニタリング訪問を基本にA君の母と1時間程度の面談を繰り返しおこなってきた。そこで話される内容は生活上の課題やサービスの話題だけにとどまらず、母の思いや気持ち、本人の成長や将来の事、家族や地域の事など、本人を中心におきながら、様々な話題について対話してきた。このような丁寧な対話を繰り返し行うことで、家族と相談支援専門員との間に、徐々に関係が築かれていった。また、同じように周りの支援者たちともこまめに情報の共有をおこなったり、サービス担当者会議を開き、意見を交わしたりする中で、支援者との関係もできていった。

　このように、本人を取り巻く人たちとの関係ができていく事で、お互いがそれぞれの役割を認識し、信頼し、協力し合う土壌が作られていった。そのことにより、本人が生活をしていく上でおこる課題に対し、より強い支援チームで臨めるようになっていった。また、そのことは「サービス」という等価交換的な響きの中に、人と人との「体温」を生みだしていった。そこで生まれた「体温」は、支援そのものを活き活きとさせている。

相談支援専門員には、確かに生活課題そのものをどのように解決をしていくのか、その為の目標や方法等を具体的に考え、実行をしていく事が、それはそれで必要なことではある。しかし、その経過の中で、本人や家族、支援者たちとの「間」をしっかりと作っていくという事、そのことを常に意識し、そして、その「間」を大切に維持しながら持ち続けていく事が重要である。

　相談支援を展開する時には、利用者や家族、支援者たちとの関係を丁寧に「掘っていく」という過程そのものが大事である。そのことは生活課題に対しての支援の方向性や行くべき解決方法を見えやすくしてくれるだけではなく、支援そのものを人間としての豊かな営みにもしてくれる。

　A君の母が本人の成長を感じ「共感しやすくなっている」と、とても喜びながら話している姿を見ていると、支援者とのそのような関係は、ただ単に生活課題の解決に繋がるというだけではない。A君や家族の生活への安心感や生きていく豊かさそのものにもつながり、そのことは、最終的にはA君の発達や成長の土壌のひとつにもなっていく。

（2）糸賀一雄の思想から考える相談支援

　糸賀一雄は、生前最後の講義で次のように語っている。

　　療育の中身をどういうふうに高めるか、技術をどうするかということは、この次にくる問題です。子どもたちを引きうけるからにはその心を安らかにしてゆく。そのための環境の整備をするということが大切なんです。環境には物的環境と人的環境があります。庭を美しくして花を咲かせることもいいでしょう[18]

　糸賀は、支援者が療育的な中身をどうするかのまえに、その子が安心できる環境をつくることが、まずは大事だと言っている。環境とは、この場合、物的環境と人的環境を指している。

　それを現代の相談支援の視点から考えると、物的環境は、社会制度そのものであるし、社会の仕組みや福祉サービスにあたる。人的環境は、支援の直接的な担い手、サービスの担い手等、そこで関わってくれる支援者チームの事にあ

たる。相談支援は、その物的環境や人的環境を作る、整える、繋いでいくということが大きな役割のひとつになる。制度や仕組みといった物的環境には、相談員がおこなっているソーシャルアクション的なこと、例えば、もっとこんな制度があれば、サービスがあればといったような地域づくりであり、ネットワークづくりの役割である。人的環境に関して言えば、それは直接的な支援の担い手たちがどのように連携をし、協力できるかといった支援チームを作ることである。今回取りあげたＡ君のケースで言えば、サービスを調整し、それを行う支援者チームをつくり、Ａ君やその家族と繋げていくこと、糸賀一雄が言う人的環境を整えていくことに通じる。

　そして、さらにその人的環境を整えていく過程を通じて、今度は人の「間」を作っていくことが重要であると糸賀はさらに指摘している。

> 　人と生まれて人間となる。その人間というのは、人と人との間と書くんです。単なる人、個体ではありません。それは社会的存在であるということを意味している。関係的存在であるということを意味している。人間関係こそが人間の根拠なんだということ、間柄を持っているということに人間の存在の理由があるんだということ、こういうことなんです[19]

人的環境を整える過程の中で、本人、家族、支援者たちに様々なやり取り、「間」が生じてくる。今回のＡ君のケースでも、そこでは日々いろいろな人たちとの関わりが生まれている。児童発達支援での日中活動の取り組みやヘルパーとの介助等を通じてのやり取り、訪問看護での入浴や医療的ケアを通じてのやり取り、治療というものを通じた病院でのやり取りがある。本人も家族も支援者も、いろいろな立場、役割を通じて、様々な人と人とのやり取り、「間」を生む。その「間」の中で、喜んだり、楽しんだり、苦しんだり、悩んだりしながら本人や家族、支援者たちは成長をしていくし、生きている豊かさを感じている。その「間」そのものが人にとって豊かさそのものでもあるし、それを手にしている事が人間として生きていく上でもっとも大事なことなのではないか。50年以上も前に糸賀が指摘してきたことが、あらためてＡ君の相談支援

の実践を通じて実感している。

（3）糸賀一雄から岡崎英彦へ、「本人さんはどう思てはるんやろ」

　糸賀一雄が指摘したこの「間」を利用者と支援者の中で、築いていくこと、もしくはより豊かにしていくための「ことば」が、びわこ学園初代園長である岡崎英彦が、何かあるごとに口ぐせのように言っていた「本人さんはどう思てはるんやろ」ではないだろうか。

　今回のＡ君のケースでも、その経過の中で、支援者から施設に入所したほうが良いのではないかという意見もあったが、再度、本人の思いはどうなのかという事に立ち返り、考え、確認していく事で、支援の方向性がまとまり、再び、Ａ君を取り巻く状況が変わっていった。「ことば」が「手」に代わることで、Ａ君の支援は息を吹き返していった。実際に重症心身障害児者や医療的ケア児者の意思や思いを明確に理解する事は難しいかもしれない。それは、どこまでいっても支援する側の仮定にしか過ぎないと言われるかもしれない。しかし、その仮定を生み出すプロセスは、利用者と支援者の「間」に確かな豊かさを生んでいくし、「思い」そのものの結果よりも、そこへ辿り着くための道すがらの中に「人間の存在の理由がある」のではないだろうか。

　さらには、その「ことば」は利用者と支援者だけではなく、支援者同士の連携、多職種同士の「間」づくりにも力を発揮する。重症心身障害児者や医療的ケア児者の支援には、分野を超えて多くの専門職の関わりが不可欠であるが、そのことは、同時に支援者間の行き違いや連携の難しさを生じさせることを意味している。医療や福祉、教育等々といった異なった職種の「間」―当然、各々でいろいろな思いや立場、視点や専門性はあるにせよ―この岡﨑英彦の残した「本人さんはどう思てはるんやろ」を支援者間の共通言語として真ん中に持つことで、その「間」を利用者、家族のみならず、支援者同士の中にも築き深めていくことができる。今回のＡ君の相談支援の実践は、そのことも改めて教えてくれた。

おわりに

　「自覚者は責任者である。」[20] 一般的に、この言葉が指し示すところは、何か課題に気づいた人が、そのことを自覚して、自身が責任を持って取り組んでいくというような意味合いで使われることが多い。確かに、それはそうなのだろうと思う一方で、この言葉にもう少し違う解釈もでき

写真4：本人を真ん中にA君の家族全員で

るのではないかと現代に生きる支援者のひとりとして捉えている。そのことは、生前、糸賀が残した昭和25年の堅田教会における講壇原稿の中で、「世界の問題も、私達を取りまいている社会の問題も、又、私達の家庭の小さな問題といえども、皆共通であります」[21] とし、自覚者こそ、世界の平和に対する責任者であるとしながら「ささやかな仕事」「小さな生活」[22] の大切さを説いていること、また、糸賀が感銘を受けていた最澄の思想「一隅を照らす」[23] からもそのことが言えるかもしれない。つまりここで言う自覚者とは、何も大きな課題や難しい課題に気が付いた人だけを指しているのではなく、日々の何気ない日常、その日常の暮らしを大切にしている人たちを指しているのではないか。支援者で言うところの、何気ない支援の積み重ね─それは日々の食事やオムツの介助であったり、吸引や検温であったり、利用者や家族とのたわいないやりとりであったり─そんな日々の介助、支援、暮らし、そのことを大切にしている人たち、その人たちのことを自覚者と呼んだのではないか。そして、それを毎日毎日ひたむきに続けていく重要さと決意を持っている人たち、そのような人たちのことを責任者と呼んだのではないか。相談支援に照らし合わせて言えば、いくつかの生活課題が起こった時に、それに対しての特効薬や劇的な解決方法はなく、むしろ、そのようなすっきりとしない状態を抱えながら、それでも相談支援を続けていく事である。その毎日の繰り返し、それが、相談支援にとっての自覚であり、責任なのかもしれない。そして、そのような日常に住む自覚

者たちの責任の積み重ねこそが、「この子らを世の光に」を生み続け、次の世代へも引き継がれていくのではないか。それは、まるで、「けむり」のように。

註
1) 糸賀一雄（1968）『福祉の思想』日本放送出版協会、p.107。この著作は、糸賀一雄（1965）『復刊この子らを世の光に―近江学園二十年の願い』柏樹社と並ぶ名著であり、糸賀思想の集大成とも言える。特に「6.重症児者対策」「7.発達保障の考え方」の章には、びわこ学園創設時の糸賀一雄の思いが示されている。ちなみに、糸賀一雄らの足跡や思想を初めて知るという方には、滋賀県社会福祉協議会編（2004）『みんなちがってみな同じ―社会福祉の礎を築いた人たち』サンライズ出版　が分かりやすい。
2) びわこ学園の50年間の取り組みに関しては、國森康弘・日浦美知江・中村隆一・大塚晃・社会福祉法人びわこ学園編（2014）『生きることが光になる～重症児者福祉と入所施設の将来を考える～』クリエイツかもがわ　に概要が示されている。
3) びわこ学園を舞台にした柳澤寿男監督『夜明け前の子どもたち』（1968）の題に引っ掛けて表現した。この映画は、ドキュメンタリーでありながら、映画製作そのものが療育実践の中に入り込んだという異色作。現代にそぐわない表現もあるが、その本質は未だに衰えていない。現在、DVD化されており、びわこ学園（問い合わせ先：びわこ学園医療福祉センター野洲　電話：077-587-1144）から購入することができる。また、この映画が作られた背景やその内容に様々な視点で迫った著書に田村和宏・玉村公二彦・中村隆一（2017）『発達のひかりは時代に充ちたか？～療育記録映画「夜明け前の子どもたち」から学ぶ』クリエイツかもがわ　がある。
4) 相談支援専門員がサービス等利用計画の作成等を中心に行いながら、適切なサービス利用に繋げる障害福祉サービス。障害者総合支援の大まかな概要やサービスを知るには、厚生労働省HP障害福祉（https://www.mhlw.go.jp/stf/seisakunitsuite/bunya/hukushi_kaigo/shougaishahukushi/index.html）に「障害福祉サービスの利用について」のパンフレットがある。実際の現場で支援者が制度や通知等を確認するためによく利用している『障害者総合支援法事業者ハンドブック報酬編』と『障害者総合支援法事業者ハンドブック指定基準編』がある。ともに中央法規から出版されており、制度変更があると改訂される。
5) びわりんの情報については、びわこ学園HP（https://www.biwakogakuen.or.jp/）を参照。また、「社会福祉法人グロー（GLOW）～生きることが光になる～」が運営するサイトSHIGA-FUKU（https://careservice-shiga.com/）の実践者のインタビューでもびわりんや論者が紹介されている。
6) 日常生活動作（Activity of Daily Living）の略。ADLには食事、更衣、トイレ、入浴など身の回りに関する基本的日常生活動作（BADL）と買い物や洗濯、財産管理など日常生活を送るための手段的日常生活動作（IADL）がある。
7) 何らかの理由により自身で呼吸や排痰ができない状態の時、気管を切開し、気道の確保を行い、呼吸を維持すること。詳細は末光茂・大塚晃監修（2017）『医療的ケア児等支援

者養成研修テキスト』中央法規、pp.65-71 を参照。

8) 摂食・嚥下障害等で栄養が足りていない、もしくは、誤嚥のために安全に栄養が取れない場合に、鼻からチューブを胃や腸に留置し栄養を取る方法。詳細は、前掲7)末光・大塚監修 pp.94-97、倉田慶子・樋口和郎・麻生幸三郎編集(2016)『ケアの基本がわかる重症心身障害児の看護』へるす出版、pp.128-134、鈴木康之・船橋満寿子編集(2019)『新生児医療から療育支援へ〜すべてのいのちを育むために〜』株式会社インターメディカ、pp.78-91 を参照。

9) 口腔内や気道内の唾液、痰や鼻汁等を取りのぞくこと。詳細は、前掲7)末光・大塚監修、pp.60-65、前掲8)倉田・樋口・麻生編集、p.97、前掲8)鈴木・船橋編集、pp.172-177 を参照。

10) 重症心身障害児の中でも、医療や介護がより濃厚な状態を示す。必要度合いが点数化されており、超重症児・準重症児に分けられ、医療保険の加算の対象になっている。詳しくは前掲8)鈴木・船橋編集、pp.25-26 を参照。

11) ケアマネジメントのプロセスのひとつ。本人の状況や状態、思い、家族のこと等情報収集を行う。詳しくは、日本相談支援専門員協会監修・小澤温編集(2020)『障害者相談支援従事者研修テキスト』中央法規、pp.82-84 を参照。

12) ケアマネジメントのプロセスのひとつ。課題解決に向け、情報等を整理し分析する。詳しくは前掲11)日本相談支援専門員協会監修・小澤温編集、pp.85-90 を参照。

13) 看護師が自宅に訪問し、医療ケア・健康管理等を行う医療保険のサービス。訪問看護については、前掲7)末光・大塚監修、pp.113-119 を参照。

14) ヘルパーが自宅に訪問し、日常生活のケア等を行う障害福祉サービス。前掲4)厚生労働省 HP を参照。

15) 医療を伴う施設で、短期間泊まることが出来る障害福祉サービス。前掲4)厚生労働省 HP を参照。

16) 医療的ケアが必要な児童に日常生活の基本的動作の指導や、知識や技能の付与等の訓練を行うことと併せて、治療を行う障害福祉サービス。前掲4)厚生労働省 HP を参照。

17) 痰の吸引と経管栄養を行えるようにヘルパー等を養成する研修。この研修を終了することで、ヘルパーは一定の医療的ケアができるようになる。詳しくは厚生労働省 HP 喀痰吸引研修等(https://www.mhlw.go.jp/seisakunitsuite/bunya/hukushi_kaigo/seikatsuhogo/tannokyuuin/04_kensyuu_01.html)を参照。

18) 糸賀一雄(1968)「施設における人間関係」(1968年9月17日滋賀県児童福祉施設等新任職員研修会講義)『糸賀一雄著作集Ⅲ』日本放送出版協会、p.467 から引用している。糸賀一雄はこの講義中に倒れ、翌日に亡くなった。まさに、糸賀一雄の最後のメッセージであり、講義の随所に糸賀思想が詰まっている。新任研修での講義という事で、これから仕事をしていく人たちにぜひ読んで欲しい。糸賀一雄著作集は現在なかなか手に入らず、糸賀一雄(2009)『糸賀一雄の最後の講義〜愛と共感の教育〜(改訂版)』中川書店から読むことができる。

19) 前掲18)『糸賀一雄著作集Ⅲ』、p.469 から引用した。

20) 三浦了「木村素衛先生と糸賀先生」糸賀記念会編(1989)『追想集糸賀一雄』大空社、p.243

から引用した。二浦によると糸賀はよくこの言葉を使っていたとのこと。

21) 糸賀一雄（1950）「信仰とその働きを通じて平和へ」（1950年11月19日滋賀県堅田教会におけるレーメンス・サンデー講壇の原稿）『糸賀一雄著作集I』、p.256から引用した。

22) 前掲21）『糸賀一雄著作集I』、p.257から引用した。

23) 糸賀一雄は『この子らを世の光に』のあとがきで、近江学園の丘の上から比叡山を望み「私たちもここで、ほんの小さな一隅を照らそうと思うのであった。」と述べている。前掲21）『糸賀一雄著作集I』、p.172から引用した。

【ガイダンス～原稿を書き終えて、もうひとつのおわりに】

　びわこ学園に就職してすぐ、なんらかの研修会で映画『夜明け前の子どもたち』を鑑賞しました。当時の私はまだ20代で、正直、暗くて長い古い映画だなとしか思えず、なんだかよく分からないという印象しか持ち得ませんでした。

　それから、時が過ぎて15年ぐらいたったある日、これもとある研修会で再度、鑑賞をする機会を頂きました。2度目に鑑賞した私は、正直、衝撃を受けました。それは、50年以上前に作られた映画が、今私が直面している仕事にそのまま通じることがたくさんあったからです。しかも、当時は存在していなかった相談支援という仕事に…。例えば、あの有名な石運びのシーン。その中で「石を運ばない石運び」というフレーズが出てきます。これは、スタートからゴールまで、園生が缶に入れた石を運ぶのですが、実際は、石を途中で出してしまったり、また、入れなおしたりと、「運ぶという結果」よりも、「運んでいくという過程」だけを行うというシーンでした。その過程を職員と園生が一緒に行いながら、お互いに関係を築き、園生の気持ちや力を引き出していくような感じでした。そのシーンを観ていて、これは自分がやっている相談支援と似ているなと感じました。種々の課題を解決していくことは、相談支援として大切なことではありますが、そこまでのやりとりや関係づくりそのものが重要であり、もし結果が出なくても、そこで行われた行為や支援者との関係づくりそのものに生きていくことの豊かさがあると思っていたからです。

　この他にも白くて長い廊下のシーンは、施設と社会の隔たりのように見え、物理的にはなくなったけれど、今もあの白い廊下は部分的にあるのではないだろうかだとか、職員がやりたいと思うことと、現実的にできないこととの2重性の中での葛藤だとか、今と変わらない課題がいくつも描かれていました。

　映画を見終わった後、私の考えに変化が生まれました。もしかしたら、私たちが追い求めている実践へのヒントは、今や未来だけにあるのではなく、すでにその多くが「過去」

に存在しているのではないか。確かに時代は違うけれど、何かその本質みたいなものが「過去」（過去といっても、もはや歴史に近いかもしれませんが）にたくさんあるのではないかと改めて思い直しました。

　それから、私の先人たちへの「さかのぼり」が始まりました。この論文は、そんな「さかのぼり」から生まれたひとつです。糸賀一雄の理念や思想が、現代の実践にしっかりとリンクしているのかというテーマを持って書いてみました。しかも比較的新しい相談支援という分野で、そのことを伝えることができないかと。正直、うまく書くことができたとは思いませんが、今のところ、ここまでが私の精一杯になります。

　できあがった原稿を事前にA君のご家族に確認をして、少し修正して頂きました。その時にA君のお母さんに頂いたメールを、お母さん自身に了承を得たので全文そのまま最後に掲載します。

　『なんだか口を挟んでしまいすみません。沢山の方にけむりのように思想が浸透するといいですね。読ませてもらいこの7年位を思い返していました。あの時Aの施設入所を選択せず本当に良かったと思っています。選択していたらきっと私はAに負い目を抱えながら一生後悔していたと思います。在宅生活を続ける中でAとの関係はより強固なものになったし、今ある兄弟の絆や繋がり、Aの成長、続けてきたからこそそのものと思います。沢山の方に私達家族を理解し支えてもらい、そこには大きな信頼と感謝しかありません。頼れる不安を相談出来る方々が居るから、安心して生活を送ることが出来ています。いつもありがとうございます。いい写真を使ってもらい、素敵な文をありがとうございます。』

　お母さんからのメールを読ませて頂き、母の子に対する愛情の深さ、親として後悔せずに子育てをしていくこと、そのことは、子どもたちの「根をはる」ことに繋がっていくんだなと改めて思いました。とにもかくにも、A君のお母さんに喜んでもらい、この原稿を書かせて頂き良かったなと思います。

第11章
糸賀一雄と田村一二におけるケアの肯定的側面の探求
―障害児（者）支援の仕事の経験と意味―

中山　慎吾

はじめに

　福祉サービスの従事者自身にとっての「ケアの肯定的側面」を理解するうえで、糸賀一雄や田村一二（いちじ）の言葉は、どのようなことを示唆するだろうか。本稿ではそのことについて若干の検討を行いたい。

　知的障害者支援において「ケアの肯定的側面」への注目が見られる一例として、ヘイスティングスらによる次のような「ケアの2要因モデル」がある。支援の仕事の肯定的経験と否定的経験は、それぞれ異なる影響を職員に与える。利用者からの感謝といった肯定的経験は、職務満足などを高める。他方、対処の難しい利用者の行動への直面といった言わば否定的経験は、スタッフのストレスなどを高める[1]。

　糸賀らの著作からも、ケアの肯定的経験への言及を見出すことができる[2]。しかしながら、仕事の楽しさや喜びへの言及とともに、使命感をもって仕事をやり遂げることの重要性を示す内容も見られる。例えば、「この子らを世の光に」という言葉は、ケアに関わる者としての使命感の表明であるようにも思える。けれども、そのような内容もまた、やはり「ケアの肯定的側面」を示しているのではないだろうか。

1．糸賀一雄における仕事の意味について

　1968年9月17日に滋賀県大津市で行われた、糸賀の人生最期の講義は、県の児童福祉施設等新任職員研修会でなされたものである。この講義は、施設における人間関係をテーマとしている。「社会的な存在になっていく道行」「間

柄」「関係的存在」といった言葉にふれ、さらに、人と人との間柄が「共感の世界」であるとしている。ただし、共感できるかどうかは年季がかかるとして、共感できることや子どもたちを好きになったりすることには時間がかかることを強調している[3]。

　講義の後半で教育愛にふれた箇所でも、障害児への世話について「最初はね、いやでいやでしょうがないもんなんですよ」と述べている。また、人間の心について、「怒りだとか憎しみだとかいう、そういう愛情だけではないものを、私たちは、実は自分自身のなかに体験している」と、怒りや憎しみの感情の存在にも言及している。

　そして、「お役所」、教育界、「親ごさん」たちの知的障害児に対する固定的見方にもふれている。例えば、読み・書き・算数のできる人が立派な人で、知的障害児の人間的価値はゼロである、といった見方である。そして、施設の職員は、そのようなかたくなな気持ちから解放されなければならない、と糸賀は言う[4]。

　「そのための自分自身との対決ですね、これが私たちの専門職へのですね、大きな魅力になってこなければウソなんです。自分自身との対決のないところの職員なんてのは、これはカスみたいなもんなんであります。」[5]

　ここでは、施設職員自身も知的障害児に対する固定的な見方をもっており、「自分自身との対決」を通してその固定的見方から解放される必要があることを示している。共感や教育愛が子どもとの関わりの中で徐々に深まっていくことも、自分自身との対決を通しての固定的見方からの解放も、現在から未来に向かう時間の流れの中での自己の意識の変化という点で共通している。

　大津市での講義の8か月ほど前、1868年1月18日、鳥取県倉吉市の障害児施設、鳥取県立皆成学園で行われた講義では、「ミットレーベン」という言葉が使われている[6]。この言葉は、「この子らを世の光に」と同様、覚えやすく印象的なフレーズであるとともに、その意味が人によって様々な解釈をしうるという特徴を持っている。

　倉吉市での講義の参加者には、学園職員のほか、保育の専門学校生も含まれ

ていた。そのこともあってか、講義の前半の中で、糸賀は特殊教育などについて大学で講義をする際に学生に次のように話していると、述べている。「まず施設においでなさい。それから、施設で子どもとですね、一緒に暮らしてごらんなさい。そういうことが一番手っ取り早いし、また、良く分かることなんだということをお話しております。」この後に糸賀は、「ミットレーベン」に言及している。日本語で「ともに暮らす」というとキザっぽいので、ドイツ語で同様の意味をもつ「ミットレーベン（mitleben）」という言葉を、仲間うちの話し合いの時にお互いに使っているという [7]。

　続いて糸賀は、障害がある人のためのリハビリテーションの概念について説明している。医学的リハビリテーションとともに職業的リハビリテーションがあるが、職業人となることについて、「『やろう』という気持ちが無かったらできない」とし、施設職員の側に焦点を移して、次のように述べる。

　月給のために働くのはすぐに飽きてしまうし、嫌になってしまう。それに対し、使命というものを自覚し「深い所に根の入っているような気持ち」で仕事にぶつかっていく働き方もある。

　「私はやはり心が定まって、そしてこれを本当に私はやりたいと思う意欲がね。やる気一杯というので、やる方が幸せだという気がするんですね。（中略）どんな困難があっても、私はこれをやり遂げてみたいと思う。やり遂げるというようなところに人生の自分の意義があるし、また生まれてきた生きがいといったようなものも感じられるんだと。」[8]

　さらに糸賀は、比叡山を開山した伝教大師の「一隅を照らすもの」という言葉にふれて次のように述べている。一隅とは、「ほんの隅っこ」という意味であり、国宝は伽藍仏像をいうのではなく、一隅を照らすような人が国宝だと伝教大師は考えている。伝教大師が最初に比叡山に入って修行すると決心した時に、「本当に自分は立派な生き方をしようと思うんだ」、「だから死ぬことは絶対にない」という確信をもっていたのではないか [9]。

　福祉の現場における「一隅」については、次のように述べている。知的障害児の施設で、便をしてもお尻の拭き方も知らない子に、お尻の拭き方、紙の使

い方を教える。お尻の穴を隅と言うなら、お尻の穴を照らす人こそ、国宝なりと伝教さんが言っているとも理解できると糸賀は言う。

「あのぬるっとした感じをですね、手の先まで身体全体でその身震いするような感じというものを、あの精薄の子どもらと肌と肌の中で感じ取っていく。まさにこれこそ一隅です。」

「身体全体で」「肌と肌の中で感じ取っていく」といった言葉は、人間同士の身体的感覚を伴う関係性を示している。子どもたちとの肌のふれあいは、講義の中ほどでミットレーベンにもう一度ふれる際にも言及されている。

「尻を拭くというような、（中略）ズルズルの鼻をかんでやるというような、手にその感触がいつまでも残るような『ミットレーベン』の中で、初めて発言ができるというような発言もですね、私たちは尊重しなければなりません。それは、一隅を照らしているからであります。（中略）この一隅を照らすところから、この子らが世の光となってくるのです。」[10]

身体的感覚を伴うミットレーベンに基づいて「発言」する、一隅を照らすところからこの子らが「世の光」となる、という議論は、社会に向けた働きかけといった側面にスポットライトをあてるものである。

大津市と倉吉市での講義の内容を重ね合わせてみると、次のようなストーリーが浮かび上がってこよう。―職員自身の内面の変化・成長は、この子らとの身体的感覚を伴う関わり、ミットレーベンを通じて進行する。ミットレーベンに基づく、社会の人々に向けた「発言」は、社会の人々の意識の変化にも影響を及ぼす。

2．田村一二における仕事の意味について

「ミットレーベン」という言葉からは、「流汗同労」といった言葉で表現される田村一二の実践・考え方との親近性が感じられる[11]。近江学園の創設に先だって、田村は石山学園で知的障害児との教育・福祉実践に関わった。石山学園の創設は1944年という戦時中であり、食料が不足していた。そのため、子どもたちとも協力して開墾を行い、農作物をつくる必要があった[12]。

自然の中で力作業にとり組む過程で、子どもたちの間で、協力して作業に励む雰囲気が生まれてきた。班長の立場にある子どもたちが、リーダーシップを積極的にとるようになった。班長たちの変化や、子どもたちがお互いに広い心で認めあうという変化からは、自然のもつ「教育力」を感じさせられたと田村は述べている。石山学園について述べている同じ箇所で田村は、自然と人間との結びつきを、山での修業者にふれつつ強調している。

　「人間は大自然から生れ出たのであり、大自然によって育てられてきたのであり、母なる大地という言葉もあるくらいで、人間と自然の関係は、表面的にみただけでわかるものではないだろう。そこに、直接、自然の懐にはいって、肉体と同時に精神面での成長を願った、僧、その他の修行者の存在も故ないことではないように思える。」[13]

　また、「いのち」に関して、次のようにも述べている。

　「人間も、牛も豚も鶏も魚も米も葱も大根もみな『いのち』を持っていることに変りはない。（中略）たった一つの、かけがえのないものであることも同じである。（中略）生物にとって『いのちは一つ』。一切の生物が同一水平線上に並んでいるので、生物として、そこには何の別もない。」[14]

　田村は1980年代、知的障害の人々をも含む「茗荷村（みょうがむら）」の村づくりの指導者的役割を果たした。その村づくりの性格を、「心情の成長」という言葉を用いながら説明している（田村1984,168）。「心情の成長」は、福祉実践の対象者のみの心の成長をさしているのではなく、すべての人のお互いの心の成長をさしている。田村はまた1970年代の著作で、障害児施設で学生が実習する意味にふれて、次のように述べている。

　「それは子どもたちに、短期間であってもとにかく触れるということです。接触のないところに愛情がわくということは、普通の人の場合、難しいことでしょうな。

　大便のにおいに鼻がひんまがりそうになりながら、お尻を洗ってやったりすると、その子のことは、その実習生には忘れられんものになり、その子もまた、その実習生のことは忘れんようですな。

接触、特に体の接触があると、実習生の中に、子どもへの愛なり、場合によっては憎も生まれるかもしれません。しかし、たとえ憎にしても、無関心よりはましです。憎はしばしば愛に変わることがありますからね。

実習生の何パーセントかは、ふれあいによって、子どもを少なくとも、あたたかい眼で見守ることができるようになったとすると、そういう人が社会に帰って、道ゆく精薄の母子の姿を見る時の眼は想像できます。

（中略）あたたかい眼が一つ二つと増え、その層が厚くなっていく、この層が、本当の福祉の基盤ではないかと思うんですな。」[15]

障害のある人との身体的接触を含むふれあいを通じて、「あたたかい眼」が社会の中に増えていくことを願う、という考え方は、糸賀が述べていることに近い。けれども、以上に見た田村の著作においては、自然の中で、人間同士、さらに人間以外の動植物も「いのち」をもつことに変わりなく、それぞれかけがえのない存在だ、という考え方も重視されている。自然の中の生命という考え方は、茗荷村での実践に限らず、石山学園での「開墾」の実践の中でも、日々実感されていたと思われる[16]。

3．仕事の経験と意味を捉える枠組み

これまで見てきた糸賀や田村の講演や著作は、現在の日本で福祉の仕事に関わる人々にとって、どのような示唆を与えうるであろうか。そのことを考えるうえで、仕事の経験や意味に関するベラーらの議論が参考になる。

ベラーらは、著書『心の習慣』において、「ジョブ」「キャリア」「コーリング」という言葉に関して、次のように述べている[17]。「ジョブ（職）」という場合、仕事とはお金を稼いで生計を立てるための手段である。「キャリア（経歴）」という場合、仕事とは職務上の功績や昇進によって前進していく生涯の経過を示す。「コーリング（召命・天職）」という場合、仕事とはある人の活動と性格に具体的理想を与えるものであり、その人の生活の道徳的意味から切り離せない。コーリングには、個人の仕事を共同体の利益への貢献に結びつけるといった考えも含まれる。このような考え方を含むコーリングは、アメリカにおける聖書

的伝統や共和主義的伝統と結びついているが、現代の人々にとっては理解しにくくなってきている。

　古くからの「プロフェッション」という言葉も、「コーリング」という概念から切り離され、「キャリア」の概念を指し示すようになった。キャリアとしての職業においては、自分自身が共同体の中に根づくことよりも、「成功」の終わりのない追求が目標となる。それに対しベラーらは、ヴォケーションあるいはコーリングの概念（ともに召命、天職の意）を生かし直すことの重要性を主張している。それは、労働をたんなる出世の手段ではなく、皆の善のための貢献として捉える見方に、新しい形で立ち返ることであると言う。

　ここで、仕事の意味について、仕事の生物学的、個人的、及び社会的意味に関する湯浅の議論[18]を参照したい。仕事の生物学的意味とは、仕事が衣食住の必要や生活の維持のための手段である、といったものである。仕事の個人的意味とは、仕事が自分の才能や個性を発揮する機会となる、といったものである。社会的意味とは、仕事が人との結びつきを作り出し、社会の発展と活動への参加につながる、といったものである。

　さらに湯浅は、これら3種の意味が労働の内在的価値及び外在的・付帯的価値とどう関連しているかについて、次のように述べる。労働そのものの喜びに浸るといった、労働そのものに内在的な価値を認める考え方は、仕事の個人的意味にもとづく。それに対して、仕事の生物学的意味や社会的意味は、労働の外在的・付帯的価値に関わる。例えば、仕事の生物学的意味に重点をおく「マイホーム主義」では、仕事以外の私的生活に人生の価値をおき、仕事はそのための収入を得る手段と位置づけられる。仕事の社会的意味に重点をおく「立身出世主義」では、労働そのものの価値ではなく、組織における地位の上昇に人生の価値がおかれる。

　湯浅の以上の議論にあいまいさがないわけではない。例えば、福祉の仕事における「利用者との関わり」は仕事の社会的意味に分類しうる。しかし「利用者との関わりの楽しさ」は、対人サービスの労働の内在的価値を示しているとも考えられる。このような理解によれば、仕事の社会的意味に分類される事柄も、

労働の内在的価値に関わりうる。

　考察の手がかりとするため、以上の議論を図 1 のようにまとめてみた [19]。個人的意味と生物学的意味を併せて図の下半分に位置づけ、仕事の " 社会的意味－個人的・生物学的意味 " を縦軸、労働の " 内在的価値－外在的・付帯的価値 " を横軸とした。糸賀や田村に見られた考え方も図の中に記している。

　図の下側、個人的・生物学的意味には、主に自分自身に関わるものが多く含まれ、図の上側、社会的意味には自分自身以外の存在との関わりを示すものが多く含まれる。ただし、右下に家庭生活に関する内容を含めており、図の下側には仕事の私的意味をまとめているとも見なしうる。

　田村に見られる、自然を身近に感じつつ汗を流すといった体験は、図の左上の部分に位置づけた。「自然」は自己をその中に含みつつも自己を超える存在でもある、と考えられるためである。なお、身近な自然を超えて広がる " 大自然 " との関わりは、図の右上に位置づけることもできよう。

	仕事の社会的意味	
労働の内在的価値	自然を身近に感じつつ汗を流す ミットレーベン　一隅を照らす 利用者との関わりの楽しさ等	キャリア（経歴）　　立身出世主義 （組織における地位の上昇） コーリング（使命）　皆の善への貢献 社会への働きかけ	労働の外在的・付帯的価値
	自分の才能や個性の発揮等	ジョブ（職）　　　マイホーム主義 （衣食住の必要や生活の 　維持の手段としての仕事）	
	（個人的意味）	（生物学的意味）	
	仕事の個人的・生物学的意味	

図 1：福祉の仕事の経験と意味の布置

4．考察

（1）労働の内在的価値　－直接的経験の重要性－

　図の左側、労働の内在的価値には、労働を通して得られる直接的経験に関わるものが多く含まれる。「ケアの肯定的側面」という場合、第一に念頭におかれるのは、この内在的価値の部分であろう[20]。本稿の最初にふれたヘイスティングスらのいう肯定的経験も、ほぼこの図の左側に位置づけることができる。労働の内在的価値をより多く見出してゆくことは、福祉の仕事のあり方にとって今後も重要であると言える。

　ただし糸賀らは、"福祉の仕事はいつも肯定的な内在的価値に満ちている"と手放しに主張してはいない。例えば糸賀は、障害のある子どもたちの世話が、「最初はいやでいやでしょうがない」とも述べている[21]。なお、近年の入所施設は利用者の重度化・高齢化が進み、支援者によっては労働の内在的価値を感じにくい状況にあると言えるかもしれない。糸賀が後半生で関わった重症心身障害児へのケアも、同様の困難をもちうる。

　糸賀は人生最期の講義の中で、時間の流れの中での愛情の育ちといった、自己成長のビジョンを示した。ここには、労働の内在的価値を時間軸と関連させる考え方が見られる。利用者との関わりの楽しさは福祉の仕事のやりがいの一つだが、現実には楽しさが感じられないこともある。ケアにおいては共感や受容が大切だとされるが、共感や受容ができず悩むこともある。しかし、その困難の先に、喜びの実感や自己成長もある。経験のそのような深まりもまた、福祉の仕事の醍醐味の一つだと言える。

　しかしながら、ケアに関わる人の全てが、労働の内在的価値を手に入れることができると保証されているわけではない。今を生きる私たちにとっての課題の一つは、どのようにすれば、より多くの人たちが仕事のやりがい、醍醐味を味わうことができうるかを探求することであろう[22]。

（2）労働の外在的価値　－コーリングを生かし直す－

　ケアの肯定的側面に関して、図の左側、労働の内在的価値に限定せず、図の

右側、労働の外在的・付帯的価値を含めて考えることも意味がある。本稿で参照した議論では、「キャリア」や「ジョブ」に関し、やや批判的な評価がなされていたように感じられる。しかしそれらも、「ケアの肯定的側面」の一部に位置づけうる。現在の日本では、「キャリア」に関してキャリアディベロップメントなど、「ジョブ」についてはワークライフバランスなどの概念が重視されている。これらは、出世やお金のための仕事といった考え方とは異なる、肯定的な意味を仕事にもたらすものである。

他方、「コーリング」に関しては、現在の日本においては、建前的な議論がなされるにとどまることが多いのではないだろうか。経営者レベルではなおさら、"建前よりも経営が大事"という思いが、福祉の現実の一端であるかもしれない。キャリア、ジョブ、経営も重要だが、コーリングにあたるものを探求することも、「ケアの肯定的側面」の一部でありうる。

それでは、現在の日本の福祉において、コーリングにあたるものはどのようなものか。ベラーらが『心の習慣』で念頭においているのは、主に政策の形成に向けた働きかけといった側面であると思われる。しかし、本稿で見た糸賀や田村の著作では、社会の一般の人々の意識の変化に向けた働きかけといった側面にスポットライトがあてられている。どちらの側面も、今日の福祉に従事する人々にとってのコーリングに含まれうる[23]。

なお、利用者とスタッフがともに"仲間"だ、といった言葉が、現在の福祉従事者からもよく聞かれる。"福祉の仕事で出会う身近な人たちがお互いに心から仲間と感じられるようになること"じたいが、多くの従事者にとってコーリングでありうるのかもしれない。

（3）直接的経験とコーリングの相互関連性

図の中で注目したいもう一つの点は、労働の内在的価値とコーリングとの関連性である。糸賀による議論に見出されるのは、労働の内在的価値を基盤として、コーリングが現実味を帯びる、という方向性である。一隅を照らすミットレーベンの実践における、利用者との関わりの経験を基盤として、一般社会の

人々の意識の変化に何らかの影響を与えうるという考え方である。

　このことと関連すると思われるのは、ベラーらが政治思想家トクヴィルを引きながら述べている、行動と意識の相互関連性についての議論である。現在のアメリカにおいて、地域社会に貢献する活動に関わる人々は、何らかの見返り（例えば、自分の仕事に役立つ人脈が得られること）を期待して参加することも多い。私的利益を念頭において活動に参加したとしても、活動に参加する中で、仲間に奉仕する習慣を身につけ、そうすることを好むようになる。そのことが公共善のための貢献という意識をより強くもつことに結びつく[24]。

　宗教社会学者であるベラーの他の著作をもふまえて判断すると、このベラーらの議論は、宗教における儀礼のはたらきへの着目を背景にしつつなされていると思われる。ベラーに影響を与えた社会学者の一人デュルケムは、具体的な行動である儀礼を通して人々の宗教意識が強められることを示した。例えば、祭りという行動における集合的沸騰状態は、祭りに参加した人々の宗教意識を高めるはたらきがある[25]。

　宗教に関わる儀礼は非日常的な場における経験である場合が多い。しかし、福祉従事者の意識に影響する行動には、日常の業務から離れた研修や行事、人々の大小の集まりなどとともに、日常の業務における利用者や同僚との交流そのものも含まれる。本稿でみた糸賀や田村の著作においては、そのような日常的な交流が重視されている。

　筆者は最近、"福祉の仕事が社会に影響を与える"という意識があるか、障害者施設のスタッフにたずねたことがある。「それほど意識していない」という答えであったが、施設長は次のような例にも言及された。障害のある利用者の人たちをファミリーレストランに連れてゆく。ミキサー食を必要とする利用者も含まれるため、対応できるかお店のスタッフとやりとりする。そうしたことを通じて、障害者を受け入れる姿勢がファミリーレストランのスタッフの側にできてゆく。施設長が述べたこのような行動は、施設スタッフの側の意識にも、何らかの影響をもたらしているのではないだろうか。

結びに　－ケアの経験と意味の豊かさ－

　1947 年の春、糸賀は近江学園での光景を次のように描いている[26]。

　「春光を浴びて野に出る。野道にたんぽぽが咲いて白い蝶がひらひらと飛び交うている。草麦が微風にゆれる。ひばりの高い鳴き声も耳に楽しい。待ちに待った春になったのだ。

　子供達は子兎のように跳ねまわって、土筆やわらびを籠にいっぱい摘んで来る。ほんのりと額が汗ばんで、桜色に上気した頬が健康に輝いている。」

　子どもたちの明るい姿、楽しさとともに、子どもたちを見守る糸賀の喜び、未来への期待感もまた、読む側の心の中に広がってくる。糸賀らの著作は、ケアの経験と意味の豊かさを、私たちにあらためて想起させてくれる。

註
1) Hastings, Richard and Horne, Sharon（2004）Positive Perceptions Held by Support Staff in Community Mental Retardation Services, *American Journal on Mental Retardation*, 109（1）, pp.53-54, pp.58-59
2) 中山慎吾（2014）「障害児（者）に関わる人々と『ケアの肯定的側面』－ 糸賀一雄の発達保障をめぐる著作からの考察」糸賀一雄誕生 100 年記念事業実行委員会研究事業部会編『生きることが光になる：糸賀一雄生誕 100 年記念論文集』、pp.223-237
3) この段落の引用は糸賀一雄（2009）『糸賀一雄の最後の講義 － 愛と共感の教育〔改訂版〕』中川書店、pp.40-42、pp.45-47、次の段落は同書、p.59 による。
4) この段落の引用は前掲 3) 糸賀（2009）、pp.21-22 による。
5) 前掲 4)、p.23
6) 同学園内で 2012 年に発見された録音テープを文字化したものが 2014 年に刊行され、インターネットで公開されている。録音テープはデジタル音源化され、データを収めた CD-ROM が鳥取県立図書館で貸し出し可能となった（糸賀一雄（國本真吾編）（2014）『ミットレーベン － 故郷・鳥取での最期の講義』第 14 回全国障がい者芸術・文化祭とっとり大会実行委員会の國本による解題）。「ミットレーベン」に関しては、國本による行き届いた研究がある（國本真吾（2016）「糸賀一雄の共感思想と『ミットレーベン』：『共感』から『共鳴』への道程」『鳥取看護大学・鳥取短期大学研究紀要』（73）、pp.73-80）。本節での「ミットレーベン」についての基本的理解は、國本に依拠していると言える。
7) この段落は糸賀前掲書『ミットレーベン － 故郷・鳥取での最期の講義』pp.6-7、次の 2 つの段落の引用は同書 pp.7-10 による。
8) 前掲 7)、p.10
9) この段落及びそれに続く 2 つの段落の引用は前掲 7)、pp.10-12 による。

10) 前掲 7)、p.33

11) この類似については、國本前掲 6)、p.78 による指摘がある。そのため、本節における糸賀と田村との類似についての基本的アイディアは、國本に依拠していると言える。

12) この段落と次の段落の引用は、田村による(田村一二(1984)『賢者モ来タリテ遊ブベシ ― 福祉の里 茗荷村への道』日本放送出版協会、pp.89-93)。

13) 前掲 12)、p.95

14) 前掲 12)、pp.174-175。この文に関連して、「食べること」が他の生物との関わりを前提にして成り立つ、という相互依存関係にもふれられている。

15) 田村一二(1974)『ちえおくれと歩く男』柏樹社、pp.116-117

16) 糸賀においても「自然の中の生命」という考えが見られる(中山慎吾(1994)「社会福祉実践とイメージ(Ⅱ) ― 糸賀一雄の福祉実践イメージに関する社会学的考察」『社会学ジャーナル』(19)、pp.100-132)。

17) この段落はロバート .N. ベラー・R. マドセン・S. M. ティプトン・W. M. サリヴァン・A. スウィドラー(島薗進、中村圭志訳)(1991)『心の習慣 ― アメリカ個人主義のゆくえ』みすず書房、pp.76-77、次の段落は同書 pp.144-145、pp.345-346 による。

18) 湯浅泰雄(1967)『経済人のモラル』塙書房、pp.184-186

19) 図 1 は考察のための便宜的な図示の試みであり、各概念等の位置づけは柔軟に考えるべきである。例えば「キャリア」は "出世" だけでなく "才能や個性の発揮" とも関わりうる。「コーリング」は社会への働きかけのみに限定されず、大自然との関わりや、利用者とともに形成する共同体に関わらせて捉える見方もあるはずである。

20) 筆者の調査によれば、障害者施設職員に見られる肯定的仕事観の大きな部分を占めるのは「利用者との関わり」に関するものである(中山慎吾(2019)「障害者施設職員の肯定的仕事観に関する研究 ― 自由回答に基づく分析」『鹿児島国際大学福祉社会学部論集』38(1)、pp.42-58)。その中には、利用者への対応の困難が克服できたことからくるやりがいも含まれる。

21) 前掲 3)

22) 手がかりとなりうることの一つは、糸賀の最期の講義の中盤、「人は人と生まれて人間となる」に関する箇所での、仏教の瞑想法の一つ「数息観」への言及である(糸賀前掲書『糸賀一雄の最後の講義 ― 愛と共感の教育〔改訂版〕』p.40)。心の中でゆっくりと数を数えながら呼吸に注意を集中するという方法である。心理学研究者などの間で関心が広がりつつあるマインドフルネス・トレーニングでも、自らの呼吸に注意を集中するという練習が重視されている。その練習は自己の心の動きの理解や他者への共感力に影響すると指摘されている(池埜聡(2016)「マインドフルネスと援助関係」貝谷久宣・熊野宏昭・越川房子編著『マインドフルネス ― 基礎と実践』日本評論社、pp.115-127)。業務環境の工夫とともに、支援者の心身の成熟を助ける方法の導入も、検討に値するのではないだろうか。

23) 他の著作も含めて判断するならば、糸賀においては社会形成に関するこれら両面の考え方が見いだされる(中山慎吾(1993)「社会福祉実践と社会形成 ― 糸賀一雄の福祉実践イメージの一側面について」『桐朋学園大学研究紀要』(19)、pp.79-93)。

24) 前掲 17)、p.211

25) ユミル・デュルケム（古野清人訳）（1975）『宗教生活の原初形態（下）』岩波書店（初版は
1941 年。1975 年に改訂版が出された）、pp.328-339。デュルケムは研究結果を敷衍し、
人々の具体的活動が理想の形成にとって重要だと論じている。前掲 17)、「訳者あとがき」
も参照。

26) 糸賀一雄著作集刊行会編（1982）『糸賀一雄著作集Ⅰ』日本放送出版協会、p.222。ただし、
表現を現代仮名遣いに修正した。「草麥」の麥は麦の旧字体と理解し、「草麦」と記した。

【ガイダンス】

○糸賀一雄（國本真吾編）『ミットレーベン ― 故郷・鳥取での最期の講義』第 14 回全国
障がい者芸術・文化祭とっとり大会実行委員会、2014 年。この講義録は、pdf で入手
可能。URL は、https://www.pref.tottori.lg.jp/247318.htm。

○田村一二『開墾 ― 石山学園をはじめた頃』『百二十三本目の草』など（北大路書房）。
本の購入は難しいかもしないが、大学図書館での所蔵状況は、サイニイブックス（CiNii
Books）というホームページで調べることができる（https://ci.nii.ac.jp/books/）。

第12章
糸賀一雄と憲法における「人間の尊厳」
―「津久井やまゆり園事件」を契機として―

山﨑　将文

はじめに

　2016年7月26日未明、戦後最悪の惨事といえる「津久井やまゆり園事件（相模原障害者殺傷事件）」（横浜地判令和2・3・16最高裁ＨＰ）が発生した。「本件は、障害者が入居するなどして利用している本件施設の元職員である被告人が、本件施設に侵入の上、利用者43名に対しては、殺意をもって包丁で突き刺すなどし、19名を殺害し、24名に傷害を負わせ、夜勤職員5名に対しては、その身体を拘束するなどし、2名に傷害を負わせるなどした事案である」。裁判員裁判では、本件犯行時における被告人の責任能力の有無及び程度が争点となったが、完全責任能力を有していたとして、「被告人を死刑に処する」という判決が言い渡された。被告人が本判決を不服として14日以内に高等裁判所に控訴しなかったため、判決は確定した。

　この事件の凄惨さとともに世界を震撼させたのはその犯行動機であった。すなわち、「被告人が意思疎通ができないと考える重度障害者は不幸であり、その家族や周囲も不幸にする不要な存在であるところ、自分が重度障害者を殺害することによって不幸が減り、重度障害者が不要であるという自分の考えに賛同が得られ、重度障害者を『安楽死』させる社会が実現し、重度障害者に使われていた金を他に使えるようになるなどして世界平和につながり、このような考えを示した自分は先駆者になることができるという」思い込みと思い上がりであった。ナチスの「生きるに値しない生命」という優生思想を想起させる「不要な存在」という犯行動機、また一見すると、幸・不幸という功利主義的な考えのようでありながら、その実お金のみに捉われた唯物論的な経済合理主義に

基づく犯行動機には唖然とさせられる。

　それではなぜ重度障害者が不幸であるなどと考えるように至ったのかというと、次の理由があったようである。被告人は、2012 年 12 月、本件施設で勤務を開始した当初、友人らに、利用者のことを「かわいい」と言っていた。ところが、被告人によれば、「利用者が突然にかみついて奇声を発し、自分勝手な言動をしたりすることに接したこと、溺れた利用者を助けたのに家族からお礼を言われなかったこと、一時的な利用者の家族は辛そうな反面、本件施設に入居している利用者の家族は職員の悪口をいうなど気楽に見えたこと、職員が利用者に暴力を振るい、食事を与えるというよりも流し込むような感じで<u>利用者を人として扱っていない</u>ように感じたことなどから、重度障害者は不幸であり、その家族や周囲も不幸にする不要な存在であると考えるようになった」ようである（下線部筆者）。

　職員が「利用者を人として扱っていない」というのは、後述するように、まさに「人間の尊厳」に反する行為である。しかし、自分も職員であったことからすれば、自分が利用者に対し「人間の尊厳」に配慮した扱いをすれば、被告人のいう重度障害者は幸福になり、その家族や周囲も幸福にする必要な存在になり得たにもかかわらず、そうせずに重度障害者を殺害するという「人間の尊厳」を最も踏みにじる行為を行ったのである。

　「障害者福祉の父」であり、障害のある「この子らを世の光に」と説いた糸賀一雄氏が生きておられ、この事件を知ったと仮定したとき、糸賀氏ならどう考えられたのであろうか。本稿では、このことを「人間の尊厳」に論点を絞り、考察してみたいと思う。しかも、筆者が憲法を研究している者であることから、糸賀一雄と憲法における「人間の尊厳」について考察し、これを踏まえた上で最後に、「津久井やまゆり園事件」についてコメントしたい。

1．憲法と「人間の尊厳」

　「人間の尊厳」について規定した憲法が世界には 50 か国以上あるといわれている [1)]。たとえば、ドイツ基本法 1 条 1 項をはじめ、スイス連邦憲法 7 条、フィ

ンランド憲法1条、大韓民国憲法10条及びブラジル共和国憲法1条3号などである。こうして、憲法上、「人間の尊厳」は、世界の潮流になっているといえる。これに対して、わが国の日本国憲法は、「人間の尊厳」の定めをもたず、「個人の尊重」(13条前段)と「個人の尊厳」(24条2項)の規定をもつだけである。それで、「人間の尊厳」と「個人の尊重」及び「個人の尊厳」が同じものであるのか、あるいは異なるのかが問題となる。わが国の憲法学の通説ではこの三者を同じものとするが[2]、筆者は、言葉が異なるゆえにその意味することも違うのではないかと考えている[3]。

　『広辞苑(第7版)』によれば、人間が「(社会的存在として人格を中心に考えた)ひと。また、その全体。→人類」であるのに対して、個人は「国家または社会集団に対して、それを構成する個々別々の人。単一の人、また、集団から独立した一個人。私人。」である。この人間と個人の違いを糸賀は意識していた。「人は人と生まれて人間となると、私はそう思います。この場合の人というのは、個体の人です。個体の人が人と生まれて、そして人間となっていく。」(『糸賀一雄著作集Ⅲ』日本放送出版協会、1982年、468頁〔以下、Ⅰ・Ⅱ・Ⅲで略記〕)。「人間というのは、人と人の間柄と書くんです。人間というのは、人の間と書く。単なる個体ではありません。」(Ⅲ・469頁)。ここで、個体が生物としてのヒトを意味することもあるとはいえ、個体の人あるいは単なる個体を個人と言い換えることができるとすれば、糸賀は人間と個人を明確に区別していたことになる。

　また、尊厳が、「とうとくおごそかで、おかしがたいこと」であるのに対して、尊重は、「とうといものとして重んずること」(『広辞苑』)である。両者は、「とうとい」ことでは共通するが、「とうとさ」の程度において違いがみられる。「尊厳」は、おかしがたい程の「とうとさ」があるから、不可侵性をもつのみならず、それは代替不可能性もある。というのは、『新明解国語辞典[第8版]』によれば、「尊厳」とは、「侵すべからざる権威と、他の何ものをもっても代えることの出来ない存在理由」との意味があるからである。かくして、不可侵性と代替不可能性を持つ尊厳という言葉は、他の反論を許さない絶対的な意味をもつ。

この尊厳と尊重という言葉を糸賀は使い分けていた。糸賀は「個々の人格の尊厳」という言葉を使うが、「個性の尊厳」とは言わなかった。なぜなら、「個性」は「個物または個体に特有な特徴あるいは性格」（『広辞苑』）でもあるので、個人のみならず、犬や車などにも個性があり得たからである。他方、「個性の尊重」について、たとえば「精神薄弱児の教育は、……個性を尊重する教育であります」（Ⅰ・427 〜 428 頁）と言った。そして、「個人の尊厳」という言葉も使わなかった。社会の中では自分個人が尊厳であるように他の個人も尊厳な存在であり、お互いが尊厳を主張しあえば収拾がつかなくなるからである。これに代わり、糸賀は、日本国憲法 13 条にあるように「個人の尊重」という表現を用いた。「基本的な人権の尊重ということがいわれる。しかしその根本には、ひとりひとりの個人の尊重ということがある。おたがいの生命と自由を大切にすることである。それは人権として法律的な保護をする以前のものである。共感と連帯の生活感情に裏づけられていなければならないものである。」（Ⅲ・20 頁）。

　これに対して、糸賀は、「人間の尊厳」という言葉自体をほとんど用いない。だからといって、まったくないわけではない。日本国憲法 25 条の生存権に関連して、「社会福祉とは、単に人間の外的な生活の可能性の保障を意味するのに留まらず、それは個々の人間の生活が、人間の尊厳にふさわしく生の価値をもったものとして、形成されうることを含めたものの謂でなければならない。」（Ⅱ・267 頁）とした。しかし、これ以外において、糸賀にとって、「人間の尊厳」とは何だったのであろうか。

　そもそも、「人間の尊厳」とは、まずはカント（I.Kant）が客体定式として示したように、人間を目的としてではなく、手段（道具）として使用してはならないということ、人間を物扱いしてはならないということである（糸賀の表現でいうと、「すべてのひとが、どんなに能力が低くても、その人そのものがひととして認められる」〔Ⅰ・121〕ことである）。ドイツ基本法 1 条 1 項の「人間の尊厳は不可侵である」という規定は、この趣旨に解されている。第二次世界大戦中におけるナチスによるユダヤ人の強制収容所での大量虐殺（ホロコースト）はもちろん、その引き金になったと言われる 20 万人に及ぶ障害のある人

の抹殺こそは、「人間の尊厳」に反する行為であった（だからこそ、「今日、どこよりもドイツにおいて不治の人びとが受け入れられているというのは、あのいとわしい《Vernichtung lebensunwerten Lebens》[生存の価値なき生の絶滅]への反動と想像される。」〔Ⅱ・269頁〕）。それ故、「津久井やまゆり園事件」において、障害者を「不要な存在」とする考えに基づき利用者を殺害したことはもちろん「人間の尊厳」に反する行為であった。

ところで、わが国の日本国憲法では、「人間の尊厳」という言葉はでてこないが、しかし「人間の尊厳」を暗黙に承認してきたと言わざるを得ない。日本国憲法は、国民主権、基本的人権の尊重、平和主義の三つを基本原理とする。自由（人権）は、人間の権利であるから、「『人間の尊厳』の原理なしには認められないが、国民主権、すなわち国民が国の政治体制を決定する最終かつ最高の権威を有するという原理も、国民がすべて平等に人間として尊重されてはじめて成立する。このように、国民主権（民主の原理）も基本的人権（自由の原理）も、ともに『人間の尊厳』という最も基本的な原理に由来」[4]する。さらに、戦争こそは最も「人間の尊厳」を踏みにじる行為であり、戦争放棄を謳う平和主義の根底にも「人間の尊厳」があった。このように、日本国憲法には「人間の尊厳」の理念が背後に隠されているといえよう。

さらに、「人間の尊厳」は、「人間には他のものには見られない、そして他のものに勝る固有の価値があるということである」[5]。それでは、他のものには見られない、他のものに勝る人間に固有な価値とは何か。人間が尊厳である論拠として、生命、人格、関係性などが考えられる。糸賀は、「生命の尊厳」、「人格の尊厳」と言うとともに、「人間関係こそが人間の存在の根拠なんだ」と語り、人間存在の根拠として関係性をあげていた。

2．生命の尊厳

糸賀は、「教育の本質を追求して、生命の絶対的な尊厳を守りながら、どんなわずかの天分でも生かしていこうという考え方もあった」（Ⅱ・134頁）と言う。また、「ひとたび形成された人間の生命にたいする無限の尊厳のもとに

その発達を保障しようとする考えかたは、人間がようやく到達した思想の高みである」[6]と言う。このように、糸賀は生命を絶対的な無限の尊厳とみている。その理由は、生命は唯一無二のもので、仮に失われれば再生は絶対不可能であるからである。生命のかけがえのなさが尊厳の理由である。「精神薄弱児にしても、その生命がひとりひとり、かけがえのないものだということを、私たちははじめから知っていた」（Ⅰ・171頁）。「この世の役に立ちそうもない重度や重症の子どもたちも、一人ひとりかけがえのない生命をもっている存在であって、この子の生命はほんとうに大切なものだということであった」（Ⅲ・111頁）。

　しかしながら、法的な観点からすると、人間の生命は、不可侵という意味において必ずしも尊厳ではない。刑法36条（正当防衛）は、「急迫不正の侵害に対して、自己又は他人の権利を防衛するため、やむを得ずにした行為は、罰しない」としており、自己の生命などを防衛するために、やむを得ずに抵抗・反撃し、その結果、加害者の生命を奪っても罰せられない。37条の緊急避難も同様である。また、刑法11条は、死刑により死刑囚の生命を奪うことを認めている。これにより、「津久井やまゆり園事件」の被告人もやがて死刑の執行が行われる。

　また、優生学的思想に基づいていた「旧優生保護法」（1948年公布）の下で、かつて優生手術（3条）・強制不妊手術（4条・12条）が行われ（厚生省統計で約2万5千人が優生・強制不妊手術を受け）、新たな生命の誕生が阻まれた。これに代わり制定された「母体保護法」（1996年公布）においても、その14条で、母体外において生命を保続することができない時期に（通常満22週未満に）、指定医による人工妊娠中絶を認め、胎児の生命を奪うことを可能にしている。法的には胎児の生命は必ずしも尊厳ではない。しかも2項で、「妊娠の継続又は分娩が身体的又は経済的理由により母体の健康を著しく害するおそれのあるもの」に対して、本人及び配偶者の同意を得た上で中絶を容認する。しかし、身体的理由ならまだしも、経済的理由による中絶には疑問がつきまとう。近年、ダウン症などの新型出生前診断が進んでいるが、障害が見つかった場合、

障害者は健常者よりも金銭的負担が大きいという経済的理由により中絶が認められるとすれば、障害者は「生きるに値しない生命」であるということになりかねない。つまり、経済的理由による中絶は、障害者に対する差別を助長する可能性がある。とすれば、「いかなる者に対する障害に基づく差別も、人間の固有の尊厳及び価値を侵害するものである」（前文 [h]）という「障害者の権利に関する条約」（2014 年公布）の精神にも反することになろう。

　2019 年、糸賀が園長を務めていた「近江学園」において、1952 年当時、園医（岡崎医師）が 10 代の女性一人に対して本人や保護者の同意が必要ない旧優生保護法 4 条に基づく不妊手術の申請を県優生保護審査会にしていたという書類が見つかった [7]。これに対し、県立施設の園長・園医として、福祉の乏しい状況の中で、法律があったから（「法律による行政の原理」からして）致し方なかったと言ったところで、そもそもその法律が憲法違反であったなどの反論を受けることになろう。しかし、少なくとも 1965 年の時点で、糸賀は、ナチスドイツの強制優生手術、精神薄弱者の殺戮を反省し、これと対極にある発達保障の思想から中絶や優生手術が是正されていくことを述べていた。「社会政策も極端に走れば、戦前のドイツのナチのように、血の純潔のために優生手術が強制されたり、無能力者として精神薄弱者をガス室で大量に殺戮するようなことがおこり得るのである。邪魔者は殺せという思想である。そういうことが二度とあってはならない。」これに対し、発達保障の「思想は、妊娠中絶や優生手術にたいして、時としては対立し矛盾する立場に立つ。しかしその緊張のなかでこそ中絶や優生手術は、深い反省のもとに是正されていくのだともいえよう。」[8]。

3．人格の尊厳

　糸賀は、「民主教育が叫ばれ、社会の改造が絶叫され、個々の人格の尊厳と公共の福祉の向上が目標とされている今日の日本に於て『問題の子供』が依然として『問題のまま』で後廻しにされていることに対する義憤を感ずるものは私一人ではあるまい」（Ⅰ・298 頁）と言い、「衣食住が保証され教養への道が

開かれ、そして人格の独立と尊厳が確立されるという姿を、日本は今血みどろになって、敗戦の廃墟の中に創造しようともがいているのだ」（Ⅰ・302頁）とも言う。こうして、糸賀は人格の尊厳について触れている。しかし、そもそも人格とは何なのか。

　人格とは、『広辞苑（第7版）』によれば、心理学的にはパーソナリティ、哲学的には道徳的行為の主体としての個人、法学的には法律関係、特に権利・義務が帰属し得る主体・資格などの意味で使用される。人格はこのように多義的で不明確である。しかし、糸賀にとってまず、尊厳であるべき人格とは、知能だけでは捉えきれないものであった。「私たちはいまや、人間の価値が、単に知能の高いとか低いということにも本質的にはかかわりがないのだということを主張するようになってきた」（Ⅱ・136頁）。糸賀は、これを「人格主義の認識」（Ⅱ・140頁）という。「私たちは、人間のねうちが知能の高さによるものでないということ、知能はたとえどんなに低くてもその精神を正しくもって勤労のよろこびを知っているような人格を貴いとして、そのような価値観を身をもって証明するように育てた精神薄弱児たちを、社会に送り出すのである」（Ⅱ・139頁）。それでは知能ではないとして一体それは何なのか。「人格というものは全体ですよ。その中の知能がどうだの、感情がどうだの、意志がどうだの、算数がどうだの、国語がどうだのっていうもんじゃない。パーソナリティというものは全体です」（Ⅲ・455頁）。どのような全体かというと、「人格の全体と深い関連をもった生活能力の向上」（Ⅱ・285頁）などを内包した全体であった。

　糸賀のいう人格をより理解するためには、「ハンセン病訴訟」の判決理由が参考になる。ハンセン病患者の強制隔離により「<u>人として当然に持っているはずの人生のありとあらゆる発展可能性</u>が大きく損なわれるのであり、その人権の制限は、<u>人としての社会生活全般にわたるもの</u>である。このような人権制限の実態は、単に居住・移転の自由ということで正当には評価し尽くせず、より広く<u>憲法13条に根拠を有する人格権</u>そのものに対するものととらえるのが相当である。」（熊本地判平成13・5・11判時1748号30頁、下線部筆者）。こ

こで人格とは、人としての社会生活全般にわたるものであり、人として当然に持っているはずの人生のありとあらゆる発展可能性であり、その上、それは権利であり、憲法 13 条に根拠を有する人格権という人権であった。憲法 13 条であるから、幸福追求権に根拠を有する人権であった。ここから、人格とは、社会生活全般にわたる、人生の発展可能性＝発達可能性をもったものであった。

4．関係性・社会性

　「よく私たちは人間人間と言いますけれども、それは社会的存在であるということを意味しておる、関係的存在であるということを意味しておる。人間関係こそが人間の存在の根拠なんだということ、間柄を持っているということに、人間の存在の理由があるんだということです。」（Ⅲ・469 頁）と糸賀は言った。人間存在の根拠を人間関係・間柄に求めるとともに、人間が社会的存在＝関係的存在であることを述べている。さらに、糸賀は、社会的存在になっていく道行を教育と言った（Ⅲ・469 頁）。しかも、教育は人間関係の中で行われていく。「学校であろうと、福祉の施設であろうと、およそ教育というものは、人間と人間との関係のなかで行なわれてゆくものです。そして保母や教師と子どもたちとの間に、よい人間関係がえられることによって、子どもたちはよい方向へ人間的な成長をとげてゆきます」（Ⅲ・462 頁）。

　そして、人と人との間柄、人間関係というものが、共感の世界を生み出す（Ⅲ・469 頁）。「特殊教育はこういう障害児のことばなきことばや、かくされた意志を発見し、この子らとともに生きていこうとする教育者と子どもたちとの、共感の世界に成立するといってよかろう」（Ⅲ・356 頁）。しかも、「『人間』という抽象的な概念でなく、『この子』という生きた生命、個性のあるこの子の生きる姿のなかに共感や共鳴を感ずるようになるのである」（Ⅲ・111 頁）。

　「たとえばびわこ学園に運びこまれた一人の青年は、ひどい脳性麻痺で、足も動かず、ベッドに寝たきりで、知能は白痴程度であった。しかも栄養失調で骨と皮になり、死相があらわれているのではないかと思わせるほどであった。半年あまりしたある日のこと、いつものように保母がおむつをかえようとする

と、彼は、息づかいをあらくしてねたまま腰を心もちあげているのであった。保母は手につたわってくる青年の必死の努力を感じて、ハットした。これは単なる本能であろうか。人間が生きていく上になくてはならない共感の世界がここに形成されているのであった。」（Ⅰ・168頁）。

　こうして、施設の職員は、共感することで、仕事の生き甲斐までも見出す。「精神薄弱といわれる子どもたち、生ける屍といわれてきた重症心身障害児たち、人類のありとあらゆる欠陥を身に背負わされて生まれてきた人びととともに、施設の人びとは、共感し、協同し、自分の限りある生命をその仕事にうちこむのである。そのことに生き甲斐を見出す」（Ⅲ・19～20頁）。

おわりに

　「津久井やまゆり園事件」における実行犯は、意思疎通のできない重度障害者を選んで殺害するという当初の目的から離れ手当たり次第に利用者たちに刃物を振り下ろしている。それにそもそも、意思疎通と重度障害は本来一致するものではなかった。療育手帳制度からすると、重度知的障害とは、知能指数が概ね35以下であって、食事、着脱衣、排便及び洗面等日常生活の介助を必要とする者、あるいは異食、興奮などの問題行動を有する者、及び知能指数が概ね50以下であって、盲、ろうあ、肢体不自由等を有する者であったからである。

　その上、犯行当時、拘束されていた職員の結束バンドを切るためハサミを持ってきてくれた利用者や、重傷を負って「痛いよ」といいながら職員に携帯電話を持ってきてくれた被害者などがいたようである[9]。利用者や被害者たちの多くは言葉を理解し、声をもった存在であった。仮に言葉が話せなかったとしても、意思表示、豊かな表情、心をよせる気持ち、感情などがあった。糸賀の表現を借りれば、この事実を見ることのできなかった者（ここでは実行犯）の目こそが実は重症であったのである（Ⅲ・111頁、273頁）。

　また、「津久井やまゆり園事件」における殺人は、「人間の尊厳や生存の意味そのものを、優生思想によって否定する『実存的殺人』」でもあった[10]。なぜなら、重度障害者が「不要な存在」であるという優生思想に基づく殺人であった

からである。しかし、「わが子が重症心身障害児であるかために、20年も、いやもっと長いあいだ、その子の生命のあるかぎり、その子の存在が生き甲斐になってはたらき続けている親もある」（Ⅱ・141頁）。のみならず、糸賀によれば、重症心身障害児といわれる子どもには「立派な意志があり、意欲があり、自己主張があった。外界から刺激をうけとるだけでなく、外界にたいし、先生や友だちにたいし、はたらきかけているのであった。外界を変えていこうとする努力があった。外界を媒介として自己を実現しようと、たゆみなくはたらいていたのである。」「肉眼では到底とらえることのできなかったような、なまな、いきいきした、生命いっぱいの、生産的な姿がそこにあった。」（Ⅲ・77頁）。このように、自己主張、自己実現しようとしている生産的な重症心身障害者を「不要な存在」などとどうしていうことができるのであろうか。

　なお今回の事件では、皮肉なことに施錠されていた部屋にいた利用者の命が助かったが、ここから施錠された複数の部屋があったということが発覚した。2020年5月の「津久井やまゆり園利用者支援検証委員会」の中間報告によれば、「24時間の居室施錠を長期間にわたり行っていた事例などが確認された。この事例から、一部の利用者を中心に、『虐待』の疑いが極めて強い行為が、長期間にわたって行われていたことが確認された」[11]。部屋を施錠するためには、日本国憲法18条の奴隷的拘束及び苦役からの自由を侵害しないように、「切迫性」「非代替性」「一時性」の要件を満たす必要があったが、これを満たしていない場合があったのである。

　また、実行犯に結束バンドで手首を縛られ脅されながら、利用者に「心はあるんだよ」と訴え犯行をやめさせようとした職員や、以前に「意思疎通のできない人たちはいらない」と言っていた元職員と向き合い諌めようとした先輩もいたようである[12]。糸賀の近江学園のように「不断の研究」ということで、障害者理解と支援の方法を議論し、考え合うことのできるような研究会や研修などの機会が多く設けられていれば、今回の事件を回避できた可能性は0%ではなかったはずである。

　糸賀がいうように「誰だって、生まれたときは、目も見えず、耳もきこえず、

手足は不自由で、寝がえりさえできない、知能も未発達の、いわば重症心身障害児のようなものであった」（Ⅲ・290頁）。また、誰もが高齢者となったとき、やがて身体が不自由になり、認知症のため判断能力を喪失するかもしれない。我々は、いわば重症心身障害者として生まれ、やがて何らかの障害をもって死んでいくのである。そうだとすれば、障害は他人事ではなく、自分のこととして受け止める必要があった。謙虚な気持ちで、生まれたときと老いたときのことを少しでも想像することができていれば、今回のような悲惨な事件は起こらなかったかもしれない。

註
1) Henc van Maarseveen and Ger van der Tang ; Written Constitutions. Oceana Publications,1978,p88.
2) 宮沢俊義著・芦部信喜補訂（1978）『全訂 日本国憲法』日本評論社、p.197
3) 「個人の尊重」・「個人の尊厳」・「人間の尊厳」の異同の詳細については、山﨑将文（2009）「憲法における個人と家族」：『法政論叢』第16号、pp.48-53
4) 芦部信喜著・高橋和之補訂（2007）『憲法（第4版）』岩波書店、p.37
5) ホセ・ヨンパルト（2000）『法の世界と人間』成文堂、p.137
6) 三木安正編（1965）『性格と生活の指導（精神薄弱教育実践講座1）』日本文化科学社、p.178（糸賀一雄執筆）
7) 京都新聞2019年3月2日総合、p.3、毎日新聞2019年3月6日地方版/滋賀、p.24
8) 前掲6）、p.178（糸賀一雄執筆）
9) 渡邉琢（2020）「相模原障害者殺傷事件の刑事裁判を通して語られたこと」：『賃金と社会保障』第1759・1760合併号、p.13
10) 毎日新聞2016年7月28日東京夕刊、政治面、p.1（福島智執筆）
11) 津久井やまゆり園利用者支援検証委員会（2020）「中間報告書」：『賃金と社会保障』第1759・1760合併号、p.42
12) 前掲9）、pp.22-23

【ガイダンス】
　糸賀一雄と憲法の関わり、及び糸賀が「人間の尊厳」をどのように捉えていたかについてもっと知りたい人は、次の拙稿があります。山﨑将文「憲法学からみた糸賀一雄の現代的意義」：『糸賀一雄生誕100年記念論文集　生きることが光になる』糸賀一雄生誕100年記念事業実行委員会、2014年、13～36頁。

「津久井やまゆり園事件」の判決文は、最高裁判所のホームページ（https://www.courts.go.jp）で見ることができます。また、この事件で殺害された19人の犠牲者のエピソードや人柄などについて伝えるものとして、ＮＨＫオンライン「19のいのち－障害者殺傷事件―」があります。さらに、「津久井やまゆり園事件」との関係でナチスの優生思想について学びたい人は、藤井克徳『わたしで最後にして―ナチス障害者虐殺と優生思想―』合同出版、2018年が参考になります。障害者の強制不妊について学びたい人は、清水貞夫『強制断種・不妊、障害者の「安楽死」と優生思想―強制不妊手術国家賠償請求訴訟と津久井やまゆり園事件―』クリエイツかもがわ、2018年があります。

　なお、糸賀一雄が精神薄弱児を「人間的であるよりもむしろ動物に近いようなものもあれば、ある種の白痴の如きは植物的でさえある」（Ⅰ・337頁）と述べているのは、極めて差別的であるとの批判があります。しかし、最近では、動物や植物の研究が進み、動物のみならず植物にさえ知性があるという本さえ出版されています（ステファノ・マンクーゾ、アレッサンドラ・ヴィオラ『植物は〈知性〉をもっている』日本放送出版協会、2015年）。しかも、動物に知性があることから動物に権利があるのではないかという主張があります。しかし、動物に権利を認めると人間、とくに知性で不十分な重症心身障害者などが軽んじられる可能性さえありますので、「動物の権利」をそう簡単に認めるわけにはいきません。その代わり、人間には動物を保護する責任があります。このテーマに興味のある人には、拙稿「動物の権利と人間の人権」：『法政論叢』（第54巻2号）2018年、21～41頁、「イルカに権利はあるか―イルカの法的地位と権利―」：『法政治研究』（第6号）、2020年、121～159頁があります（いずれも、J-STAGEで閲覧可能です）。

コラム3
草津市の発達支援システム

大西　昱

中村　順子

発達支援システムの構築

　草津市（2019 年度人口約 13.5 万人、出生数約 1.2 千人／びわこ学園医療福祉センター草津などが所在）では、1978 年に制度として障害児保育が始まり、同時に従来から行われていた乳幼児健診が、障害の早期発見に焦点を当てて行われるようになりました。

　当時、隣の大津市では全国に先立てて障害児保育と乳幼児期の発達の節目に焦点を当てた乳幼児健診が行われ、発見された障害児や障害の疑いのある子どもたちに対する早期療育の取り組みが行われました。「障害の早期発見・早期療育」は「発達保障」という理念と共に、全国的にも注目されていた時期です。

　障害があっても集団の中で生き生きと成長発達していく姿に触れ、我が子にも同じような機会を与えたいという保護者の願いが行政を動かし、草津市においても、障害乳幼児対策として心理専門職を雇用し、発見後の受け皿として療育の場が作られていきます。

　1980 年代に入ると、滋賀県下において、草津市以外の近隣の市や町村においても、同様の乳幼児健診と療育、障害児保育が一連のシステムとして実施されるようになります。滋賀県内には、当時就学前の障害児の療育・保育を担っていた通園施設が県立 1 か所、大津市立 1 か所の 2 か所しかなく、それに代わって、通園施設の設置が困難な地域に設置される「通園事業」が各市および圏域ごとに作られていきました。その時草津市と同様に各地域で障害乳幼児のための発達支援システム構築の担い手になっていたのは、発達心理学を学び、発達診断や療育指導に関わる心理専門職でした。滋賀県下では、これらの発達支援システムは各市町の施策として、公設公営で運営されていました。

牛まれてから就学するまで／就学から大人になるまで

　草津市における就学するまでの支援システムについて紹介しながら、支援児に対する発達保障をどのようにおこなっているのかを見ていきたいと思います（図参照）。

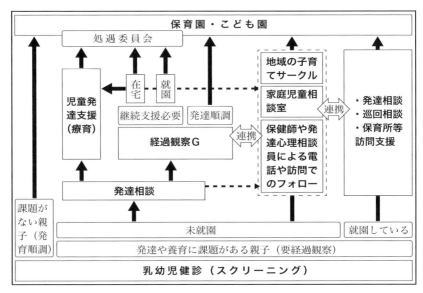

図：草津市の発達支援システム

　乳幼児健診において精神運動発達面でフォローされた子どものうち、障害疑いが明らかな場合は草津市の公設の児童発達支援センター「湖（うみ）の子園」や民間の児童発達支援事業所（以下、療育）を利用します。

　発達の一部に遅れやつまずきがあり、一定の経過の見極めを必要とする場合は親子教室で発達の経過を一定期間観察した後、さらなる支援が必要と判断された場合は、療育を利用することになります。保護者の就労などにより、早い時期から保育所等に入所している乳幼児に対しては、必要に応じて発達相談を実施しています。また療育や親子教室終了後に地域の保育所、幼稚園、こども園（以下、園所）に就園する子どもに関しても必要に応じて障害児加配制度の

利用をすすめ、園所での生活のサポートにつなげていきます。就園した後は発達相談を支援の基本に置きながら必要に応じて他の事業で支援を行っていきます。

　親子教室は、週1回2時間程度親子で通い、保育士と発達相談員が指導に当ります。ことばがでにくい子や、人見知りや場所見知りが強くてお母さんから離れられない子、動き回って目が離せない子、かんしゃくが激しい子などいろいろな事情があり、地域の子育てサークルやママ友の集まりなどに子どもを連れて行きにくく、家にいるしかなかった保護者が子どもを安心して連れてこれる場所になるように配慮しています。

　「湖の子園」は週2日通園と週5日通園のグループがあり、朝は9時半頃に登園し、朝の会から始まり、着替えやトイレなどを挟みつつ自由遊びや集団活動を行った後、給食を食べ、昼寝をして2時ころに降園するという流れとなります。園所との並行通園をせず、在宅の乳幼児を対象としています。それは、小さい子ども達にとって生活と遊びが発達を支える基本的な原動力になると考えているからです。1日の生活を見通しながら、じっくり仲間や先生と遊び、今日したことが明日の楽しみにつながり、人との信頼関係や基本的な生活の力をこの時期に育てていくことを大切にしています。

　湖の子園を卒業した後は園所に就園し、障害児加配制度を利用し、園所への巡回発達相談や保育所等訪問支援などによって発達支援を行っています。

　就学後は小・中・高等学校および特別支援学校における特別支援教育が支援の中心になりますが、発達支援センターでは医療相談、教育相談などの相談活動を行い、継続的に相談活動を行い、一貫した支援がつながるようになっています。

必要な支援がしっかりと行きわたるように

　草津市が障害児への早期からの発達支援のための施策を開始して40年以上が経ち、「児童発達支援」や「放課後等デイサービス」など療育は「サービス」として保護者が選択して利用する場となりつつあります。保護者の経済的条件や

家庭生活や養育における力量などの違いといった条件が、子どもたちが享受するサービスの質量に影響する可能性もあります。だからこそ、自治体が地域における発達支援の拠点として機能することが重要であると思います。必要な子どもに必要な支援がしっかりと行きわったっているかを確認しながら、発達支援システムの全体をみたときに不十分な部分は制度づくりをしていくことが求められます。

第4部

国際的な視点から

第 13 章
糸賀一雄の思想とマーサ・C・ヌスバウムの可能力アプローチの比較

中野　リン
（永岡　美咲　訳）

はじめに

　糸賀一雄（1914 年〜 1968 年）の言葉を初めて読んだとき、非常に感銘を受けた。筆者が読んだのは 1960 年代の彼の本や講義だが、それらが時代に先駆けた思想だっただけでなく、私たちの時代にも先駆けているように思えた。糸賀の思想を、今日の優れた思想家たちによる障害や社会正義に関する著作と比較してみたいと考えた。糸賀の思想は現代の社会正義に関する議論にも貢献しうるものだと強く思うからである。

　本稿では、糸賀の思想と、今日の著名な哲学者の一人であるマーサ・C・ヌスバウムによる障害や人権についての可能力アプローチ（capability approach）[1]とを比較する。可能力アプローチは、国連開発計画（UNDP）が世界の人間のウェルビーング（well-being）を測定するために 1990 年から発行している『人間開発報告書』の土台となる考え方である[2]。1980 年代から 90 年代にかけて経済哲学者アマルティア・センによって提唱され、ヌスバウムら人文科学・社会科学の学者たちによって広められた可能力アプローチは、その名が示すように、人権だけでなく、人々が望んでいる生活を営む能力にも焦点を当てるものである。ヌスバウムは、障害や不自由のある人々の社会正義の問題を、可能力アプローチによって解決しようとすることで知られている。

　社会科学や人文科学では、社会正義の概念は西洋で興り、世界の他の地域にも広がっていくものと認識されている。しかし、1950、60 年代の糸賀の著書を読むと、そうではないことを再認識させられる。糸賀は仏教・儒教・キリスト教の思想から、社会正義について彼独自の説明や解釈を行う。糸賀の思想が

著されたのは、アマルティア・センが可能力アプローチについて発表する約20年前、そしてヌスバウムが2006年に障害や社会正義に関する著書を世に出す約40年前であった。にもかかわらず、その考え方はセンやヌスバウムの考えとも遜色（そんしょく）がない。むしろ、例えば各発達段階での尊厳に関する説明や、教育愛についての説明のしかたは、糸賀のアプローチのほうが優れていると感じられる。糸賀の思想は可能力アプローチを補完する重要な働きをしている。糸賀の思想とヌスバウムの考え方の比較を通して、西洋の哲学者や人権の提唱者たちだけが社会正義の発展に貢献しているわけではないことを再認識できるだろう。

　糸賀とヌスバウムの考えには、多くの共通点がある。両者とも、社会が経済発展に重きを置いていることと、障害のある人々の権利を認識する必要があることとの矛盾について指摘している。また「普通」の人と「障害のある」人の間に明確な線引きがされていることについて批判し、障害というものは人間が経験することの一部であると考えている。そして、両者とも平等主義や個人の権利の存在を信じる自由主義的な伝統に根ざしている。さらに、重度知的障害のある人々を含む、社会における全ての人々にとって本当の社会正義を実現するためには、人類と人間社会の本質に関する私たちの考え方を根本的に変えるような社会変革を必要とすると考えている。

　糸賀の思想は、世界の人々が障害に関して最先端の議論を行う今こそ、とても重要なものである。この資本主義的な社会における障害者の居場所に関する根本的な問い、また、ケア提供者・介助者の役割に関する問いに対しては、多くの人がその答えを出すのに苦労している。糸賀の見方は、このような現代の議論にも貢献しうるユニークなものである。糸賀とヌスバウムの比較に入る前に、まずは可能力アプローチについて簡単に紹介する。

1．可能力アプローチとは

　可能力アプローチは、ウェルビーング、経済発展、正義について考える重要な新たな枠組みとして提唱されているものである[3]。可能力アプローチでは、

ある人が満足しているかや権利を有するかのみによって、その人のウェルビーングを計るべきではないとする。むしろ、人々が実際に何ができて、どのような存在であるかや、どのような生き方が実現可能かによってウェルビーングを計るべきだとする。福祉経済学、社会政策学や開発学などさまざまな分野の学者や政治家たちがこの可能力アプローチを用いてきたのは、ウェルビーングを比較するのに有用である、つまり、ある人について、また、ある人々の集団についてのウェルビーングを比較するのに役立つからである。

　可能力アプローチは、経済学者のアマルティア・センによって生活の質（Quality of Life: QOL）の指標を計るために提唱され、哲学者のヌスバウムによって人々の尊厳の尊重に関する問いに答えるために提唱されたものである。ヌスバウムは、全ての人々の人間的尊厳が尊重されるなら、それぞれの人の特定の可能力が開発されるべきだと主張する[4]。そして、「これら（可能力）をあらゆる市民に何らかの適切な閾値レヴェルで保障しない社会は、富裕さの水準にかかわらず、十全に正義にかなった社会だとは言えないのである」[5]と言う[6]。

　糸賀も、社会は全ての子どもたちの発達を保障するべきであると考え、次のように述べている。

　　この考え方の質的な転換ということは、とりもなおさず、すべての、文字どおりすべての人間の生命が、それ自体のために、その発達を保障されるべきだという根本理念を現実のものとする出発点に立ったことなのである。[7]

　子どもたちの権利を訴えた糸賀と、政治哲学者として社会契約論[8]のもつ問題を解決しようとするヌスバウムは、異なる時代に生き、異なる社会背景に基づいて、それぞれの結論に達している。にもかかわらず、障害のある人をいないかのように扱う資本主義社会が抱える問題に対しての解決策は非常に似通っている。ここからは、糸賀とヌスバウムが重要であるとしたトピックや、2人の考え方を比較していく。両者を比較すると、障害のある人々をどのように社会に完全に受け入れていくかを考える際に直面するさまざまな基本的な問題について、根本の部分で一致していることがわかるだろう。両者の強調する点は

異なっているが、それは本質的な違いではない。相互補完的なアプローチを採る2人の作品を読むことは、社会正義やインクルージョンについて考える私たちが恩恵を受けることにつながるだろう。

2. 現状への不満

　糸賀とヌスバウムが対象とする読者層は異なる。糸賀は日本の同時代人、社会福祉や特別教育に関わる人や一般的な読者を対象としていた。ヌスバウムは、人権、哲学、経済政策の専門家や一般市民を対象としている。2人は現状に不満を持ち、障害のある人を疎外してしまうという問題に対処するためには、人々の考え方、つまり現代社会に横たわる原理・原則を大きく転換することが必要だと訴えた。

　ヌスバウムは、古典的自由主義の基礎となる考え方に異議を唱え、障害のある人々をどのように受け入れたらよいかについて考えた。障害のある人々のための社会正義の問題を解決するには、社会の基となる「理論構造」を変革する必要があると考えた[9]。そして、社会契約論には、重度障害のある人々が社会のルールを作る側の人々の集団にはおらず、社会規範の恩恵を受けるグループにも含まれていないと指摘した[10]。身体障害や知的障害のある人々は、他の市民のように平等な市民としても扱われていないとの認識から、障害者に教育、保健医療、政治的権利、参画権、自由や、平等な市民権を与えることが、正義における喫緊の課題であると考えた[11]。

　糸賀もまた、障害のある人々への社会正義を実現するには、日本の発展や世界での立ち位置について、根本から考え直す必要があると思っていた。糸賀は、日本社会で広く受け入れられている考え方や、人々と社会との関わり方が、明治時代以降の日本の発展モデルに大きな影響を受けているとみていた。この発展モデルでは、国家が目指す経済発展にどれだけ貢献できるかによって人々を評価する。同じように、教育政策もこの発展モデルに基づいている。糸賀は、

　　精神薄弱児の特殊教育は、どこの国の例をみても、おくれて発達し
　てきた。それは既にみたような意味で、国家有為の人材となるという

希望は完全に絶たれているからである。

　この子たちの教育を義務教育にするためには、根本的に、富国強兵
　的な思考からの脱皮が必要であったのである。[12]

と述べ、国家にどれだけ役に立つかによって人々を評価するという考え方を批
判した。

　ヌスバウムは国民国家については触れていないが、糸賀と同様に社会生活の
主な目的が生産性によって計られる傾向を、以下のように批判している。

　人間は、生産的であることによって、他者からの尊重を勝ち取らな
　くてもよい。人間は、人間のニーズそれ自体の尊厳のなかに、支援に
　対する権利要求を有している。社会は幅広い愛着と気遣いによって結
　びついており、生産性に関係しているのはそのなかのほんの一部にす
　ぎない。生産性は必要であり、またよいものでもあるけれども、社会
　生活の主要目的ではない。[13]

　ヌスバウムも糸賀も、誰が社会の一員であるかについて、私たちの認識を改
める必要があると主張している。両者とも、もし私たちが、生産性のある人々
のみを社会のふさわしい構成員であると言い張ることをやめるのならば、人間
の定義をより広げることができるのだと主張する。

３．可能力に重点を置くこと

　糸賀とヌスバウムのアプローチの主な共通点は、個々人の成長しようとする
能力を尊重する必要があることを強調している点である。ヌスバウムは個々人
の能動的な力に焦点を当て、それを「可能力（capabilities）」という言葉で呼ぶ。
前述したように、ヌスバウムにとって、可能力の保障とは、人間の尊厳の基礎
となるものである。ヌスバウムは、人々が幸せであるかどうかに焦点を当てる
ことは功利主義的アプローチであるとし、むしろ「主体性（agency）」と「活動
的な奮起奮闘」に焦点を当てた[14]。

　糸賀も、成長の可能性を重要視している。1968年、糸賀が急逝直前に行っ
た「最後の講義」においても、成長についての考え方を主なテーマとしていた。

糸賀は教育者の成長や、重度障害のある子どもたちのさまざまな種類の成長や奮起について説明している。ヌスバウムが功利主義に対して抱いた不満から可能力アプローチに至っているのに対して、糸賀は仏教を引き合いに出し、似たような結論に至っている。糸賀は講義で以下のように語っている。

　人と生まれて人間となっていくというのは当り前のことを言うんじゃないか。本来仏性であるから人間が成仏するんだというのと同じじゃないかと、そんなふうに思われます。[15)]

糸賀は他者との関係を通して成長がもたらされると訴え、講義で次のように話している。

　人と生まれて人間となる。その人間というのは、人と人との間と書くんです。単なる人、個体ではありません。それは社会的存在であるということを意味している。関係的存在であるということを意味している。人間関係こそが人間の存在の根拠なんだということ、間柄を持っているということに人間の存在の理由があるんだということ、こういうことなんです。ですから、人間となるということは社会的な存在であることを証明してゆくことになるということなんですね。生きるということは、社会的な存在として生きるということでなければならないんです。[16)]

ヌスバウムもまた、「社交性（sociability）」[17)] を人間の尊厳との依存とを結び付けている。ヌスバウムは、ケアを提供する人たちとの交流によって、社会性が作られると言い、ケアを必要とすることは、しばしば考えられているように、尊厳を毀損するものではないと主張する。むしろ、ケアを必要とすることは、人間の尊厳の一部であると言う [18)]。

対して糸賀は、ヌスバウムよりも人間関係を重視していた。糸賀は、障害のある子どもたちと障害のない子どもたち、教育者と子どもたち、教育者同士、親子などといったさまざまな人間関係について、より詳細に論じている。自身の施設において、さまざまな人間関係が育まれたのを目の当たりにした経験から、人間の尊厳にとって健全な環境を創り出すには、多様な人間関係がいかに

重要であるか、深い理解を得るに至った。

　糸賀の主張のベースにあるのは、人が成長し、奮起する個々の能力である。そのため、私たちはそのような人間性について認識する必要があり、それゆえに最重度の障害や不自由のある人々にとっても、成長や奮起することが平等な権利であると主張した [19]。糸賀は、極めて重度の障害のある子どもたちが成長し、克服しようとする姿を目の当たりにした経験を踏まえた言葉を残している。1963 年に開所した重度障害児施設びわこ学園にいた子どもについて、このように述べている。

　　びわこ学園で、死と直面した限界状況のなかで、長いあいだかかってもこの発達の段階を、力いっぱい充実させながら克服してゆく姿があるということは、私たちに限りない力と希望をあたえてくれるものであった。この姿を実現させるためにこそ、国家、社会の力が動員されてよいのである。[20]

　ある人たちにとって発達はとてもゆっくりであるか、あるいは目に見えないかもしれないが、それでもあらゆる発達段階においても成長はみられる、と糸賀は述べている。子どもたちの成長を感嘆することについて語るとき、糸賀の言葉は非常に説得力をもつ。例えば著書には、麻痺のある子どもたちが、腰を持ち上げようともがく姿や、数分間立ち上がろうとしてありったけの力を振り絞って奮起する姿が克明に描かれている [21]。

　ヌスバウムが可能力のさまざま側面を人間の尊厳に不可欠なものであるとする一方、糸賀は成長や奮起が人間の経験にとってどれほど重要なものであり、周りの重度身体障害者たちが私たちにどれだけ刺激を与えてくれるかを論じている。筆者は、この 2 人の見方が相互補完的であり、人間の可能力について理解を深めるための示唆に富んでいると考える。ヌスバウムは正義の観点から、障害のある人を社会契約に取り込むべきだと主張する。一方で糸賀は、困難な状況で成長したいと奮起することが人間のかけがえのない本質であると考え、重度障害のある人々もその本質を持っていると指摘した。

4．人間であることを拡大解釈する：弱さ、個々の大切さ

　糸賀もヌスバウムも人間の可能力や人間の主体性に焦点を当てているため、人間であることが何を意味するか、両者が再定義しようとしてきたことは不思議ではない。ヌスバウムは、合理性が市民であることの中核にあると考えられていることに対して、異議を唱える。一般的な合理性の定義は狭すぎるため、動物との対比において「理想的な合理性 (idealized rationality)」のみにしか価値を見出せないのだと言う [22]。そして、社会性、ケアの必要性、そしてより一般的に、実践的な理由付け (practical reasoning) が人間の尊厳の中心に据えられるべきだと主張した。

　同様に糸賀も、人間が主に「知能」の発達によって評価されることに対して異議を唱えていた。

　　　知能が低いというだけで普通の人間なのである。精神薄弱児の教育はこの普通の人間としての彼等の安定した社会的な人格性の発達をめざすのである。[23]

　もし人間の定義から「知能」や「理想的な合理性」というものが否定されるのならば、今日の社会で誰に価値があると考えられているかを見直すことができ、また「普通」と「障害」との間に線引きすることを批判することができる。ヌスバウムも糸賀も、上記のようなアプローチをとっている。ヌスバウムは下記のように言う。

　　　優れた分析には、「正常」な人間が経験するさまざまな種類の器質的損傷、ニーズ、そして依存性を承認することが、そしてまた「正常」な生活と、生涯にわたる知的な障碍のある人びとの生活とのあいだにある、紛れもない連続性、これを承認することが要求される。[24]

　そして、もし障害が人間の自然の状態の一部であると考えられているならば、同時に、障害や不自由のある人を尊重し、障害者にケアを提供することの問題が社会にはびこっていることが認識されなければならないと結論づける [25]。

　糸賀もヌスバウムも、社会に変化をもたらすには、一人ひとりが個人として尊重されることが重要であると強く訴える。糸賀は次のように述べている。

しかし変革は突然にやってくるのではない。社会的のあらゆる分野で、人びとの生活のなかで、その考えや思想が吟味されねばらない。基本的な人権の尊重ということがいわれる。しかしその根本には、ひとりひとりの個人の尊重ということがある。おたがいの生命と自由を大切にすることである。それは人権として法律的な保護をする以前のものである。共感と連帯の生活感情に裏づけられていなければならないものである。[26]

「人権の尊重」を当てにすることのみが、両者にとって社会にもたらしたいとする変化を起こすことができる十分条件ではないとの考えから、人々の互いに対する見方を質的に変えなければならないと言う。糸賀もヌスバウムも、個々の人を見つめ、障害のある人々にも他の人々と同じように、きちんとした尊厳のある生活を送るのに最もふさわしい環境を提供するべきだという、同様の結論に至っている。

5．ケアに対する感謝

糸賀もヌスバウムも、ケア提供に対して、より高い評価を与えることが、両者の目指すよりよい社会を実現するために必要な変化のひとつであることに同意するだろう。しかしながら、異なる背景を持つ2人は、ケアについては異なる見方をしている。ヌスバウムは、ケアの多くが家庭内や家族によって行われるとの前提から、特に、ジェンダー化されたケアをやめるべきだと主張する。

ヌスバウムは、障害のある人のニーズに応えることは、ある意味で障害者の尊厳を守ることであり、公正な社会において最も重要な役割のひとつであるため、ケアの仕事がきちんと認識され、サポートされるべきであると言う[27]。ケアの仕事の多くは無償で、仕事と見なされていないため、ケア提供者の生活に大きな影響を及ぼしていると言う[28]。そして、ケアを主に女性が担っていることから、ケア提供者がきちんと認められ、サポートを受けることができるかどうかは、ジェンダー正義と強く結びついていると指摘する[29]。公共政策も文化も、ケア提供者と、ケアの仕事をサポートするべきだとヌスバウムは考

えている。

　糸賀は、ケアについて、特に施設でのケア提供は、社会変化の源になりうると考え、それは障害のある人の発達を促し、障害者を人間であると理解するのに役立つ場所であるからだと言った。両者とも、ケア提供者は自らが声をあげることのできない人々の望みを代弁しなければならないことから、ケア提供者の役割はきわめて重要だと考えた。

6．社会における愛の役割

　糸賀もヌスバウムも、目指す社会をつくるために、人々にどう訴えかけたらよいか考えた。ヌスバウムは、相互の優位性がその十分な動機付けにはならないと気づいていた。むしろ、愛や正義を熱望することによって、動機付けられるべきだと考えた。

> 　その答えは、私たちに正義へのコミットメントと他者への愛とがあるから、つまり私たちの人生は他者の人生と結びついておりまた私たちには他者と諸目的を分かち合っているという感覚があるからというものでしか、ありえない。[30]

　糸賀もまた、愛と相互理解が人々を互いに結び付ける中心的な要素となることで、将来の理想的な社会がつくり出されるだろうと言った。

> 　この子らをほんとうに理解してくれる社会、差別的な考え方や見方のない社会、人間と人間が理解と愛情でむすばれるような社会をつくりたいと願う。[31]

　両者とも、愛が社会的な関係の道を切り開くに違いないと考えたが、それがどのように起こるのかについては、考えを異にしていた。

　糸賀は、施設で子どもたちのために愛のある環境をつくろうと努力することが、障害者とともに生きるための新しい方法を世界に示す出発点になるだろうと考えていた。

> 　ひとつの教室のなかや施設のなかで、道徳的人格形成を求めて、さやかな教育的実践をやったとしても、それは天下の形勢のなかでな

にほどのことでもないかもしれない。あさらめくしまいたくなるほど
のことである。しかし、私たちは、天下を照らすような大げさなスタ
ンドプレイは到底できないものであっても、与えられた一隅をまじめ
に照らすことはできる。その一隅はどんなに小さな片隅であっても、
そこを自らの全生命を傾けて照らしつづけることを理想とすることは
可能である。その実践が深く世界に通じ、歴史につながった生き方に
なると信じたい。[32]

　ヌスバウムも、全ての人々のための社会正義の価値について、人々の理解を
得ることができると言う。道徳的な情操は、子どもたちの公教育、公共的弁論
や芸術を通して教えることによって育むことができると言う[33]。

　一般の人々の態度は変えることができるとヌスバウムは言い、フランクリン・
ローズヴェルト大統領やマーティン・ルーサー・キング・ジュニア牧師らが、
周縁化された人々にも人間性があると訴えたことによって、アメリカでは貧困
層やアフリカ系アメリカ人に対する人々の態度が変わったのだと主張する。権
利の提唱者たちは、障害のある人々は複雑で、多様で、愛や達成感を感じるこ
とのできる個人なのだと言う[34]。人々が障害を人間の経験の本質の一部だと
いうことを理解し、障害のある人を個々の人として見るとき、障害者に対して
愛情を抱き、障害者のための正義を求めるようになる。

　ヌスバウムが知性に訴えるのに対して、糸賀は人間の本質への信念を引き合
いに出す。それは、全ての人々は潜在的に無条件の愛を抱くことができ、その
愛は機会を与えられたときに成長するのだという信念である。そして、教育愛
についての洗練された議論を通して糸賀は、教育愛というものはすぐには芽生
えるわけではなく、侮辱、怒り、そして憎しみが入り混じった複雑な感情さえ
も取り込むものであろうと言ったのである。

おわりに

　ヌスバウムは、糸賀の「この子らを世の光に」というメッセージについて、
何と言うだろうか。きっとヌスバウムは共感するだろう、と筆者は思う。ヌス

バウムも、障害のある個々の人の個別性、成長、多様性が尊重されるべきだと考えていることから、もし障害者の人間性が理解されるのならば、かけがえのない愛や慈しみに根ざした全く別の人間社会がつくり出されるだろう、と述べている。

　それでは、糸賀はヌスバウムについて何と言うだろうか。ヌスバウムのアプローチに基本的には賛同し、個々人の権利に焦点を当てることについて称讃するのではないだろうか。

　筆者は2人のアプローチに類似点があるだろうと想像はしていたが、それぞれの立場で重視する問題をより詳細に見てみると、思っていたよりもずっと似ている点が多かった。では、なぜこんなにも似通っているのだろうか。ヌスバウムも糸賀も、平等や個々人を尊重する自由主義的な伝統を根拠とする。その点においては、資本主義システムが発達を中心に据えていることに対して似たような批判をするのは当然であろう。

　両者の力点は違うが、それは本質的な違いではない。ヌスバウムの可能力アプローチは、コミュニティー全体への善よりも個々人の権利に焦点を当てる。糸賀のアプローチは、さまざまな人間関係に基づく個々人、そして施設内での人間関係を見つめる。糸賀は、ヌスバウムの分析にはない、コミュニティーや施設レベルでの支援についても考慮に入れる。

　ヌスバウムの著書を読んだとき筆者は、西洋と日本の思想家の対話がほとんどないことを残念に思った。もし、ヌスバウムが糸賀の著作やスピーチを読んでいたとしたら、ヌスバウムは刺激を受け、自身の主張する可能力や人間関係における愛の役割についての具体例を見出していただろう。そして、個々人、施設、社会での関係性について、再び考えをめぐらすのではないだろうか。

註
1)「capability」（ケイパビリティ）の日本語訳としては、「可能力」の他、「潜在能力」「伸びる素質」「生き方の幅」なども見られる。神島裕子は、Nussbaum, Martha C. 2006. *Frontiers of Social Justice: Disability, Nationality, Species Membership*. Cambridge, MA: Harvard University Press の全訳、マーサ・ヌスバウム（2012）『正義のフロンティア：障

碍者・外国人・動物という境界を越えて』法政大学出版局の「訳者あとがき」において、「ケイパビリティ」が、その個体の種としてよく生きるという条件下で「何かになったり何かをしたりする」可能性を実質的に持つための力を指すとして、「可能力」を当てたと述べている（p.518）。

2）国連開発計画ウェブサイト『人間開発報告書』United Nations Development Programme. 2019. "Human Development Reports." http://hdr.undp.org/en/humandev 2020 年 6 月 8 日参照。

3）Robeyns, Ingrid. 2016. "The Capability Approach", *The Stanford Encyclopedia of Philosophy*（Winter 2016 Edition）, Edward N. Zalta（ed.）.
　https://plato.stanford.edu/entries/capability-approach/ 2020 年 6 月 7 日参照。

4）前掲 1）、Nussbaum, p.70、ヌスバウム、p.84

5）前掲 1）、Nussbaum, p.75、ヌスバウム、p.89（カッコ内筆者）

6）ヌスバウムは、人間の中心的な可能力を下記の 10 のものであるとする。それは、生命、身体の健康、身体の不可侵性、感覚・想像力・思考力、感情、実践理性、連帯、ほかの種との共生、遊び、自分の環境の管理である。（前掲 1）、Nussbaum, pp.76-78、ヌスバウム、pp.90-92）。

7）糸賀一雄〔1965〕（2003）『この子らを世の光に：近江学園二十年の願い』日本放送出版協会、p.307（傍点原著者）

8）ヌスバウムは自身の可能力アプローチの理論を、ジョン・ロールズ（1921 年〜 2002 年）によって提唱された社会契約論と関連付けている。社会契約論についてヌスバウムは、人々が生産的な活動をすることで社会に参画するという市民像を作り上げることが問題であると指摘している（前掲 1）、Nussbaum,p.4、ヌスバウム、p.9）。

9）前掲 1）、Nussbaum, p.2、ヌスバウム、p.6

10）前掲 1）、Nussbaum, pp.14-15、ヌスバウム、pp.21-22

11）前掲 1）、Nussbaum, p.2、ヌスバウム、p.6

12）糸賀一雄（1968）『福祉の思想』日本放送出版協会、p.96

13）前掲 1）、Nussbaum, p.160、ヌスバウム、p.185

14）前掲 1）、Nussbaum, p.73、ヌスバウム、p.87

15）糸賀一雄（1972）『愛と共感の教育』柏樹社、p.31

16）前掲 15）、『愛と共感の教育』、p.32

17）前掲 1）、Nussbaum, pp.159-160、ヌスバウム、p.184

18）前掲 1）、Nussbaum, pp.159-160、ヌスバウム、p.184

19）前掲 12）、『福祉の思想』、p.108

20）前掲 7）、『この子らを世の光に』、pp.304-305

21）前掲 7）、『この子らを世の光に』、pp.303-304

22）前掲 1）、Nussbaum, pp.53-54、ヌスバウム、p.65

23）前掲 12）、『福祉の思想』、p.45

24）前掲 1）、Nussbaum, p.92、ヌスバウム、pp.108-109

25）前掲 1）、Nussbaum, pp.101-102、ヌスバウム、pp.119-120

26) 前掲 12)、『福祉の思想』、p.15
27) 前掲 1)、Nussbaum, pp.102-103、ヌスバウム、pp.120-121
28) 前掲 1)、Nussbaum, p.101、ヌスバウム、pp.120-121
29) 前掲 1)、Nussbaum, p.100、ヌスバウム、p.118
30) 前掲 1)、Nussbaum, p.222、ヌスバウム、p.255
31) 前掲 12)、『福祉の思想』、p.13
32) 前掲 12)、『福祉の思想』、p.52
33) 前掲 1)、Nussbaum, p.414、ヌスバウム、pp.471-472
34) 前掲 1)、Nussbaum, pp.413-414、ヌスバウム、p.471

【謝辞】
　本章は香港政府・大学教育資助委員会(University Grants Committee) 研究資助局
(Research Grants Council) (プロジェクト番号：14609818)の助成を受けています。

【ガイダンス】
　糸賀一雄は半世紀以上前、当時まだよく理解されていなかった障害児たちの尊厳や精神について熱心に訴えた。1960 年代以降、障害児者の生活は確実に改善してはいる。しかし未だに、西洋でも日本でも、障害のある人々は他の人々と完全に同じ権利を享受しているとは言い難い。ヌスバウムが指摘したように、現在においても、私たちの社会は経済的に「生産性が高い」人たちが社会の主要な参画者であるという考えによって成り立っていて、生産性が低い人たちは、どういうわけか価値や重要性がより低いとされている。私たちが障害のある人々を完全に社会に取り込み、価値を与えるにはどうしたらよいのだろうか。糸賀の思想は、現代に生きる私たちを勇気づけ、刺激を与えてくれるものである。

　ヌスバウムのメッセージを英語で読みたい方は、上記の注に記載している神島裕子による翻訳のページ番号と原著のページ番号を参照いただきたい。

第14章
韓国における障害児教育・福祉保障
—糸賀一雄の実践と思想に学ぶ—

金 　仙玉

はじめに

　2017年9月韓国ソウル江西区で公立特殊学校の新設をめぐる住民討論会が開かれた。討論会では特殊学校の設立を希望する障害児の親と特殊学校の設立を反対する地域住民が激しく対立した。この過程で障害児の親がひざまずいて「学校設立は放棄できません」と絶叫する姿と、住民の「これは芝居だ」と叫ぶSNS映像が社会に大きな波紋を起こした。ソウル市教育庁は2013年末から当該学校の設立を推進してきたが、住民の反対が続いていた。韓国社会にまだNIMBY（Not In My Backyard）現象が蔓延しているというコラムがあふれ出た[1]。実際にソウル市では住民の反対で2002年に設立された学校を最後に公立特殊学校が1か所も設立されていない。ソウル市教育庁は国家人権委員会の勧告[2]に基づき江西区に特殊学校を設立して2019年9月に開校すると発表した[3]。この一連の事態から韓国社会の障害児観を垣間見ることができる。グローバル化に対応できる人材育成を目的とする韓国の教育政策と、その教育政策に従うための私教育熱や個人の高い学習能力を追求する社会文化的背景を介して正当化され、能力による障害児排除は社会的通念として確実に定着していくだろう。こうした障害児排除を克服するために依拠すべき思想とは何だろうか。

　渡部（2015）は、「糸賀一雄らの施設実践の創出と展開による近江学園・びわこ学園等における『発達保障』（1961）、『横（横軸）の発達』（1966）等の提起は、1960年代末から1970年代における障害児者の教育権保障運動につながり、1979年の養護学校教育の義務化を準備した。糸賀一雄の最大の功績は、『能力』観を変革したことである」[4]という。

本稿では戦後障害児、特に重症心身障害児（以下、重症児）観の転換に大きく影響を及ぼした糸賀の実践と思想が、韓国の障害児教育・福祉保障を考える上で示唆するものは何かを考察する。まず韓国における糸賀の研究動向を整理し、韓国の障害児教育・福祉において糸賀の実践と思想の意義を検討する。次に重症児の公共リハビリテーション病院設立をめぐる『国定監査議事録』と第5次障害者政策総合計画を取り上げ、韓国における障害児教育・福祉の現状と課題を検討する。最後に、これらを踏まえて、糸賀の思想と実践が韓国の障害児教育・福祉に与える示唆を考える。本稿で用いる表記については、韓国の障害児教育法制度を言及する2節を除いては日本の障害児教育で用いる用語を使用し、文脈によって適宜「障害児」と「障害児者」を用いる。なお、日韓の障害児教育関連用語を以下に示す。

表：日韓の障害児教育に関する基本用語比較

英語	日本	韓国
special education, special needs education	特別支援教育	特殊教育
special education teacher	特別支援教育教員	特殊教育教員（特殊教師）
special school, special needs school	特別支援学校	特殊学校
special support class, special needs class	特別支援学級	特殊学級
reasonable accommodation	合理的配慮	正当な便宜
inclusive education	インクルーシブ教育	統合教育
severely disabled children	重症心身障害児	重症障害児
rehabilitation	リハビリテーション	再活（再活治療、再活訓練、再活サービスといった形で使用されている）
	療育	

1．韓国における糸賀一雄の研究動向

　韓国において糸賀の思想と実践を紹介している研究は洪 貞 淑（ホン・ジョンスク）と金仙玉（キム・ソンオク）の研究が雄一である。以下では二人の研究を概観し、韓国の障害児教育・福祉に糸

賀の実践と思想が与える意義を検討する。

（1）洪貞淑による研究

　洪は 2009 年『特殊教育ジャーナル：理論と実践』に「日本における知的障害児者教育・福祉の先駆者糸賀一雄の青年期思想と共感思想に関する実証的研究」を、2010 年に「日本における知的障害児者発達保障運動の思想的源流」を発表した。「日本における知的障害児者教育・福祉の先駆者糸賀一雄の青年期思想と共感思想の実証的研究」では、糸賀の障害児教育・福祉思想の根幹は青年期思想だという観点から青年期思想と共感思想がどのような関連性を持っているのかを分析した。分析を通じて、糸賀の青年期思想と共感思想に一貫している認識として次の三つを挙げている。第一に、青年時代の糸賀は関係的存在として人間を認識している。共感思想は障害者と非障害者の人格的交流を中心とする人間関係観である。このように糸賀の青年期思想と共感思想において最も顕著な特徴は、人間を関係的存在として捉えていることである。第二に、愛の実践を重視している。糸賀は観念的な愛より実践的な愛を重視する立場を貫いている。愛は抽象的なものではなく、具体的な対象に向かうことだと認識している。第三に、自覚と責任に関する認識を堅持している。国家や社会が望ましい方向へと進むためにはその共同体の構成員が責任を自覚して活動する姿勢の重要性を強調している。

　洪は、以上の分析から、糸賀の思想は固定的なものではなく、近江学園の実践の中で常に吟味、発展・深化され、子どもたちの障害が重度化するにつれて糸賀自身の人間観にも変革が求められたと論じている[5]。

　「日本における知的障害児者発達保障運動の思想的源流」では、「この子らを世の光に」、「自己実現」、「発達保障」を中心に糸賀思想の特徴を分析し、韓国の障害児教育への示唆点を提言している。糸賀思想の特徴として、次の三つを挙げている。第一は、重症児に対する認識の改革を求めている。第二は、重症児も自己実現、発達の道筋は非障害者と共通点を持っている。第三は、糸賀の思想は障害児教育・福祉の実践を通じて確立・深化されたのである[6]。洪は

糸賀の思想が韓国の障害児教育に与える示唆点として二点を挙げている。第一に、障害児の教育保障運動を推進する団体は障害児の権利保障のための理念と論理を確立しなければならない。また発達保障の要求と主張が具体化されるよう実践を強調すべきである。第二に、重症児の教育に関する哲学を確立するとともに、その実践力を模索しなければならない。日本は1988年「人物でつづる障害者教育史〔日本編〕」の発刊をはじめ、糸賀の著作集発刊のような障害児教育の哲学と方法の発展に寄与した人物を発掘して彼らの理論を体系化する作業を続けてきた。韓国の障害児教育の哲学的アイデンティティは障害児教育の発展に寄与した人物研究を通じて確立可能だと考えると、韓国も後世に引き継ぐ障害児教育思想を発掘して体系化する努力が必要であろう。また糸賀の思想において最も重視されている重症児の教育可能性に関する認識を広げ、彼らの教育権を保障するための研究活動とこれを教育現場につなげる努力が求められる [7]。

（2）金仙玉による研究

　筆者による糸賀に関する研究は2016年にまとめた博論の中で論じたもの並びに『最後の講義』韓国語訳、韓国特殊教育学会での発表がある。筆者の博論テーマは「障害者教育における合理的配慮の意義と課題：韓国の現状と社会福祉的背景」である。主に韓国の障害児教育における「正当な便宜」の運用の実態と日本の「合理的配慮」の法制整備の考察を通して、障害児教育におけるその意義と課題を考察した。博論における日本の「合理的配慮」の法制整備の考察では糸賀の取り組みと思想について言及した。糸賀に注目した理由について述べる。日本は障害者権利条約（以下、条約）の批准に向けての国内法整備において「合理的配慮」をめぐる議論を重ねており、その議論の過程では提供する側の義務や社会的役割が強調され、その理念を抵抗なく国内法に取り入れた。筆者は、この背景に糸賀の思想があったと考える。戦後日本は糸賀の「この子らを世の光に」思想をベースにした実践の蓄積がすでに存在していた。その実践は渡部の指摘のように日本国憲法・教育基本法の中の「能力に応じて」とい

う文言に新たな解釈を提示し、法律や制度の改変を導いた。そして 2000 年代に入って一人一人の教育的ニーズに応じる教育への転換を図り、2007 年から特別支援教育が実施されている。このことは、条約を批准する以前に、すでに「合理的配慮」を議論する土台ができていたといえる[8]。その土台を礎に条約の批准にあたりその趣旨を既存の法律に抵抗なく反映させることができたと考えられる。

　一方、韓国では、政治体制や経済的状況から社会整備が成熟しないままに当事者の運動に突き動かされて障害児教育がスタートした。1977 年に制定された特殊教育振興法では小・中学校が義務教育化されたものの、その運用実態は法律とは大きく乖離しており実際に学校に通う障害児は少なかった。その後、1994 年に特殊教育振興法の全面改正が行われたが、改正後も大きな変化はみられなかった。こうした状況のなかで 2006 年の条約採択を契機に 2007 年に特殊教育法と障害者差別禁止法が制定され、2008 年には条約を批准し、障害児教育において「正当な便宜」提供が義務化された。そもそも条約の批准に伴う障害児教育での「正当な便宜」をめぐる議論では、障害当事者の権利獲得・権利主張に重点がおかれ、権利主張が困難な知的障害児に対する「正当な便宜」のあり方やその内容等についての議論が乏しかった[9]。実際に障害児教育における「正当な便宜」の殆どは身体障害児に対する便宜である。筆者は、障害児への差別をなくすための措置でありながら知的障害児を排除しかねない「正当な便宜」が持つ矛盾を打開するためには、社会の責任と人々の意識改革を絶えず訴えた糸賀の実践と思想は注目に値するものだと考えたのである。

　最後に、2019 年 6 月に開催された韓国特殊教育学会春季学術大会に参加し、博論及び糸賀の『愛と共感の教育』韓国訳を紹介しながら、障害児教育における知的障害児への「正当な便宜」の課題を述べた。そして、課題の改善にむけてはそもそも論に立ち返って「正当な便宜」の在り方の再検討が必要である。その際に糸賀の関係的存在としての人間理解、自覚と責任意識、共感思想は「正当な便宜」の発展的運用を考える上で示唆に富む視点を提示していると提起した。発表後、ヘーゲル哲学を専門としている某大学の先生から、「正当な便宜」

を障害児や親の要求に対して提供するものとしてのみで捉えるのではなく、求める側と提供する側との関わりの中で造り出していくものとしてもアプローチできる可能性を示したという意見を頂いた。

これまで韓国における糸賀研究の動向を概観したが、筆者は糸賀の実践と思想が韓国の障害児教育・福祉に与える意義は次のように考える。「正当な便宜」を、共に生きる社会を実現する手段として普遍化していく過程において、その実践的課題や在り方を探求する上で示唆に富む。韓国で「正当な便宜」が運用されてから10年が過ぎる。日本で障害者差別解消法施行に伴い「合理的配慮」が運用されてから4年が経つ。日韓の障害児教育における「正当な便宜」と「合理的配慮」の意義と課題を分析しつつ、糸賀の実践と思想から「正当な便宜」と「合理的配慮」の発展的運用について探求していきたい。

洪の研究からは、何よりも重症児の教育可能性に関する認識を広げ、彼らの教育権を保障するための研究活動とこれを教育現場につなげる努力が求められるという見解が、これからの韓国の障害児教育・福祉における極めて重要な課題だと考える。次節では、韓国における障害児教育・福祉の現状を概観する。その上で、『国定監査議事録』を概括し、重症児に対する教育・福祉の課題について検討する。

2．韓国における障害児教育・福祉の現状と課題
（1）第5次障害者政策総合計画（案）[10) の概要

韓国の障害児教育・福祉に関する法制度的整備は1970年代後半からはじまり、2000年代半ばからは量的拡大と質的な向上、充実が図られた。韓国保健福祉部の『2017年度障害者実態調査』によると、登録障害者は266万人と推定される。18歳未満の障害児は30万人で、このうち障害者福祉法に基づく1〜3級の重症児は7万人と推定されている。しかし、重症児の医療と再活サービスを提供する公共施設は不十分である[11)。現在小児再活専門機関はソウル所在のネクソン子ども再活病院が唯一である。2016年4月に開院、1万人以上の市民と500以上の企業、自治体、政府が共同設立した韓国初の子どもリ

ハビリテーシ病院である。再活診療センター、精神保健医学科、小児青少年科、歯科診療センターなど四つの診療科の緊密な協診を通じて障害児に統合的な再活サービスを提供することを目的として運営されている。

文 在 寅 大統領候補は政策公約の一つとして重症児の医療と再活を、国が保障する「公共子ども再活病院」設立を掲げた。そして、2016 年 12 月の大統領選挙で文候補が当選し、2017 年 5 月に 9 日より文在寅政権（2017 年～2022年）がスタートした。国民の国、正義の大韓民国という国家ビジョン掲げ、こうした国は障害者が社会の構成員として堂々と活動することが可能だとして2017 年 7 月 19 日「国定運営 5 カ年計画」を発表し、100 大国政課題の中に「公共子ども再活病院」設立が定められた。その後、2018 年 3 月 5 日政権発足以降初めて開かれた障害者政策調整委員会において「第 5 次障害者政策総合計画（以下、第 5 次計画）」が確定された。第 5 次計画は「障害者福祉法」に基づいて 5 年ごとに策定される政府の計画である。第 5 次計画は文政権の全期間にわたる障害者政策運営の最上位の計画として、2020 年現在、第 5 次計画（2018～ 2022）の 3 年目の事業が施行されている。第 5 次計画では、「障害者の自立生活が保障される包容社会」を目指して「5 分野」－「22 重点課題」－「70 細部課題」を設定している。以下、5 大分野を簡単に紹介する。

①5大分野 1：福祉・健康支援体制改編

2019 年 7 月より「障害等級制度」を段階的に廃止し、障害児者のニーズを総合的に評価するツールを導入する。再活医療の体制構築及びアクセス強化において、重症児が利用可能な再活施設が首都圏に集中していて施設探しに奔走する、いわゆる「再活難民」現象を解決するために、「公共子ども再活病院」を2022 年まで地域別に 9 か所設立する。病院の設立時は特殊学校と連携できる体制を整えて教育・再活・治療をワンストップサービスで行う。

②5大分野 2：教育・文化・体育への機会保障

障害児の教育権を保障するために特殊学校 22 校、特殊学級 1,250 学級を拡

充するとともに、特殊学校設立を容易に進めるために関連制度を整備する。障害児の生活指導員の増員、年間7千ウォンの文化利用券を10万ウォンに増やし、障害児者が活動に制限なく利用できる「開かれた観光地」100か所を2020年まで調整する。

③5大分野3：経済的自立基盤強化

　障害者の所得保障のために障害者基礎年金額を2018年9月に25万ウォンに、2021年に30万ウォンに引き上げる計画を推進する。また障害による追加費用を補填する「障害者年金付加給付」及び「障害手当」の引き上げを段階的に推進する方針である。

④5大分野4：権利及び安全強化

　障害児者に対する国民認識改善のための中長期間ロードマップを整備する。中央政府及び市・都に「障害者権利擁護」を設立して、障害者虐待と差別問題に対応する。障害児者「災害安全教育及び対応マニュアル」を開発して安全設備基準を強化する。

⑤5大分野5：社会参加の活性化

　モバイルウェブ、ソフトウェア、情報通信製品を容易に使用できるよう支援する。画面朗読ソフトウェアなど情報通信補助機器を毎年4千名に支援する。
　このように第5次計画では障害児教育・福祉分野での具体的目標を設定して障害児者の自立生活が保障される包容社会を目指している。政権ごとに大きく政策転換が行われる韓国の政治体制の中ではどこまで実現させていくかが今後の課題である。

（2）『国定監査議事録』検討

　以下は2017年10月31日に国会に出された『国定監査議事録』の逐語訳である。なお、韓国語の日本語訳は筆者による。政府は重症児の親の要求をどの

よっに受け止め、その要求をどう実現させようとしているのだろうか。

「（進行議員）

　文大統領の公約である公共子ども再活病院設立関連の参考人が出席します。今、私の胸につけているピンは「奇跡の芽ピン」言い、障害児の生活に奇跡が起こり、安心して生きる道を社会が作っていくべきだという希望が込められています。これは、特に保健福祉部（日本の厚生労働省に当たる）や私たち国会議員の役割だと思います。…参考人はここに出席した理由を話して下さい。

（参考人：重症児の父）[12]

　私の息子は今年 10 歳で、8 年前の今日 10 月 31 日に事故で障害児になりました。四肢麻痺で食事は経管栄養で行い、10 分毎に吸引をしなければなりません。一人では動けない。話せません。息子にとって病院は生命を継続させるところであり、世間を学ぶ学校です。しかし、韓国は息子にこれさえも容易に許してくれなかった。行く病院がなくて 1 か月も再活（日本のリハビリテーションや療育にあたる）を受けられず脊椎が曲がり、骨盤が歪みました。これでは息子を死に至らしめると考え、私たち家族は再活難民になることを決めました。一度は家から 3 時間離れた病院で妊娠中だった妻が息子をケアしている時に早産で入院する状況が生じました。息子の傍で頻繁に呼吸状態を観察しながら吸引をしなければならないのに預ける人がいない。住んでいる地域に再活病院があったらこうした状況は生じなかったはずなのに…あまりにも残酷すぎる。家族全員が必死に頑張っても治療のところか命を守ることも難しいのが韓国です。そのうえ、息子は義務教育からも除外されています。治療を中断できず病院探しに迷う息子は特殊学校も行けない。巡回教育も受けられない。もう家族の力だけでは息子の生命と生活を守ることができません。そこで息子の手を握ってマスメディアの前に出ると決心しました。マスメディアに出てから 4 年になり、息子と家族の痛みを何千回も国民や政府、自治体、国会で話しました。息子も適時適切な治療と教育を受けられるようにと。子どもの命を守り、教育を保障することが国家の義務ではないでしょうか。親が子どもの生命の危

機に対して放置したり、学校に行かせなかったりすると処罰されます。ところが、国家がそうした場合はどうなるのでしょうか。

2017年2月7日、文大統領は「奇跡の芽ピン」を胸につけて、私の息子の名前を呼びながら、再活、治療、教育を共に保障する「公共子ども再活病院」を任期内に完成させますと約束をしました。ところが、保健福祉部から2019年以降に設立するので待って下さいと言われました。子どもの命は待ってくれません。そこで先月、私たちの親（重症児の親の会）は、国会の前でひざまずきました。これ以上病院の設立を延期しないで下さいと。

（進行議員）

10代未満の障害児は非障害児に比べて死亡率が37倍高くて、一日一日が障害児にとっては貴重な時間です。障害児の健康権が大きく脅かされています。保健福祉部長官、公共子ども再活病院は必ず設立すべだと思います。

（保健福祉部長官）

今、政府が全国に9か所の「公共子ども再活病院」設立を推進しています。特に大田（参考人の居住地域）場合は、私が大田市長に約束をしました。そして今年でも国会で設計費を上げてくれればすぐにでも推進します。

（参考人）

韓国は息子を8年間待たせましたが、変わりはありませんでした。首都圏以外の地域では早期介入・治療を受ける病院が1か所もありません。韓国は息子のような重症児には治療を受ける機会も教育を受ける権利も与えてくれないのです。重症児の命を国が守りますと約束して下さい。」

以上、『国定監査議事録』を概括した。「公共子ども再活病院」設立の関連法案として「地方の子ども再活病院設立及び運営に関する法律（通称ゴヌ法〔ゴヌは上記参考人の息子の名前である〕）」が第19代国会（2012年〜2016年）で発議された。しかしゴヌ法は一度も会議を開かず廃棄された。そして第20代国会（2016年〜2020年）で再びゴヌ法が発議されるが、第20代国会任期満了で廃棄される。これに対して重症児の親の会は、青瓦台（大統領府）ホームページに作った国民請願コーナーを通じて大統領に民願[13]を申請し病院設

立を求める。こうした紆余曲折を経て「公共子ども再活病院」設立は第5次計画の政策課題に位置付けられることになったのである。しかし上記のように、保健福祉部は2019年以降に設立する方針だと説明しており、政府の後退的姿勢に対して重症児の親は病院設立を社会に訴えている。また、保健福祉部障害政策課長は、「公共子ども再活病院」設立遅延の理由について次のように述べている。「最大の理由は予算不足の問題です。病院1か所設立時は78億ウォンの国費を支援する予定ですが、自治体がそれでは不足だと言い、消極的な姿勢を取っています。また民間の医療機関は病院の建設費より開院以降の運営赤字を大きく懸念しています。」[14] と説明している。

　2020年4月20日、第5次計画の2020年障害者政策施行計画が審議・議決された。主な推進内容の一つとして、「公共子ども再活病院」2か所・センター2か所、障害児のための健康検診機関11か所の設立を定めており、「公共子ども再活病院」設立は9か所から2か所に縮小されている。

　文政権は重症児の医療・福祉・教育を保障するための「公共子ども再活病院」設立を選挙公約に掲げており、政権発足以降には設立の延期や規模の縮小など、課題を指摘 [15] されながらも実行に取り組んでいる。選挙公約の思惑とは別として重症児の医療・福祉・教育の総合的な保障のための「公共子ども再活病院」設立を韓国社会に公論化させたことは意義がある。しかし、公論化の過程や国会討論会での保健福祉部長官の答弁、保健福祉部障害政策課長の説明は、予算不足とそれに伴う自治体の消極的な態度、医療機関の運営赤字の懸念を「公共子ども再活病院」設立の延期理由として挙げている。このような立場は言うまでもなく、「公共子ども再活病院」設立や運営に伴う費用と密接に関連している。重症児の生存権、医療権、教育権保障と国家の義務の間で、適切なバランスを見つけることが重要な課題であったのである。すなわち、障害児の権利を保障するために必要な費用をどのように負担するかという問題と、国家の果たすべきサービスの一致点が大きな争点であったのである [16]。国は重症児対策において公的責任を明確に打ち出し、政府自治体とNPOなどが連携して「公共子ども再活病院」設立を思い切って実行すべきである。

糸賀の実践から考えると、「公共子ども再活病院」設立と運営の取り組みは障害児、とくに重症児に対する教育・福祉、医療対策の思想的根拠を見出していく、あるいはみがいていく絶好の機会だと思う。重症児に関わる医療、福祉、教育従事者・関係者は重症児とともに歩んでいくなかで様々な喜怒哀楽を体験しながら、各人の役割と重症児の生きる権利を保障する取り組みがもつ意義を学んでいくだろう。そして、実践から見えたものを探求していくことで、能力主義と学力を重視する韓国社会が、その基準から外れるものを「社会的弱者」としてはじきとばしていた重症児の存在そのものを認め、能力主義を越えたところにみえるものに気づくのではないだろうか。

おわりに　－糸賀の実践と思想が韓国の障害児教育・福祉に示唆すること－

　本稿では韓国における糸賀の研究動向及び障害児教育・福祉の現状と課題を検討してきた。これを踏まえ、糸賀の実践と思想が韓国の障害児教育・福祉に与える示唆を述べ、本稿を閉じることにする。

　韓国の特殊教育研究者による歴史的・思想研究の活性化が求められる。韓国における特殊教育は教職課程において「特殊教育概論」は必須科目に指定されており、多数の教育学概論においても特殊教育を単独の章として扱うほど教育の分野でその領域が拡大された。これにより、特殊教育に関する研究も年々活発化している。しかし、韓国の特殊教育に関する研究の多くは障害の特性に応じる治療教育に関する研究が主流となっており、特殊教育の意義やあり方を探求する哲学的研究はなおざりにされている[17]。韓国は 2000 年代以降、特殊教育学科を設けている大学が 4 倍以上増加しており、特殊教育を研究する研究者も飛躍的に増えた。特殊教育の規模が大きくなったということは特殊教育の意義や在り方、方向性を総合的に考察・分析することが重要になってきていることを意味する。韓国でも障害児教育・福祉分野で優れた実践や思想は多く存在するだろう。障害児教育・福祉分野の研究者はその実践や思想にも着目し、理論化に努める必要がある。

　今回、韓国の重症児の親の団体が公共子どもリハビリテーション病院設立を

マスメディアで訴える際、「日本は重症児のための政府と民間によるリハビリテーション病院や施設が 200 か所以上あるのに韓国は公共リハビリテーション病院が 1 か所もない」といい、病院設立を求めていた。今後、機会を設けてその背景にある糸賀の実践と思想について深めていきたい。障害児の親や彼／彼女らと日々一瞬一瞬人間対人間として関わる人々たちは「この子らはどんなに重い障害をもっていても、だれととりかえることもできない個性的な自己実現をしているものなのである。」[18]「重症心身障害のこの子が、ただ無為に生きているのではなく、生き抜こうとする必死の意欲をもち、自分なりの精いっぱいの努力を注いで生活しているという事実を知るに及んで、私たちは、いままでその子の生活の奥底を見ることのできなかった自分たちを恥ずかしく思うのであった。重症な障害はこの子たちばかりでなく、この事実を見ることのできなかった私たちの眼が重症であったのである。」[19] ことを実感しているだろう。

　さらに糸賀は重症児について、「声なき声をもって訴えている。それは、人間として生きているということは、もともと社会復帰していることなのだということである。ここからここまでが社会復帰、それ以下は社会復帰でないとして、価値的に低いとみるべきではない。しかも、ここからここまでというのが、その時の社会のつごうで勝手にきめられるべきものでもない」[20] と述べた。

　このように糸賀は能力を、個人が所有する能力と諸環境や他者との相互関係において捉えている。諸環境や他者とは、様々な社会的諸制度や文化、他者による支援や人間関係、精神的交流などを含むとしている。そして、これらを社会や文化の能力としてとらえ、社会が面倒をみるのはここまでで、あとは個人のやるべきことといった自己責任論には持ち込ませない論理的基礎と思想を提唱して、障害児教育・福祉のあり方や方向性を示している。これらは最も韓国の障害児教育・福祉に大いに示唆的であると考える。

註

1）イ・ドンユン、ユ・チョルヘ（2018）「特殊教育哲学の必要性と Nel Noddings 教育思想の統合教育的合意」『教育問題研究』第 31 巻 3 号、p.36

2）京郷新聞インターネット版 2017 年 9 月 18 日記事、http://www.khan.co.kr/。

3）実際の開校は 2020 年 3 月であった。公立の知的障害を対象とする特殊学校で、初等・中等・高等・専攻科教育課程を設けている。

4）渡部昭男（2015）「『排除から包摂へ』のあゆみ：SNE 学会の研究運動課題によせて」『SNE ジャーナル』21（1）、日本特別ニーズ教育学会、p.77

5）洪貞淑（2009）「日本における知的障害児者教育・福祉の先駆者糸賀一雄の青年期思想と共感思想に関する実証的研究」『特殊教育ジャーナル：理論と実践』、pp.228-229。

6）洪貞淑（2010）「日本における知的障害児者発達保障運動の思想的源流」『特殊教育ジャーナル：理論と実践』、p.163

7）同上、pp.175-177。

8）金仙玉（2016）「障害者教育における『合理的配慮』の意義と課題：韓国の現状と社会福祉的背景」愛知県立大学大学院人間発達学研究科、（博士論文）p.154
　　なお、この見解は博論執筆指導時に外部審査委員であった渡部昭男先生から頂いた。

9）同上、p.154。

10）「障害者の自立生活が保障される包容社会」の実現に向けた第 5 次障害者政策総合計画（案）［2018 ～ 2022］関係部署合同、2018 年 3 月 5 日。

11）第 371 回国会の保健福祉委員会議事録 2019 年 10 月 31 日定期会。

12）社団法人「トタクトタク」代表。2013 年 12 月重症児の親と市民たちによって結成された非営利団体である。重症児のための国による「公共子ども再活病院」設立を目指して国や社会に働きかけている。

13）民願とは民願人が行政機関に対し、処分等、特定の行為を要求する行為（民願事務処理に関する法律第 2 条第 2 号）をいう。

14）政府は病院の建設費用のみ 50％を支援する。運営費の支援はないので政府が病院建設事業の公募を出しても民間の医療機関の志願がない状況である。Ablenews 2019 年 6 月 27 日記事、http://www.ablenews.co.kr。

15）2018 年 9 月 20 日に開催された第 47 回韓国リハビリテーション学会大会では文政権の 1 年間の障害者政策の評価が行われた。議題化及び履行努力について学界は比較的に良好と評価しているものの、予算の配分は不十分であり、政府の積極的な努力が必要だと指摘された。また、2019 年 6 月 27 日国会で韓国障害者団体総連盟など 48 個の障害関連団体からなる障害者共同対応ネットワークが国会委員と文政権の 3 年間の障害者政策の評価を行った。現時点において 14 個の公約のうちに完了された公約はなく、進行中の公約が 1 個、懸念のなかで進行中の公約が 10 個、未履行の公約が 1 個、評価不可な公約が 2 個で 71％が懸念のなかで進行中である。残りの任期中に実践意志を持ち公約を遂行すべきだという。KUKINEWS2020 年 8 月 12 日記事、m.kukinews.com/。

16）金仙玉、前掲 8）、p.75

17）特殊教育関連 21 個の学術誌に 2010 年から 2014 年まで 5 年間掲載された論文の中で、

特殊教育の意義やあり方などに関する論文は6本のみである。前掲註1)、同上、pp.38-39

18) 糸賀一雄(1968)『福祉の思想』日本放送出版協会、p.177
19) 前掲18)、p.175
20) 糸賀一雄(1965)『この子らを世の光に』柏樹社、pp.297-298

【ガイダンス】

韓国の障害児教育権保障に関する年表

1949 年　<教育法>制定 特殊教育の目的・対象、特殊学校・特殊学級設置義務等規定

1977 年　<特殊教育振興法>制定 障害児の公教育の保障始まり

1994 年　<特殊教育振興法>全面改正 統合教育、個別化教育、巡回教育、治療教育新設

2007 年　<障害者等に対する特殊教育法>制定 義務教育の強化、差別禁止条項の強化、特殊教育関連サービス明示など国家責任性強化

2007 年　<障害者差別禁止法>制定 教育部門での差別禁止・「正当な便宜」提供の義務化

2008 年　国連・障害者権利条約、韓国政府批准

2011 年　<障害児童福祉支援法>制定 地域社会福祉支援インフラと特殊教育との連携明示

2015 年　<発達障害者権利保障と支援に関する法律>制定

2017 年　教育部「第5次特殊教育の発展5カ年(2018〜2022)計画」発表

筆者の糸賀研究を含む障害児教育関連研究
・金仙玉(2014)「韓国における障害者権利条約批准後の障害者の教育権保障に関する一考察:国家人権委員会のガイドラインと勧告の分析を通して」総合社会福祉研究所『総合社会福祉研究』第44号、pp.107-117
・渡部昭男・金仙玉(2016)「糸賀一雄の最後の講演:愛と共感の教育」神戸大学人間発達環境学研究科『教育科学論集』第19号、pp.17-30
・金仙玉(2016)「韓国の教育現場における『正当な便宜』の運用実態の考察:『合理的配慮』との違いに着目して」国立社会保障・人口問題研究所『海外社会保障研究』第193

号、pp.68-75
・「糸賀一雄の『最後の講義：愛と共感の教育』を読み解く」日本特殊教育学会第 56 回大
　会自主シンポジウム、2018 年
・「糸賀一雄の『最後の講義：愛と共感の教育』通してみた韓国教育現場における『正当な
　便宜』運用実態と展望」韓国特殊教育学会春季学術大会、2019 年

『教師になるための特別支援教育』「第 5 章人権としての特別支援教育（2）韓国における
　障害児教育」執筆、田中良三・湯浅恭正・藤本文朗編著、培風館、2020 年
　韓国の代表的な障害児者情報サイト
　国立特殊教育院：www.kise.go.kr
　　　　　特殊教育関連各種資料、情報、相談提供
　保健福祉部 :www.mohw.go.kr
　　　　　　韓国の障害児者福祉政策
　障害友権益問題研究所：www.cowalk.or.kr
　　　　　　障害に関する諸問題研究・調査、権益擁護
　障害者人権センター：www.hcdp.or.kr
　　　　　　障害認識改善教育、障害人権増進事業

コラム4
糸賀一雄を学び、より深めるために　－優生思想を超えて－

平田　勝政

　私が糸賀一雄の著作を学び始めたのは 20 歳前後からである。手元にある『この子らを世の光に』（柏樹社）の奥付を見ると第 13 版（1973.10.15 発行、初版1965.11.1）で「S.49.3.16 求」と購入日が万年筆で記されている。『福祉の思想』は第 17 刷（1972.6.16 発行、初版 1968.2.20）を所有しており、記憶が定かでないが大学入学（1972.4）早々に入手して読み始めていた形跡が万年筆（入学祝）の傍線跡に見て取れる。糸賀の主著を手にして半世紀近くなるが、この間何度読み返したことであろうか。特に『民間学事典（人物編）』（三省堂 1997）や『社会福祉辞典』（大月書店 2002）で「糸賀一雄」を執筆担当したことが学びを深める契機となったが、いまだ糸賀に関するオリジナルナな研究を発表するには至っていない。研究のスケッチを描いて責任を果たしたい。

日本における優生学批判の系譜における糸賀一雄の位置

　私の糸賀一雄研究への関心と切り口は、優生学（その思想・運動・政策）の克服（超克）という課題意識にある。振り返ると 3 年間（2002 ～ 04 年度）取り組んだ「日本における優生学の障害者教育・福祉への影響とその克服過程に関する研究」という科研費研究テーマ（後半）の「克服過程」に位置づく人物として糸賀は検討されるはずであった。しかし想定外の事態発生による多忙化に流され 2005 年 5 月にまとめた同テーマの科研費報告書（全 114 頁）の「終章」（本研究のまとめと今後の課題）では「研究の中核に位置付けるはずであった糸賀一雄における優生思想の克服過程の研究については、本研究は遠く及ばなかった」（61 頁）と書く結末となった。

　以後「糸賀一雄における優生思想の克服過程の研究」は課題であり続けた。しかし糸賀の主要著作には優生思想を超えていけ！と言わんばかりの意味深い

メッセージを包含した思想（＝「発達保障の考え方」）が読み手の心を限りなく清め勇気づけるにもかかわらず、「優生」なる用語を使用して正面突破の優生学批判は見出せない。「遺伝」「血すじ」「社会防衛」には言及しても肝心の「優生（学）」は意図的に回避している疑念さえ抱かせる。優生思想批判を実証できないため遅々として糸賀研究が進まない中、2016年7月26日に日本社会を震撼させた周知の津久井やまゆり園事件（相模原障害者殺傷事件）が発生した。

近藤益雄が生きていたら犯人に対してどういうメッセージを発し説得したであろうか、私なりに代弁するつもりで「障害者問題研究」第44巻第4号（2017）の「発達保障のために学びたい本（連載第12回）」に『この子らも・かく』等を取り上げ＜一人一人の「人間のねうち」を高め、認め合うために＞と副題をつけて発表した。続いて＜津久井やまゆり園事件を考える＞を特集した『発達障害白書2018年版』（明石書店2017）に執筆機会を得て「日本の優生思想と障害者福祉・教育への影響」と題して「日本における優生思想の系譜、その障害者福祉・教育への影響と克服努力の遺産」について執筆した。この白書の記述で初めて糸賀一雄を「克服努力の遺産」に位置づけた（上記白書の＜3. 戦後日本における知的障害者の断種と優生思想克服の遺産＞を参照のこと）。

突如として歴史研究の立場からの相模原事件への対応・見解表明を迫られ、糸賀に関する記述部分を見切り発車で発表せざるを得なくなった。裏づけとなる学術研究を欠いた記述を公表したことに正直不安があった。私の思い込み（勝手な解釈）との謗りを免れないリスクの発生が懸念された。そのことが逆に、何としても、後付けになっても、糸賀の優生学批判の言説の存在を実証する資料の発掘が懸案事項となっていった。

日本特別ニーズ教育学会における優生手術問題の研究交流と糸賀新資料の発掘

相模原事件に続き、障害者の強制不妊手術問題が顕在化した。周知のように2018年1月に旧優生保護法による強制不妊手術に対する国家賠償請求訴訟が仙台地裁に提訴されたことを契機に、障害者の強制不妊手術問題に対する社会的関心がかつてない広がりと高まりを見せた。

学会の研究活動として障害者の強制不妊手術問題の原因とその実態を究明し、問題解決に資する研究交流をしていこうではないかという提案が船橋秀彦氏からなされた。私も賛同して「優生保護法下の障害者への優生手術に関する研究交流」をテーマとするラウンドテーブルを日本特別ニーズ教育学会第24回大会（大阪体育大学 2018）で第1回目を、同第25回大会（長崎大学文教キャンパス 2019）で第2回目を開催した。

　第1回目の報告では、①戦前の国民優生法と戦後の優生保護法との連続性と対象拡大の改悪化を指摘し、②戦前の厚生省主催「国民優生法実施準備に関する協議会・講演会」に注目した優生思想の地域への浸透過程を報告し、③さらに戦後 1955 年の「精神薄弱」者断種事件（千葉県・旭療護園）を取り上げ、賛否と世論（世間の認識・態度）の詳細な分析の必要性を研究課題として提示した。その 1955 年事件の再調査から、前年の 1954 年に同様の断種（去勢）事件が鳥取県で発生していることを発見した。両事件に関する資料調査の成果を拙稿「優生保護法と障害者の人権―1950 年代の断種（去勢）事件の検討―」（「長崎大学教育学部教育実践研究紀要」第 18 号 2019）としてまとめた。

　第2回目の報告では、新しく解明した 1954 年の鳥取県における「精神薄弱」者断種（去勢）事件を中心に、①事件の経過と結末（1954.6-12）に関するより詳細な事実確認、②人権侵犯問題としての事件をめぐる鳥取県法務局（法務省人権擁護局）と鳥取県衛生部（厚生省公衆衛生局）の対立と論争点、③事件をめぐる世論の動向と優生思想克服の遺産、について報告した。上記③の後半「優生思想克服の遺産」を報告できるに至る経緯を紹介しておく。③の前半「事件をめぐる世論の動向」の報告準備のために鳥取県を中心に同心円的にマイクロフィルムの地方新聞を拡大調査し、作業が「滋賀新聞」に及び、その精査をおこなう中で奇跡が起きた。

　座談会記事で「ゴッホを中心としたフランス美術を語る」との見出しで、座談会メンバーの中に「糸賀一雄」の名が見えたため記事（3回連載）を読み進めた。見出しから判断して期待できない内容と思われた。連載最後の3回目の記事に入り、予想通りの結果と思われた瞬間、わが眼を疑う記事の激変に興奮し

た。念願の糸賀一雄による優生思想（断種法）に対する批判的見解表明の記事の発見である。それを下記に示す。

　　　〜〜〜

（座談会）ゴッホを中心としたフランス美術を語る（下）「滋賀新聞」第 10121
　　　　号（１面）1954.7.22
　※開催日（1954.6.28）／出席者：式場隆三郎（式場病院長・医学博士）、摂
　　　津愛親（滋賀県衛生部長・医学博士）、小林郁（滋賀県医師会長）、小松周
　　　治（大津赤十字病院内科医長）、糸賀一雄（近江学園長）、石島医学博士（彦
　　　根）、青木亮貫（水口病院長・医学博士）、奥村悦造（滋賀新聞社社長）

　　　　　　　　　　　　　　　　　　　　　　　　　　　　［下線は引用者］

「（前略）
　式場　それでは精薄児の断種について皆さんはどうお考えですか。
　糸賀　断種すべきかどうか、積極的必要にもってゆくべきかどうかとなると
　　　　疑問です。
　式場　私もそう感じます。
　摂津　精薄児が子供を生んだらどうなるのか、ヒロポンで監禁せなければな
　　　　らぬようなものが子供を生んだらどうもならぬと思います。
　式場　現実に向うとどうも臆病になるもので…。
　糸賀　理論的に医学では結論が出ないと思う。思想的背景から断種がいわれ、
　　　　どうもヒューマニズムに反するような気がする。くらそうにも能力が
　　　　ないといった素質的な原因でなしに……だから社会保障的なことまで
　　　　義務として浮び上っているので○る○思います。
　式場　もう少し慎重にやるべきものだと思います。
　青木　予防政策、生活福祉の面からも、生活にゆとりあるものに限り断種は
　　　　残酷であると思います。しかし生活に追いつめられた今日余裕もなか
　　　　ろうし、断種もやむを得ないのではないでしょうか。
　摂津　人口を殖やさぬようにすること、子供を生まないようにすることは人
　　　　口食糧政策の上からは優生学上からも矢張り必要ではないでしょう

か。〔後略〕」

～～～

　1954年の断種（去勢）事件報道の真最中に開催された座談会（1954.6.28）で糸賀一雄（近江学園長）が、式場隆三郎の「精薄児の断種について皆さんはどうお考えですか」という質問に対して、「断種すべきかどうか、積極的必要にもってゆくべきかどうかとなると疑問です」と応答し、さらに「どうもヒューマニズムに反するような気がする」と述べて、1954年時点で優生思想に対する疑問・批判意識を有していたこと、式場も糸賀の意見を支持したこと、が注目される。

　この記事の発見を受けて「糸賀一雄のヒューマニズムと発達保障～優生思想を超えて～」と題するテーマが確定した次第である。私の糸賀一雄に関するオリジナル研究は始まったばかりである。

第5部

若い世代へ

第15章
情熱をもった人間が歴史をつくる
—糸賀一雄の魅力を若い世代にどう伝えるか—

渡部　昭男

はじめに　—情熱をもった人間が歴史をつくる—

　鳥取県立図書館は、糸賀家より寄贈された書軸「情熱をもった人間が歴史を
つくる」を所蔵している。この書の意味について、揮毫した元国鉄総裁十河信
二は次のように記している [1]。

> 　いつか、彼に乞われて、「情熱をもった人間が歴史をつくる」と書い
> ておくったことがあります。歴史をつくるものは情熱と勇気だ、君は
> そう考えているんだろう。正しく君は勇気があり、情熱があって、個
> と全とを一体にし、融合することを心掛け、また実現している。それ
> が君の最も秀でたところである——こう僕は考え、願って書きおくっ
> たのであります。

　これを届けた大木会理事長齋藤昭氏によれば、同館開館二周年記念の「糸賀
一雄顕彰展」（1992）にあたり、「主人が鳥取に望郷の想いをもっていたことを
何らかの形で表したい」「鳥取は進取の気風のある処だから、高校生くらいの
若い人たちの励ましになるようなものを記念に差し上げたい」との決心で、夫
人の糸賀房様から託されたものであるという [2]。

　本稿では、筆者自身の大学等での授業実践を紹介しながら、書軸に込められ
た願い、そして糸賀一雄の魅力を若い世代にどう伝えるかを探ってみたい。

1．糸賀のエピソードや言葉から「情熱をもった人間」を自らに重ねる

　21世紀の若者にとって、「生誕100年」「没後50年」などと語り始めると、
糸賀一雄（1914-68）は過去の遠い人となってしまう [3]。筆者は、十河のいう「情

熱と勇気」からアプローチするようにしている。

（1）伴侶となる女性との出会い・結婚

　高谷清『異質の光』に描かれている伴侶となる女性との出会い（＠福山）から学生結婚（＠京都）に至る場面は、同じ青年期を生きる者として時代をこえて糸賀をぐっと身近に引き寄せてくれる。高谷氏は房夫人から聴き取った「手紙のエピソード」をまじえてこう綴っている [4]。

> 　　そのとき出逢った背筋をのばした明るい瞳の女性はまぶしかった。房の清楚さと深くたたえている知性に、糸賀は惹かれていた。ぎこちない一日を過ぎると、糸賀は房の前で雄弁になっていた。／糸賀は松江に帰ってから、すぐにお礼の手紙をだした。／房も返事を書いた。そうすると手紙の来る間隔が詰まり、やがて毎日手紙が届くようになった。多い時は一日に三通もきた。速達でくることもあり、厚い手紙に切手がいっぱい貼ってあった。（略）手紙にも、信仰や自分の信条など難しいことを書いてあるのが多かった。信仰一筋の人で理屈っぽく、また情熱家だと改めて思った。

（2）健康・仕事上での迷いと決意

　糸賀の著書『この子らを世の光に』には、近江学園設立に至る経緯において「情熱」を語るくだりがある。1946（昭和 21）年 7 月、結核を再発し湖畔の真野浜で静養していた糸賀は、迷っていた [5]。

> 　　時おり欠勤し床にふせている日、私は夢中になって、般若心経茶道弁に読みふけっていた。心血を注いで食糧問題に打ちこんでいる役人生活に深い疑問が起きてくる。私はもう役人生活はやめたくなっていた。真野に来てから、私は妻と相談して、京都大学の医学部に再入学して、医者としてあと半生をおくろうかとも考えていた。幸い、私は高等学校では理科であったから、できないこともあるまい。私はまだ三十三才なのだから ……。（…… は原文）

9月に入って、池田太郎・田村一二の熱気のこもった話しぶりと園長には糸賀に来てもらいたいという申し出に、健康回復に専念すべきにもかかわらず、「私は来たるべきものが来たという思いで、不思議な手に魅入らたように引きずりこまれていた」[6]と記している。

> 　九月五日（木）（略）一片の義理や興味で、この社会事業に乗りだすべく自分は余りに分別をもちすぎている。自分がこの事業にのり出すとすれば、それは、一生の問題でなければならない。そして、一生つづく情熱の問題でなければならない。情熱は収容の対象である子ども達に対して、そしてこの事業そのものに対して。そして祖国再建への最も具体的な道であるとするこの事業に対する信念が問題である。自分は静かに考えさせられた。

　9月9日の日記には、房夫人にも喀血があり二人ともこの病に倒れたことにふれ、「運命のたわむれであろうか。それとも、より強くするための神の試練であろうか。／（略）近江学園のことを真剣に考える。」と書いている。

> 　九月十三日（金）（略）私にとっては、もはや、ただ前進あるのみという決定的な問題となってしまっている。自分の中にたぎり湧く情熱は、もはや如何なる冷却にあおうとも冷えることのできぬ状態に達しているのである。（略）おおげさだが、ちょうど、初代キリスト教徒が、あの迫害の中で敢然として信仰の表白に身を挺したごとく、私は自分の心の中に、子どもたちへの愛を通じて、神への、キリストへの信仰が漸く感じられようとしているのである。久しく忘れていた神のこと、キリストのこと、私は私なりに復活しようとしている。

　二週間後の9月28日の夜、「一気に原稿用紙十三枚に、近江学園設立の趣意書を書きあげた」とある。そして、11月15日には開園式を迎えている。

　健康や仕事上の迷い、決意への過程は、若者が糸賀を自らに重ねやすいテーマである。加えて、糸賀にあっては国家再建の課題や信仰とも不可分であり、書軸の後半「歴史をつくる」に思いを馳せる切り口とも言えよう。

2．「最後の講義：愛と共感の教育」から新人職員への投げかけを探る

　小冊子『糸賀一雄の最後の講義―愛と共感の教育―（改訂版）』（中川書店 2009）は安価でコンパクトであり、テキストに使いやすい。本書は、1968 年 9 月 17 日、滋賀県児童福祉施設等新任職員研修会での講義「施設における人間関係」の録音をまとめたものである。講義途中に「この子らを世の光に」の言葉を遺して倒れ翌日亡くなるという、まさに糸賀の遺言 [7] である冊子をいい加減には扱えないと受講生は襟をただす。そして読んでみると、福祉や保育教育にたずさわる（りたい）若者への優しい語り口のメッセージになっている。

（1）時代をこえて共感できることを「マイ語録」にためる

　筆者は、受講生が共感できる部分・フレーズを抜き書きし、その理由も聞かせてもらっている。糸賀と対話しつつ、各自の語録を作成する課題である。

・読み始めるとすぐにのめり込むように読み進めてしまいました。書き留めておきたい言葉がたくさん並んでいました。

・自分の身を尽くして声なき弱い人を救う生き方は、あまりに立派で自分にはできないと敬遠してしまいますが、糸賀氏の言葉ひとつひとつは問題を自分事として捉えられるような、語りかけるような言葉だったように感じました。

・糸賀園長の実際の体験に基づいたエピソードによって、教育愛と共感に対する思いがより鮮明に感じられるようになっているように思った。

・『最後の講義』を読んで、我々は枠にはまっているのだということを突き付けられることで、その枠から解放されることの大切さを実感するからこそ、心に残ってくるのではないか。

・「夜船閑話（やせんかんな）」や「孟子」、「無財の七施（ななせ）」など、哲学を学んでおられたこともあり、それらの引用には一種の格を感じさせられる。それが具体的に「療育」の中で生きることはないかもしれないが、人として生きることを豊かにしてくれるのは間違いないだろう。

・教師がまず豊かなこころをというところである。教師自身が豊かなこころをもっていないと狭い視野で独善的な思考や判断しかできなくなってしまう。

- 「自分自身との対決のないところの職員なんてのは、これはカスみたいなもんなんであります」。人に求めるだけでなく自分自身にも求めているところもよい。
- 誰でも生まれたときは「重症の障害児」「全身障害児」ということで、全ての人は「実は根が一つ」だと分かり、親近感が湧きやすくなる。
- 「かわいそう」「気の毒だ」という一見マイナスな考えから教育が始まることも悪いことではなく、人が本来持つこのような感情から出発し、そこから徐々に教育愛が芽生えてくることで、本当の意味での価値のある教育が生まれていくのだろう。
- 愛とは初めから生まれるのではなく、潜在的に愛とはどういうものか知っているから愛に到達するのだと述べています。とても正直で素直な意見だと感じました。
- 人は一人で人間なのではなく、人と人の間で人間である、つまり関係的、社会的存在であるという部分は私にとってとても心に刺さる部分であった。
- 教育とは何か、子どもと向き合う姿勢は何なのか、私たちはどうあるべきなのか、という本質的なことを確実に自分の言葉で伝えていることが印象的だった。これらは10年や半世紀で変化するものではなく、受け継がれていく心構えであり、どの世代のどんな立場の人にとっても当てはまることが多い。

　「マイ語録」をつくる作業に、暗記科目のような正答はない。授業者側から糸賀の魅力を押し付けるのではなく、個々のしなやかな発見を尊重したい。逆に、色あせることのない糸賀の魅力を若い世代から教えて貰うことができる。

（2）英訳を通して糸賀からの投げかけを探り深める

　ご遺族の承諾も得て『最後の講義』の外国語訳を進めている。現在、中国語、韓国語、英語版をウェブ上にアップしており、自由に入手できる[8]。この英語版を教材に、英訳を通して糸賀からの投げかけを探り深め、できれば「マイ語録」を英語圏の方々に発信することに繋げたいと考えた。筆者自身の「マイ語

録」にためた糸賀の言葉が中野リン・根岸華子氏によってどのように英訳されているかを一覧にし、見本とした[9]。手ごたえは以下のようであった。

- 言語によってこんなにも感じ方が変わるのかと感心しました。翻訳と一言で言っても日本語の裏に隠された意味を読み取ったり、本質を見極めながら言葉を選ばなければならないので、内容を本当に理解している人にしか出来ない難しい仕事だと思います。
- 糸賀先生のメッセージやアイデアは、どこから来ているのか、彼の生涯や言葉を深く調べていくうちに、少し見えてきたような気がします。
- 英文と比べることで、改めて糸賀氏の講義の言葉遣いのあたたかみにも気づくことができた。
- "Let these children be the light of the world" という英語では、「この子」が指す一人ひとりの光り方（個性）が「この子ら」という集合体に埋もれてしまうようなニュアンスがあると感じたため、"Let every child be the light of the world" としてはどうか。
- 子どもは教育の主人公：Children Are the Protagonists of Education、教師がまず豊かな心を：The Teacher Should First Have a Big Heart、自分の要求を表現できない子ども：Children Who Cannot Express their Desires、人と生まれて人間となる:On Being Born as Persons and Becoming Human、教育愛：Educational Love、など。
- 「違う言語にするとこのような表現になるのか」などの新たな発見もあり面白かった。
- 日本語で読んでもよくわからなかったことが英語に訳されたものを読むことで理解できたり、反対に日本語の方が英訳より分かりやすかったりする部分もあって二カ国語で読むことはより深い理解に繋がったのではないかと感じた。
- 糸賀さんの考え方を海外の人と議論することで、ほかの視点からの考え方を得ることができ、理解が進むのではないかと考えた。
　　糸賀一雄の魅力を若い世代に伝える試みは、日本国内に留まるものではない

だろう。

　ところで、小冊子『糸賀一雄の最後の講義』の扉の裏には、「日本の国に本当に輝きがまいりますように、／世界が本当に平和と喜びに満ちますように、／自覚者が責任を持ちます。」という糸賀の言葉が添えられている。また、収録されている「資料　講義用メモ」(pp.72-76)によれば、まだ語りつくせていない内容が相当あったこと、最後に「情熱をもった人間が歴史をつくる」の話が予定されていたこと、が分かる。これらのことも伝えるようにしている。

3．糸賀一雄の思想と実践を歴史過程に位置づける学びをともに進める

　筆者の専門は「教育行政学」「特別ニーズ教育」である。担当科目「教育行政学」「教育政策」、「特別支援教育入門」「特別支援教育原論」などで糸賀一雄の思想と実践を語る際には、権利保障の歴史過程に位置づけて学びをともに進めるように心がけている。書軸の後半「歴史をつくる」に分け入る作業である。

（1）能力観の転換：日本国憲法、教育基本法の能力規定とかかわって

　障害児の権利保障の進展を概観すると表1のようになろう。段階1は近世（江戸時代）、段階2は戦前期（明治・大正・昭和前半）であり、戦後期は段階3以降であり、日本国憲法を有する時代である。糸賀らによる近江学園等での実践創造は、段階3の歴史過程にあたる。すなわち、「福祉領域においては障害児の成長発達を促す教育的機能、治療的機能を併せ持った療育実践が開発されていく。こうした先導的な営みの蓄積により、どのように重い障害児にも発達及び教育の可能性のあることが事実として裏付けられ、全員就学の実現へと向かう。しかし、障害児に係る専門性は特定の福祉施設・病院や学校で提供され、結果として居住地域から遊離した『特殊』『分離』方式に留まった。」のである。

　ここで、受講生に問いかける。「権利を定めた日本国憲法・教育基本法があるのに、なぜ障害児は学校教育から遠ざけられたのか？」、と。憲法学の基本書『日本国憲法コンメンタール篇』は次のように解説している[10]。

段階 1	近世までの子育て（教育福祉を含む）は村落共同体で共同的に営まれてきたが、社会全体の豊かさや科学技術水準の発展度合いから、障害児の養育にはかなりの限界があった。
段階 2	近現代化過程における村落共同体の崩壊傾向とともに、共同的な子育て機能も弱体化していく。一方で国民国家的な学校教育が制度化されていくが、障害児は対象外におかれて家庭に放置される。これに救いの手を差し伸べたのが、社会（社会福祉）事業・児童保護（児童福祉）事業であった。
段階 3	福祉領域においては障害児の成長発達を促す教育的機能、治療的機能を併せ持った療育実践が開発されていく。こうした先導的な営みの蓄積により、どのように重い障害児にも発達及び教育の可能性のあることが事実として裏付けられ、全員就学の実現へと向かう。しかし、障害児に係る専門性は特定の福祉施設・病院や学校で提供され、結果として居住地域から遊離した「特殊」「分離」方式に留まった。
段階 4	社会全体の豊かさや科学技術水準の進展もあって、特定の機関内に限定されない形での専門性の提供、すなわち病院・施設・学校をオープン化し、在宅利用を含む地域医療、地域福祉、地域教育などが可能になってきた。ノーマライゼーションやインクルージョンの思潮の広がりもあって、共に地域で育ち、学び、働き、生活する志向性が高まっている。崩壊したかに見えた共同体が、誰もが尊重され共生する地域社会として新たに創られる展望が生まれつつある。

　　「その能力に應じて」とは、教育を受けるに適するかどうかの能力
　に應じて、の意である。（略）／「ひとしく」は差別なく、の意である。
　教育を受けるに必要な能力（學力・健康など）によつて差別されるのは
　當然である（略）

　このような「能力」解釈が差別を容認してきた。糸賀自身も「問題児」「永遠の幼児」「沈殿者」の問題に行き当っており、重症児に対する糸賀の考えとして、NHK スペシャル「ラストメッセージ第 6 集この子らを世の光に」では「特別な保護の環境を社会が整えてやって／ほとんど無自覚な彼らが安心して遊び暮らせるようにする以外／解決の方法はないといっても過言ではありますまい」というナレーション＆字幕が流れる[11]。

　しかし、ヨーロッパ視察（1960.11 〜 1961.2）を契機とし、事上磨錬（行動

や実践を通じて知識や精神を磨き上げることを表わした陽明学の教え）による自らとの対決を経て、糸賀は限定的な能力観を転換していく。そして、以下のような「発達保障の考え方」[12] へと至る。

　　この子らが自ら光り輝く素材そのものであるから、いよいよみがきをかけて輝かそうというのである。「この子らを世の光に」である。この子らが、うまれながらにしてもっている人格発達の権利を徹底的に保障せねばならぬ（略）／（略）三歳の精神発達でとまっているように見えるひとも、その三歳という発達段階の中身が無限に豊かに充実していく生きかたがあると思う。生涯かかっても、その三歳を充実させていく値打ちがじゅうぶんにあると思う。そういうことが可能になるような制度や体制や技術をととのえなければならない。そのための一歩の実践こそが、すべての教育の共通の問題点（略）

　糸賀らの近江学園・びわこ学園、さらに京都府立与謝の海養護学校（1969仮開校、1970 本格開校）などにおける実践創造と能力観の転換がインパクトとなり、1970 年代になって「発達に必要かつ適切な」（清水寛 1975）、「能力発達上の必要に応じた教育」（兼子仁 1978）という日本国憲法・教育基本法の新解釈に結びつくのである [13]。

（2）歴史をつくる：無から有へ、私から公へ、地域に開き地域を興す

　権利保障の歴史過程に糸賀一雄という一個人の生涯と、彼と仲間が格闘した事業を位置づけて、受講生とともに学びを進めたい。歴史は国家や為政者によって一方的に造られるというものではなく、その時代に生きた無数の人々によって創られることを伝えたいと思う。以下のような感想が寄せられている。

・日本国憲法が制定されたものの、「その能力に応じて」という規定により矛盾が生じ、その矛盾を実践創造や権利保障の運動を通して能力観を変革させることで突破するという流れが、素直に面白いと思えた。いまある教育制度も、過去の先人が作り上げたものなのだと改めて感じることが出来た。

　京都盲唖院（古河太四郎 1878）も滝乃川学園（石井亮一 1891）も、近江学園

もびわこ学園も、与謝の海養護学校も、誰かが起こさなければ無かったままであったろう。自然現象とは異なって、福祉・教育という社会サービスやその法制度は、人間によって創られるのである。「無から有へ」「私から公へ」という創出の数限りない営為が重なり合って、障害児を含む福祉と教育は築かれてきた。

　糸賀は自覚者であり、行動する宗教哲学者である。目の前に困っている者がおり、解決すべきニーズがあれば、自らが行動を起こす。その際に、無いものは皆と協力して創るのである。誰かが夢を語り発信することで、それに共感共鳴する者が次第に集まり、理念やミッションを共有しつつ事業を起こし展開する。現代風に言えば、糸賀は教育福祉の社会起業家であろう。

　近江学園の創設（1946）後に児童福祉法が施行（1948）され、びわこ学園の開所（1963）後に重症心身障害児施設の規定が児童福祉法に追記（1967）されたというように、糸賀の後を追うごとく法制度が整ってくる。糸賀は、次のように述べている[14]。

> 　　住民のニードを自分のものとして感じ、うけとめ、しかもそれを整
> 　理して、もういちど住民すべての自覚的なものとするための専門家が
> 　いてほしいのである。それらのニードが盛り上がり、組織だてられる。
> 　そして村全体、県全体の自覚にまで育てられる。

　糸賀らの取り組みは施設づくりに終わらず、学園内で蓄積した発達研究の専門性を地域に開き（乳幼児健診大津方式への貢献）、地域を興す活動にも手を伸ばしている（地域の中小企業家と読書会：糸賀、信楽での地域活動：池田、茗荷村建設：田村）。表1の段階3に留まらず、段階4への種を撒き志向したと言えよう。

おわりに　－糸賀一雄の魅力を若い世代に伝える・ともに語る経験の交流を－

　びわこ学園医療福祉センター草津の口分田政夫施設長から「医療・福祉の実践の中で、確かめ勇気づけられてきた『福祉の思想』」[15]と題した論考をいただいた。口分田氏は、鳥取大学の1984年度入学生（筆者が赴任した2年後）で

あり、鳥取大学の学生サークル障害児教育研究会に参加したことが始まりで、障害児医療の道に進まれた方である。その論考の中で、滋賀医科大学や彦根東高校などで「いのちの思想」の講演を行っており、「福祉思想は若者への生き方のメッセージとしても大切」と述べておられる。

　本書を契機に、糸賀一雄の魅力を若い世代に伝える、若い世代とともに語る経験の交流を進めることができればと思う。

註
1）十河信二（1989）「序文」糸賀記念会『追想集糸賀一雄』大空社（柏樹社 1970 の復刻）、p.2。書軸は鳥取県立図書館「糸賀一雄生誕百周年記念展　教育と福祉への愛に生きて」（2014.4.11 ～ 5.11）のサイトのカラー写真で観ることができる http://www.library.pref.tottori.jp/exhibition/cat10/cat/cat9/h26411511.html。
2）渡部昭男（2014）「糸賀一雄と故郷鳥取」糸賀一雄生誕 100 年記念事業実行委員会研究事業部会編『生きることが光になる：糸賀一雄生誕 100 年記念論文集』（第 2 刷）、p.336
3）「糸賀一雄生誕 100 周年記念フォーラム」（2014.4.12、鳥取県）に招かれ、糸賀と同時代の「生誕百年一覧」スライドをお見せした。太宰治（1909-48）、岡本太郎（1911-96）、東井義雄（1912-91）、新見南吉（1913-43）などに加えて、ムーミンの作者トーベ・ヤンソン（1914-2001）、当時まだご存命であった日野原重明氏（1911-2017）、水木しげる氏（1922-2015）を含めてみると、不思議と「過去の遠い人」のイメージが薄らいだ。
4）髙谷清（2005）『異質の光　糸賀一雄の魂と思想』大月書店（第 1 刷）、p.40。筆者と髙谷氏との間柄については、渡部昭男（2006）「図書紹介 髙谷清著『異質の光：糸賀一雄の魂と思想』（大月書店 2005 年）」『SNE ジャーナル』12（1）に詳しい http://www.lib.kobe-u.ac.jp/repository/90003661.pdf。鳥取大学時代の教え子の中には、筆者がテキスト使用した『異質の光』が縁で結ばれ、情熱をもって人生を歩んでいるカップルもいる。
5）糸賀一雄（2003）『復刊この子らを世の光に～近江学園二十年の願い』日本放送出版協会（柏樹社 1965 の復刊）、p.11。直前では「終戦前後、経済統制課長、食糧課長としての凄まじい役人勤め」p.10 と記している。なお、「33 才」は数え年であろう。
6）前掲 5）、p.12。以降、9/5 日記 p.9、9/9 日記 p.12、9/13 日記 pp.14-15、趣意書 p.63。
7）筆者の担当科目では、NHK スペシャル「ラストメッセージ第 6 集この子らを世の光に」（2007.3.20 放映）の録画ビデオの「最後の講義」場面を視聴して貰っている https://www6.nhk.or.jp/special/detail/index.html?aid=20070320。糸賀の肉声や参加していた職員の証言を聴くことができ、動画は学びをリアルに深める教材に相応しい。同番組がオンデマンド等にアップされると、さらに視聴範囲が広がると期待される。
8）中国語訳（2015）「糸賀一雄最后的演讲—爱与共感的教育—」http://www.lib.kobe-u.ac.jp/repository/81009516.pdf、韓国語訳（2016）「이토가 카즈오 최후의 강의——사랑과 공감의 교육」http://www.lib.kobe-u.ac.jp/repository/81009517.pdf、英語訳：中野リン・

　　根岸華子（2018）「Education with Love and Empathy：The Last Lecture of Kazuo Itoga」http://www.lib.kobe-u.ac.jp/repository/81010166.pdf
9) 渡部昭男（2018）「テキスト2『糸賀一雄の最後の講義』主要箇所の日本語＆英訳」http://www.lib.kobe-u.ac.jp/repository/81010616.pdf
10) 宮澤俊義（1955）『日本国憲法コンメンタール篇』日本評論新社、pp.267-268
11) ナレーションのもとになった文章が、「（イ）白痴、重症痴愚のための施設」（『糸賀一雄著作集Ⅰ』日本放送出版協会 1982、p.400）に確認できる（國本真吾氏による情報提供）。
12) 糸賀一雄（1968）『福祉の思想』日本放送出版協会、pp.177-178（初出の「自己実現の教育」『まみず』1967年1月は『糸賀一雄の最後の講義』に収録されている）。
13) 渡部昭男（2019）『能力・貧困から必要・幸福追求へ』日本標準を参照のこと。
14) 前掲12）、『福祉の思想』、p.244
15) 口分田政夫（2020）「医療・福祉の実践の中で、確かめ勇気づけられてきた『福祉の思想』」『両親の集い』（742）

【ガイダンス】
　筆者は京都大学で9年間学んだあと、縁あって糸賀一雄の故郷にある鳥取大学（教員養成課程）で29年間、生前彼が非常勤講師として講義をもったことのある神戸大学（発達科学部など）で9年間、教鞭を採ってきた。そして、神戸松蔭女子学院大学・大阪成蹊大学などでも教えている。以下の実践記録はウェブ上で入手可能である。
・渡部昭男（2011）「地域を創る教育福祉：『障害児教育原論』の授業実践」『地域教育学研究』3（1）、http://www.lib.kobe-u.ac.jp/repository/81003705.pdf（鳥取大学での実践）。
・渡部昭男（2014）「生誕百年・糸賀一雄の魅力を若い世代にどう伝えるか：講義『教育政策』の2013度前期実践」『教育科学論集』（17）、http://www.lib.kobe-u.ac.jp/repository/81005474.pdf（神戸大学での実践）。

　神戸大学学術成果リポジトリKernel（http://www.lib.kobe-u.ac.jp/infolib/meta_pub/G0000003kernel）において「渡部昭男」で検索すると112件、「糸賀一雄」で検索すると33件がヒットする（2021年1月現在）。読者の皆さんにはこれらを大いに活用してほしい。

コラム5
糸賀一雄の言葉に感じる乖離と魅力

黒川　真友

　糸賀一雄生誕 100 年記念事業の懸賞論文に応募した筆者の「糸賀一雄の福祉思想の形成と近江学園保母の生活と実践」が佳作の評価をいただいた（2014年３月）。その４年後、人間発達研究所が神戸大学大学院人間発達環境学研究科と共催する形で企画された「『糸賀一雄の最後の講義：愛と共感の教育』を考える―時代・世代・専門・国をこえて―」（2018 年９月）の話題提供者を依頼された。報告に備えて若手の障害者施設職員と『愛と共感の教育』（柏樹社、1969 年）をテキストに学習会をしたときに出た言葉は意外にも、「糸賀の言うことは大事だと思うが、実際にやろうと思うとハードルが高い」・・・であった。この言葉の背景を読み解けば、以下のようなことであろう。

　今の現場では、人手が足りず、多忙で話し合う時間がない。そのなかでは、自分たちの専門性や大切にしたいことを考え合うことがむずかしい。糸賀が「自分自身との対決が、私たちの専門職への大きな魅力になってこなければ、ウソなんです」（同上、P16）と言っていて、それは大事なことと思いつつ、自分たちの実践や課題を振り返ったり、話し合ったりしにくい状況があるなかでは、自身との対決が魅力にと言われても、現場との乖離を感じる・・・。

　この言葉は現場の感覚を表しているように思う。糸賀の言うことは大事と思うものの、目の前のことに追われている現場からすると、立ち止まって考える余裕がなく、自身との対決や努力ということに課題の大きさを感じてしまう。ここでは理念と現実との差にたじろいでしまう職員の姿が垣間見えた。でも一方で、こんな声もあった。

　「心身障害とか、精神薄弱とかいわれる人々とわたしたちが、実は根が一つなんだ、本当に発達観から見て根っ子が一つだという共感の世界を、理屈の上でもせめて共感の世界というものの根拠があることを、わたしたちは知りたい

と思います」(同上、P31)という考えが大事だと思った。障害者を異質で理解できないという考えは危険だと思う。人間として、根っこは同じで、共感できると思えることが大切。そうじゃないと実践は始まらない。障害のある人と初めて向き合ったときは、とまどうことが多かったが、少しずつ関係ができると、すてきな表情や姿を発見して、いろいろ知りたいという気持ちが出てきた。相手のことが理解できてくると、仕事が楽しくなる・・・。

　障害者を異質なものと排除するのではなく、人間として関わっていくことで、すてきな表情や姿の発見をして、理解を深めていく、そんな共感の世界を今の現場でも感じている。ここでは糸賀の言葉に対する魅力が実感とともに語られている。

　糸賀の言葉に触れたとき、その理念と現場との乖離を感じてしまう一方で、現場での自らの体験と重ねて魅力を感じてもいる。糸賀の言っていることを大事にしたいと思いつつ、それができていないと感じるという葛藤を抱えているのが現状なのだろう。こうしたなかでは、糸賀の言葉に触れる機会をより広げていくことや、その言葉がどんな時代背景や困難さのなかで生まれてきたのかを知ることが大切だと思う。そこには今の時代に通じる悩みや葛藤がつまっていたこと、それらとどう向き合ってきたのか、を感じることができるのではないだろうか。また、今の実践で大切にしていること、楽しかったと感じたことの一つひとつをていねいに振り返り、それを糸賀の言葉に感じた魅力と結びつけて考え合う機会を多忙ななかでも意識的につくることで、理念と現実との乖離を埋めていけるのではないだろうか。

『糸賀一雄著作集』・『福祉の道行』に至る編纂過程をさぐる
―田中昌人アーカイブ作業による史料の発掘―

松本　圭朗

1．『糸賀一雄著作集』・『福祉の道行』に至る編纂過程と田中昌人

　糸賀一雄の著作を編纂した『糸賀一雄著作集（全3巻）』（以下、『著作集』）は、1982年から1983年にかけて上梓された。『著作集』の刊行経緯は、『著作集（第1巻）』に収録されている「刊行の経過について」において詳述されている（糸賀一雄著作集刊行会1982）。1980年6月、関係者の間で『著作集』刊行の企画が持ち上がる。そして1980年9月には、糸賀一雄著作集刊行準備会が、『故糸賀一雄先生著作目録（案）作成の中間経過にあたっての御報告とお願い』（以下、「著作目録（案）」）をまとめている。この「著作目録（案）」は、糸賀の13回忌に合わせて関係者に配布された。「著作目録（案）」は、「糸賀一雄先生著作主目録（案）」と「糸賀一雄先生著作副目録（案）」の2部構成である。「糸賀一雄先生著作主目録（案）」は謄写を含めて印刷されたものを、「糸賀一雄先生著作副目録（案）」は刊行されていないとみられるものを、それぞれ収録している（糸賀一雄著作集刊行準備会1980：2）。

　その後、糸賀一雄著作集刊行準備会は、糸賀一雄著作集刊行会となり、『著作集』編纂を進める。糸賀一雄著作集刊行会は、岡崎英彦を代表に、池田太郎、田村一二、三浦了、田中昌人らによって構成されている。このなかでも、とくに田中が『著作集』編纂の責任を引き受けた（京極2001：165、三浦2013：227）。

　田中は『著作集』の編纂作業と同時に、糸賀が出版を試みていた新書用原稿の整理もおこなっていた（三浦2013：228）。この糸賀の新書用原稿は、2013年に『福祉の道行』（中川書店）として上梓されている。三浦は『福祉の道行』の

刊行の経緯を次のように回想している（三浦 2013：227-228）。

　　ところで、在りし日の糸賀先生は、「私はね、東京のある出版社から新書判の本を出したいと思っていてね、書きためつつある原稿があるんだよ」とおっしゃっておられた。このことは田中氏や私だけでなく他の人たちも聞いていたことだと思う。

　　田中氏は、この糸賀先生の言葉を思い起されていたのだろう、先の著作集の編集の作業と並行して、先生の「新書判」本のために原稿を整理していた。著作集が上梓されて二年ほどたったころに、田中氏が「これでできたと思うので一度見てくれるか」と、私に突拍子もなく分厚い B4 のコピー用紙を渡した。しかも、その表紙にはマジックで「〇〇新書用に作成した原稿」と大書されており、先生の「序」に始まって「後記」で終わるまとまった原稿約四〇〇枚であった。

　この回想から、糸賀と田中の 2 人に、新書（『福祉の道行』）用の原稿の選定を行った可能性が開かれている。一方で、田中の関与があったことも事実であろう。このように、田中は『著作集』と『福祉の道行』の編纂に携わっている。

　今回、人間発達研究所内で進めている「故・田中昌人・杉恵両氏の発達研究・発達保障論業績・資料保存プロジェクト」（田中昌人アーカイブ作業）において、田中昌人が関与した『著作集』編纂に関する史料が発見された。それは、糸賀の原稿のコピーや、朱書きがなされた「著作目録（案）」（以下、「著作目録（案―朱）」）である。糸賀の原稿のコピーへのメモや、「著作目録（案）」への朱書きは田中によるものであろう。「著作目録（案―朱）」の余白部分に、A、B、C、D と付された 1980 年 12 月 29 日付のメモが確認された。そのため、「著作目録（案）」に対する朱書きも、1980 年 12 月 29 日付近で行われたものと推察される。さらに、新書の構成案が 2 つ発見された。1 つは日付がなく、いま 1 つは 1981 年 1 月 1 日付である。

　以上が、『著作集』と新書（『福祉の道行』）の刊行の経緯と、発見された史料の概要である。これまでも、糸賀の史料は何度か整理されている。まず、『著作集（第 3 巻）』に収録されている「年譜・著作目録」（以下、「年譜・著作目録」）

じある（糸賀一雄著作集刊行会 1983b）。2008 年に、『年譜・著作目録』は改訂され、『糸賀一雄年譜・著作目録』（以下、『青本』）として刊行されている（社会福祉法人大木会 2008）。また、蒲生俊宏によって「糸賀一雄著作原稿・近江学園写真記録リスト」（以下、「リスト」）が整理されている（蒲生 2004）。これらに学びつつ、本稿では、史料の翻刻と整理を行った。なお、田中昌人アーカイブ作業で発見されたものは史料、それらを整理したものは資料と表記する。また、それら 2 つを指す場合は、史資料として表記する。

2．史資料の内容について

　【史料 1】は、メモ A を翻刻したものである。ただし、【史料 1】の「10. 年内刊行のための日程」は、1 月から 12 月と列記されるのみで、具体的な日程は記述されていないため、割愛した。

　【史料 2】は、メモ D を翻刻したものである。ここから、『著作集』の編纂過程における、著作集全 6 巻と、新書の計 7 冊の構想が伺える。なお、1981 年 6 月 18 日付の「糸賀一雄著作集 3 分冊としてとりあげた原稿」と題された一覧表も発見されている。そのため、1981 年 6 月 18 日においては、すでに 3 巻構成になっていたと推察される。

　本稿では、メモ B とメモ C の翻刻は割愛した。メモ B は、糸賀の論考を整理し、「著作目録（案）」を補うものとして作成されたと推察される。また、メモ C は、「故糸賀一雄先生の戦前の著述（参考資料）」と題され、戦前の糸賀の著作が整理されている。「著作目録（案）」の段階では、戦前の著作リストが、ほとんど作成されていなかったため、新たにメモ C を作成したものと推察される。メモ C の内容は、「年譜・著作目録」と同様である。

　【史料 3】と【史料 4】は、新書構成案を翻刻したものである。【史料 3】は執筆年月日が不明の新書構成案である。【史料 4】は 1981 年 1 月 1 日付の新書構成案である。

　【史料 5】と【史料 6】は、『著作集』の帯の文言案である。【史料 5】の執筆年月日は不明である。なお、『著作集（第 1 巻）』の帯の文言案は未発見である。

これらの史料を踏まえて、朱書きがなされた糸賀の原稿のコピーと、「著作目録（案―朱）」を整理し、【資料1】から【資料5】を作成した。

　【資料1】は、【史料1】の「新書編集素材候補」を示す㊟の符号が付された論考を、「著作目録（案―朱）」から抽出したものである。すなわち、新書として編纂される予定だった諸論考である。ただし、執筆年月日等は「著作目録（案）」ではなく、「年譜・著作目録」を参照した。また、「近畿学童劇コンクールを観て」のみ、「著作目録（案）」ではなく、メモBに掲載されていた。

　【資料2】は、糸賀の原稿のコピーのうち、朱書きで「ヤメ」と記されたものの一覧である。すなわち、『著作集』への採録を見送った論考と推察される。ただし、題目を含めた書誌情報は「年譜・著作目録」を参照した。

　【資料3】は、3つの新書構成案と、『福祉の道行』の目次の一覧表である。1981年1月1日版と『福祉の道行』との間には、わずかな節題変更しかみられない。したがって、1981年1月1日時点で、新書構成案は確定している。

　【資料4】は、田中が存在を確認しながら「著作目録」に掲載されなかった糸賀の論考を整理したものである。まず、「著作目録」と『青本』を比較し、『青本』のみに掲載されている論考を抽出した。そのうえで、『青本』のみに掲載されている論考と、田中昌人アーカイブ作業において発見された糸賀の原稿のコピーとを比較し、一致した論考を抽出した。題目を含めた書誌情報は、『青本』を参照した。

　【資料5】は、「著作目録（案）」から削除されている論考を整理したものである。ただし、タイトルが変更されている可能性もある。この内、「三井寺下あざみ寮移転までに関する資料」の原稿は発見されている。

　以上のように、本稿で取り上げた史資料は、『著作集』および『福祉の道行』（新書）の編纂過程の一端を理解するための素材となりうる。しかし、糸賀をめぐる史資料の整理にあたっては課題も残されている。たとえば、糸賀によるメモは、「年譜・著作目録」や「リスト」との照合が困難であった。また、「リスト」に示されている新書案――「岩波『新書』案の原稿（？）：ア12」――は、B5版195枚となっており、三浦の回想とは異なる。このように、一碧文庫に所蔵さ

れている史資料と、田中昌人アーカイブで発見された史資料とを照合する作業が必要である。なお、人間発達研究所長の中村隆一氏によれば、以前にも『著作集』に関連する史料が田中昌人アーカイブから発見されていたものの、すでに一碧文庫に返却されているとのことである。この返却された史料にも、『著作集』の編纂過程の一端を知ることができる田中のメモ等が残されている可能性があり、整理が必要である。こうした作業を通して、著作集の背後にある編纂者たちの意図を看破していくことが求められる。

3．史料の翻刻

［凡例］

1．史資料には文書ごとに通し番号を付した。
2．縦書きのものを横書きに改めた。
3．漢字は原則として常用漢字に改めた。
4．適宜、字間と行間を詰めた。

【史料1】

A
副目録の第二次点検作業について　1980.12.29
・ノート、日記、本著作集収録以外の書翰は目録を作成していない。
・次の符号を附けた。

ノート	……ノートであるため副目録からはぶく
メモ	……副目録には残すが著作集に収録する必要はない
㋱(メモ)	……メモではあるが著作集に収録を検討する
✓	……✓印のみは原稿
刊	……すでに印刷済みなので副目録からはぶき、主目録の「原稿有」へ移す
㋛(新)	……新書編集用素材候補（不使用、部分使用もでる見込み。その際は副目録に残す）

・他に、執筆名の照合、原稿用紙の型、ネームの追加を行った。

・「未」印は未照合である。

・調はそれぞれ調べる必要があるもの。

・㊒は刊行会としてコピーして、岩波に渡したものを借用。

【史料2】

D

糸賀一雄著作集　編集準備作業メモ　1980.12.29

1．全集、著作集、選集の性格について　　→著作集
　　原則として刊行物、放送原稿等もふくむ
　　ほぼ5年ごと
　　その間の主著を前に、他は刊行順に後に、未刊行はその後へ
　　各巻に刊行会事務局メンバーが解説をつける
　　外部の方には刊行会通信に執筆をお願いし、最終巻の刊行会報告にその目次などを記す

2．第1巻　1946（昭和21）年　——1949（昭和24）年
　　前篇　この子らを世の光に
　　　　　　近江学園報告書第一集
　　解説　池田太郎　（近江学園の創設をめぐって）
　　検討事項
　　　　戦前の教会活動、教師生活の刊行物を収録できないか
　　　　年報にならなかった所管事項説明など肉筆原稿を収録できないか

3．第2巻　1950（昭和25）年　——1954（昭和29）年
　　前篇　近江学園年報第2号
　　　　　　　　　　第3号
　　　　　　　　　　第4号
　　　　　　　　　　第5号
　　　　　　　　　　第6号

　　　　勉強のない国

　　解説　田村一二、増田正司　（建設と模索をめぐって）

　　検討事項

　　　　三木安正編「遅れた子どもの職業教育」、長谷山八郎編「落穂のゆく
　　　　え」、

　　　　三木安正編「ひかりまつ子」中の収録論文をどこに位置づけるか

4．第3巻　1955（昭和30）年　──1958（昭和34）年

　　前篇　精神薄弱児の職業教育

　　　　　精神薄弱児の実際と課題

　　　　　欠陥児の保護と教育

　　　　　近江学園年報第8号

　　　　　集団就職の事例

　　解説　三浦了　（職業教育、就職をめぐって）

　　検討事項

　　　　近江警友の論文、増田幸一編「職業指導」に収録の論文の位置づけ
　　　　をどこにするか

　　　　県に対する意見具申などを刊行物の方へ位置づけるのでよいか

5．第4巻　1960（昭和35）年　──1964（昭和39）年

　　前篇　各年度の説明

　　　　　近江学園年報第9号

　　　　　　　　　　　10号

　　　　　精神薄弱対策と施設

　　　　　ヨーロッパだより

　　解説　岡崎英彦（重症心身障碍児対策と成人の対策への提言と実践をめ
　　ぐって）

　　検討事項

　　　　ヨーロッパだよりの位置づけについて、これでよいか

6．第5巻　1965（昭和40）年　──1968（昭和43）年

前篇　福祉の課題

　　　近江学園年報第 11 号

　　　精神薄弱児施設と施設の施設養護の将来

解説　小迫弘義　（近江学年のその後と滋賀県の施設および実践の展開をめぐって）

検討事項

　　　三木安正編「性格と生活の指導」の位置づけをどこにするか

　　　没後刊行されたものをここにしてよいか

7．第 6 巻

　　　所管

　　　年譜

　　　目録

解説　糸賀房　（師、同志、協力者などについて）

検討事項

　　　未刊行のものをここへまとめなくてよいか

　　　補遺

　　　刊行会報告

8．新書について

未発表原稿から編集

解説文を省く

折々の問題に主体的にかかわって論究、主張されたものを中心にする

年代順に

著作集には収めない

著作集入門にあたるようにする

内容　（収録候補原稿約 50 篇、200 字 900 枚の中から左記のように構成してはどうか）

　　　1　近江学園創設まで　　　200 字 100 枚

　　　2　子どもたちを守る　　　〃

```
          3   模索              〃
          4   織りものを教材として  〃
          5   新しい社会の建設      〃
    9．素材蒐集の基礎作業を完成させるために
      1．近江学園の書類中の糸賀先生執筆原稿の発掘作業
      2．滋賀新聞、滋賀日日新聞の総あたり作業
      3．録音テープおこしの作業
      4．書翰などの目録作成
      5．年譜作成作業
   10．年内刊行のための日程
      ［略：翻刻者註］
```

【史料3】

```
「新書」構成案
序       「近江学園のあゆみをまとめるにあたって」  12
第1章     「敗戦後の日本再建のために」                    14
     1   はじめに                    6
     2   児童をめぐる当時の社会状態        16
     3   真野村における構想            12
     4   三津浜学園の解消              18
     5   挫折                      10
     6   再び真野の浜辺へ              10
     7   近江学園設立趣意書            30
     8   学園の夢                   12
第2章     「子どもたちを守る」                          111
     1   運動場、野球                 6
     2   児童劇をみて                 6
     3   里子訪問記                  12
```

1981.1.1.

糸賀一雄先生

岩波新書構成案

序	近江学園のあゆみをまとめるにあたって	200字	12枚	（1954年6月と推定）
第1章	敗戦後の日本再建のために		110枚	
1	はじめに	200字	5枚	（執筆年月日は不明）
2	児童をめぐる当時の社会状態	〃	14〃	（1951年1月17日）
3	真野村における構想	〃	12〃	（執筆年月日は不明）
4	三津浜学園の解消	〃	19〃	（　　　〃　　　）
5	挫折	〃	11〃	（　　　〃　　　）
6	再び真野の浜辺へ	〃	9〃	（　　　〃　　　）
7	近江学園（仮称）設立趣意書	〃	30〃	（1946年4月と推定）
8	学園の夢	〃	10〃	（執筆年月日は不明）
第2章	子どもたちを守る		103枚	
1	近江学園の理念	200字	10枚	（執筆年月日は不明）
2	近江学園の三条件とどんぐり金庫	〃	11〃	（　　　〃　　　）
3	児童劇のもつ素直さ、生活の整理	〃	4〃	（1949年3月27日）
4	書類	〃	27〃	（1948年6月20日）
5	カイズ少佐殿	〃	8〃	（1948年12月25日）
6	救援艇	〃	5〃	（1948年9月と推定）
7	信仰とその幼きを通じて平和へ	〃	15〃	（1950年11月19日）
8	社会事業行政の基本問題	〃	23〃	（執筆年月日は不明）
第3章	新しい峰を求めての模索		110枚	
1	失敗	200字	16枚	（執筆年月日は不明）
2	受難	〃	13〃	（　　　〃　　　）
3	落穂寮、信楽寮、日向弘済学園の建設	〃	17〃	（　　　〃　　　）
4	成長	〃	12〃	（　　　〃　　　）
5	新しい原理と光を求めて	〃	26〃	（1952年11月5日）
6	さくら組の教育	〃	8〃	（執筆年月日は不明）
7	展示会	〃	6〃	（1954年5月22日）
8	精神薄弱児の生きる道	〃	12〃	（1955年4月と推定）

【史料5】

第2巻ケース帯の背文字案
　未刊の主著『精神薄弱と現代社会』を収載。社会参加を願う実践と論究を集大成。
　社会参加を願い、生活と労働と医療の結合めざして展開された教育実践の足跡。

【史料6】

第3巻ケース帯の背文字案　1982.8.21
　重症児のために燃えつづけ発達を保障する福祉の思想を提示した清冽な魂の結実
　重症児のために「この子らを世の光に」と燃えつづけた清冽な思想の輝く軌跡！

4．史料の整理

【資料 1】

- 「精神薄弱児の生きる道」、1955 年
  ※『著作集（第 2 巻）』所収。
- 「施策、施設、指導体制の評価」、1965 年 3 月 12 日
- 「建設―或る社会事業家の手記・敗戦後の日本再建のために―」、執筆年月日不明
  ※『著作集（第 1 巻）』所収。
- 「施設の職員」、執筆年月日不明
- 「児童福祉法と精神薄弱者福祉法」、執筆年月日不明
  ※『著作集（第 2 巻）』所収。
- 「職業指導雑感」、執筆年月日不明
- 「人格形成の問題」、執筆年月日不明
  ※『著作集（第 2 巻）』所収。
- 「発達保障、実存の核、精神薄弱を世の光に」、執筆年月日不明
  ※『著作集（第 2 巻）』所収。
- 「近江学園創立以後の経過―さくら組のびわこ一周まで」、執筆年月日不明
- 「書類」、1948 年 6 月 20 日
  ※『著作集（第 1 巻）』所収。
- 「近畿学童劇コンクールを観て」、執筆年不明、3 月 27 日

【資料 2】

- 「旅から帰国して」、『滋賀日日新聞』、1961 年 3 月 3 日
- 「ひかりを待つ子ら―精薄児の人間性回復」、『少年補導』第 7 巻 1 号、66-78 頁、1962 年 1 月 1 日
- 「滋賀県における精神薄弱児（者）の対策の歴史と課題〔置県 90 周年を記念して県に寄稿〕」、1962 年 8 月 10 日
- 「精神薄弱児の早期発見―大津市乳幼児健康管理委員会について」、『健康教

室』掲載巻号不明、27-37頁、1962年10月23日

- 「精神薄弱の諸問題と大木会の活動について」、『大木会』1-9頁、1962年11月15日
- 「滋賀県における収容施設対策の沿革」、『精神薄弱者問題白書・1963年版—各地の教育・福祉の現状と展望』日本文化科学社、240-241頁、1963年4月25日
- 「あざみ寮の十年を迎えて」、『あざみ寮報告書』1、（1）-（2）頁、1963年8月10日
- 「精神薄弱児施設にいる子どもの人間像をどう考えるか」、『教育心理』第12巻1号、46-49頁、1963年12月15日
- 「精神薄弱児の社会復帰—授産施設の必要性について」、『子どもと家庭』第1巻3号、25-32頁、1964年9月20日
- 「精神薄弱児の発達保障について」、『かいせい』第2回鳥取特殊教育研究大会特集号、1-7、14頁、1965年5月1日
- 「初田春枝さんに捧ぐ—独り往く野のひろがりや吾亦紅」、『愛護』第13巻2号、12頁、1966年2月15日
- 「人の値うちは、手足ではなくその精神と人格できまる」、『さざ波』第189号、2-13頁、1966年8月5日
- 「施設からみた親子関係」、『PHP』第220号、58-59号、1966年9月1日
- 「精神薄弱者の生産教育」、『教育と医学』第14巻11号、9-26頁、1966年11月1日
- 「自己実現の教育—重症心身障害児教育の実践を通して学んだもの」、『まみず』第2巻1号、20-26頁、1967年1月10日
- 「人間の幸福」、『誠心』第68号、2-9頁、1967年4月10日
- 「あとがき」、糸賀淑子著『経糸と緯糸』、11-12頁、1967年4月
- 「初心」、『はなの』第8号、8頁、1967年5月17日
  ※『著作集（第3巻）』所収。
- 「精神薄弱対策が世界をつなぐ『鍵』に」、『かいせい』第8号、2-3頁、1967

年5月25日

- 「近江学園の社会的な役割（談）」、『あさみどり会報』第9号、2-5頁、1967年6月15日
- 「早期発見とその対策について」、『公衆衛生』第33号、1-3頁、1967年7月20日
- 「心身障害者のためのコロニー論」、1967年9月1日
- 「精神薄弱児と道徳」、『『精神薄弱研究』第109号、2-5頁、1967年10月1日
- 「施設養護の将来」、糸賀一雄・積惟勝・浦辺史編『施設養護論』ミネルヴァ書房、1967年12月25日
- 「精薄者調査を読んで」、『朝日新聞』、1968年2月3日
  ※『著作集（第3巻）』所収。
- 「お母さんの知恵」、『まみず』第3巻4号、26-29頁、1968年3月10日。
- 「心身障害児に愛の光を―これからの福祉の課題」、『子どもと家庭』第5巻1号、29-34頁、1968年5月20日
- 「生きるということ」、NHKラジオ「婦人学級」、比叡山にて、1968年8月31日
- 「生活指導とリハビリテーション―精神薄弱児」、橋本義夫ほか編『現代の家庭医学（第4巻）』学習研究社、359-360頁、1968年9月15日

【資料3】

	メモD		執筆日不明		1981.1.1 版		『福祉の道行』
		0-0	序	0-0	序	0-0	序
1-0	近江学園創設まで	1-0	敗戦後日本の再建のために	1-0	敗戦後日本の再建のために	1-0	敗戦後日本の再建のために
		1-1	はじめに	1-1	はじめに	1-1	はじめに
		1-2	児童をめぐる当時の社会状態	1-2	児童をめぐる当時の社会状態	1-2	児童をめぐる当時の社会状態

		1-3	真野村における構想	1-3	真野村における構想	1-3	真野村における構想
		1-4	三津浜学園の解消	1-4	三津浜学園の解消	1-4	三津浜学園の解消
		1-5	挫折	1-5	挫折	1-5	挫折
		1-6	再び真野の浜辺へ	1-6	再び真野の浜辺へ	1-6	再び真野の浜辺へ
		1-7	近江学園設立趣意書	1-7	近江学園(仮稱)設立案	1-7	近江学園(仮稱)設立案
		1-8	学園の夢	1-8	学園の夢	1-8	学園の夢
2-0	子どもたちを守る	2-0	子どもたちを守る	2-0	子どもたちを守る	2-0	子どもたちを守る
		2-1	運動場、野球	2-1	近江学園の理念	2-1	近江学園の理念
		2-2	児童劇をみて	2-2	近江学園の3条件とどんぐり金庫	2-2	近江学園の3条件とどんぐり金庫
		2-3	里子訪問記	2-3	児童劇のもつ素直さ、生活の整理	2-3	児童劇のもつ素直さ、生活の整理
		2-4	書類	2-4	書類	2-4	書類
		2-5	カイズ少佐殿	2-5	カイズ少佐殿	2-5	カイズ少佐殿
		2-6	救助艇	2-6	救助艇	2-6	救助艇
		2-7	信仰とその働きを通じて平和へ	2-7	信仰とその働きを通じて平和へ	2-7	信仰とその働きを通じて平和へ
		2-8	社会事業行政の基本問題	2-8	社会事業行政の基本問題	2-8	社会事業行政の根本問題
3-0	模索	3-0	新しい峰を求めての模索	3-0	新しい峰を求めての模索	3-0	新しい峰を求めての模索
		3-1	近江学園だより	3-1	失敗	3-1	失敗
		3-2	落穂寮、信楽寮、日向弘済学園の建設	3-2	受難	3-2	受難
		3-3	成長	3-3	落穂寮、信楽寮、日向弘済学園の建設	3-3	落穂寮、信楽寮、日向弘済学園の建設
		3-4	新しい原理と光を求めて	3-4	成長	3-4	成長
		3-5	さくら組の玄米食	3-5	新しい原理と光を求めて	3-5	新しい原理と光を求めて
		3-6	展示会	3-6	さくら組の教育	3-6	さくら組の教育

		3-7	精神薄弱児の生きる道	3-7	展示会	3-7	展示会
		3-8	当局への期待	3-8	精神薄弱児の生きる道	3-8	精神薄弱児の生きる道
4-0	織り物を教材として	4-0	子どもたちの心の中に社会を織る	4-0	子どもたちの心の中に社会を織る	4-0	子どもたちの心の中に社会を織る
		4-1	10年間の経過	4-1	あざみ寮における織物の導入	4-1	あざみ寮における織物
		4-2	職業指導雑感	4-2	第1期	4-2	第1期
		4-3	織物を教材として第1期	4-3	第2期と2年グループ	4-3	第2期と2年グループ
		4-4	織物を教材として第2期	4-4	第2期と新人グループ	4-4	第2期と新人グループ
		4-5	織物を教材として第3期	4-5	第3期の構想	4-5	第3期の構想
				4-6	第3期の実践と成長	4-6	第3期の実践と成長
				4-7	工房への道	4-7	工房への道
5-0	新しい社会の建設	5-0	新しい社会の建設	5-0	新しい社会の建設を願って	5-0	新しい社会の建設を願って
		5-1	児童福祉法と精神薄弱者福祉法	5-1	施策・施設・指導体制の評価	5-1	施策・施設・指導体制の評価
		5-2	人格形成	5-2	児童福祉法と精神薄弱者福祉法	5-2	児童福祉法と精神薄弱者福祉法
		5-3	発達の保障	5-3	人格形成の問題	5-3	人格形成
		5-4	実存の核	5-4	コロニー	5-4	コロニー
		5-5	精神薄弱者を世の光に	5-5	発達の保障	5-5	発達の保障
		5-6	親の心構え	5-6	実存の核	5-6	実存の核
				5-7	精神薄弱者を世の光に	5-7	精神薄弱者を世の光に
				5-8	親の心構え	5-8	親の心構え
		6-0	後記	6-0	後記	6-0	後記

【資料4】

> ・「春子のこと」、1954年10月4日
> ・「社会の変化のなかに立つ」、1964年9月8日
> ・「精神薄弱児をまもる―母親のてびき」、1964年、月日不明
>   ※「時代的制約」とコピーされた原稿の表紙に朱書きあり。
> ・「『対策への期待』の構想」、『子どもと家庭』第3巻3号原稿用、1966年8月14日

【資料5】

> ・「三句」『豫章会句抄』第14号、1946年3月2日
>   ※『青本』に掲載なし。
> ・「はしがき」『精神薄弱児の職業教育』光風出版、（1955年7月1日）
> ・「愛しいということ」、200字7枚、執筆年月日不明
>   ※『青本』に掲載なし。
> ・「三井寺下あざみ寮移転までに関する資料」、1953（昭和28）年と推定、便箋　22枚
>   ※「省略のこと」と「著作目録（案―朱）」にメモ書きあり。
> ・「三国ブロック就職記録」、1957（昭和32）年3月25日～1958（昭和33）年3月17日、製本資料1冊
>   ※「省略のこと」と「著作目録（案―朱）」にメモ書きあり。

【引用・参考文献】
糸賀一雄（2013）『福祉の道行』中川書店
糸賀一雄著作集刊行会（1982）「刊行の経過について」糸賀一雄著作集刊行会編『糸賀一雄著作集Ｉ』日本放送出版協会、pp.449-450
糸賀一雄著作集刊行会編（1982a）『糸賀一雄著作集Ｉ』日本放送出版協会
糸賀一雄著作集刊行会編（1982b）『糸賀一雄著作集Ⅱ』日本放送出版協会
糸賀一雄著作集刊行会編（1983a）『糸賀一雄著作集Ⅲ』日本放送出版協会

糸賀一雄著作集刊行会編（1983b）「年譜・著作目録」『糸賀一雄著作集Ⅲ』日本放送出版
　　協会、pp.501-563
糸賀一雄著作集刊行準備会（1980）『糸賀一雄先生著作目録（案）作成の中間経過にあたっ
　　ての御報告とお願い』私家版
蒲生俊宏（2004）「糸賀一雄著作原稿・近江学園写真記念リスト」『社会事業研究所年報』
　　40巻、pp.71-109
京極高宜（2001）『この子らを世の光に』日本放送出版協会
社会福祉法人大木会編（2008）『糸賀一雄年譜・著作目録』社会福祉法人大木会
三浦了（2013）「刊行の経緯」糸賀一雄『福祉の道行』中川書店、pp.227-229

【謝辞】
　人間発達研究所の皆様には史料の閲覧にあたって、格別のご高配を賜った。ここに記
して謝意を表したい。

あとがき

　20歳代半ばにして、私が医療の世界から障害児教育の世界へ飛び込んだとき、恥ずかしながら糸賀一雄という名前すら知らなかった。助産師の職を辞し、特別支援学校教諭の免許取得のために進学した大学院で、初めて障害児教育の歴史を学んだ。医療現場では、1つ1つの命の誕生を慈しみ、救命と健やかな育ちに全力を注いできた。その私にとって、障害があるという理由で命を軽んじられ、人権を蹂躙されてきた障害児教育の歴史を知ることは大きな衝撃であった。そのなかにあって、障害のある子どもに対して無から実践を創造し、彼らの無限の発達可能性を見出し、新たな思想や価値を世に提起した糸賀らの功績に心を動かされた。

　糸賀の思想と実践をもっと知りたい、学びたいという思いから、渡部昭男先生の下で研究を進めた。渡部先生の呼びかけで糸賀一雄研究会が結成され、糸賀や発達保障を長年研究されてきた研究者はもとより、療育・教育現場の(元)実践者ら、学生・大学院生、医療従事者など、様々な立場の人が参加して研究交流、情報交換がなされてきた。糸賀が創造した思想や価値が、年代や国籍を超えて、立場や職種を超えて交差し、それぞれの立場から社会に発信されているのである。学問や研究は、自分一人では時に苦しくなり、頓挫してしまうことも多いだろう。しかし、糸賀自身がそうであったように、たくさんの同志や友垣から刺激を受け、励まされることで、また前を向いて歩んでいけるものである。

　本書の執筆者は、私のように糸賀に魅了された研究者や実践者である。それぞれの専門領域や経験には違いがあり、同じ人物へのアプローチの方法も様々である。だからこそ本書は、読後に、新たな研究のテーマや検討の課題が見えてくる内容となっている。読者の皆様には、ぜひ、各章の多様性を存分に味わっていただき、そこに散りばめられた糸賀の言葉に触れて欲しいと願っている。そして、読者それぞれの心と感性で、何かを感じ考え、糸賀と対話して欲しい。

垂髪　あかり

糸賀一雄の故郷・鳥取県は、障害理解とあたたかい社会づくりをめざして、2009年より「あいサポート運動」を開始した（鳥取県HP、https://www.pref.tottori.lg.jp/aisupport/）。現在では、この運動は全国（さらには鳥取県と友好提携を結んでいる韓国江原道）に広がっているが、基調としている色が「橙色^{だいだいいろ}」である。糸賀の「この子らを世の光に」の「光」から導かれる「暖かさ」をイメージした色で、あたたかい社会が「だいだい（代々）」受け継がれるようにという思いが込められている。本書でもその思いを引き継ぎ、表紙にこの色を採用する形で國本が素案を描いた。また、重なり合っている楕円は、糸賀が講義において人間関係を述べる際に楕円の例えを用いたことをヒントにしている（『ミットレーベン』pp.39-40）。それを受けて、編者の垂髪さんが光と楕円に導かれる「この子」たちの姿のデザインを加え、三学出版の中桐さんにプロの視点から仕上げていただき、提示していただいた複数案の中から決定した。

　本書のタイトルだが、まず糸賀が発した言葉を見返して、編者間で列挙する形をとった。偶然にも一致した言葉の一つが、「人と生まれて人間となる」であった。他にも、糸賀の言葉をもとにして「創造と生産の自己実現」という表現も編みだして副題の候補に挙げたが、最終的には見送った。各部のタイトルは、寄せられた多彩な原稿を整理しては配列を練り直し、各部を構成する論考の内容から言葉を導き、執筆者からも意見をいただいた。結果、糸賀自身の人となりや思想分析の第1部、糸賀とともに歩んだ人々の視点からの第2部、現代の実践にどのように糸賀思想が生きているかの第3部、国際的な視点から迫った第4部、そして次世代に向けた第5部という構成に落ち着いた。コラムも、各部の内容に沿うような形で配置し、『糸賀一雄著作集』の編纂過程を読み解く資料も収めることができた。欲張り感はあるが、非常に充実した一冊に仕上がったと思われる。

　振り返ると、編集作業を行った2020年は、COVID-19の感染拡大に怯える毎日だった。マスク着用、ソーシャルディスタンスの要求、「3密」回避、「新しい生活様式」の提唱などに当初は困惑しながらも、長引く感染状況の中で身に染みてきたともいえる。しかし、障害のある子どもの保育・教育現場から届

く声には、子ども同士や保育者・教師と「ふれる」ことが難しくなっていると
いうものがあった。手と手をとりあい、体温を感じながら接触する肌的なかか
わりに価値を見出してきた実践者たちは戸惑った。未知なるウイルスとの戦い
の中で、間違いなく人と人の間柄、人間関係の有り様は変容させられている。
　本書の表題に「ひとと生まれて人間となる」という糸賀の言葉を用いたのは、
改めて今日の私たちには、人間同士のかかわり方が問われていると考えたから
である。糸賀が語った人間関係の意を汲み取ると、人という円が重なりあうこ
とでその淵が溶けて融合し、楕円を織りなしているといえる。これから先の時
代や社会は、人間関係の楕円がどのようなトーンを色合いとして示すのか、編
者間でのやり取りを重ねて、本書の表紙やタイトルにそのような思いを込め
た。なお、タイトルを「ひと」と平仮名で表記したが、糸賀の最後の講義資料
（1968.9.17）では、「人」ではなく「ひと」と記されている（『糸賀一雄の最後の
講義―愛と共感の教育―［改訂版］』中川書店、p.74）。言葉の表記に関しても、
そこに糸賀自身がどのような思いを込めていたのか、想像をめぐらせてみるこ
とで、今後新たな発見も期待されるだろう。本書で初めて糸賀に触れる若い読
者も想定して、各章末には「ガイダンス」を設けた。各執筆者から提示された
資料等に、ぜひアクセスしていただきたい。

國本　真吾

　本書の刊行にあたり、原稿をお寄せいただいた執筆者の皆様、また日頃、糸
賀一雄研究会ＭＬでの情報交換や学習会に参加していただいた皆様に、この場
を借りて記して御礼申し上げます。そして、本書を通じて糸賀一雄研究会に
ご関心を持たれた読者の方は、編者の垂髪（akasuzu720@shoin.ac.jp）・國本
（kunimoto@cygnus.ac.jp）までご連絡いただければ幸いです。最後に、本書の
出版をこころよくお引き受けいただいた三学出版の中桐和弥さんには、深い感
謝を捧げます。糸賀ゆかりの大津の地の出版社から本書を刊行できたことは、
この上ない喜びであります。ありがとうございました。

索引

278

糸賀一雄研究の新展開

ひとと生まれて人間となる

2021 年 2 月 10 日初版印刷
2021 年 2 月 15 日初版発行

編　者　渡部昭男　國本真吾　垂髪あかり
著　者　糸賀一雄研究会
発行者　中桐十糸子
発行所　三学出版有限会社

〒 520-0835 滋賀県大津市別保 3 丁目 3-57 別保ビル 3 階
TEL 077-536-5403　FAX 077-536-5404
http://sangaku.or.tv

亜細亜印刷（株）印刷・製本